COMPLETE GUIDE OF

THE BAND

ザ・バンド完全版

責任編集　和久井光司

PRESENTED by KOJI WAKUI

河出書房新社

ザ・バンド完全版 目次

［データ表記について］
◎基本的にオリジナル盤のデータを掲載しています。
◎国名は漢字表記、米国の場合は省略しています。例：日＝日本、加＝カナダ、諾＝ノルウェー
◎楽器は一部略号を使用しています。例：ds＝ドラムス、kbd＝キーボード、tp＝トランペット、tb＝トロンボーン

introduction

ルーツなんて知ったことか、アメリカなんてクソ食らえ。いまこそ「俺たちはザ・バンドだ」という叫びを聴け！

和久井光司

私は本書の帯で、ザ・バンドを〝アメリカン・ロックの最高峰〟と書いたが、それは一般論である。キャッチコピーの最初に大きい字で〝伝説の正体はロビー・ロバートソンがつくりあげた「幻想のアメリカ」だった〟としたのが一般論に対比させた私の本意であり、全ページが埋まったいま、この本は〝そもそもアメリカン・ロックって何だと思う？〟と読者に問うようなものになった、と強く確信しているところだ。

だいたい私はいいかげんなヤツが言う〝カントリー・ロック〟や〝ルーツ・ロック〟ほど信用ならないカテゴリーはないと思っているし、実際〝カントリー・ロック〟に重層的な意味を持たせて語っている批評家は萩原健太ぐらいだろう。多くの音楽ファンの夢（思い込み？）を壊さないために、健太さんは決定的なことを言わなかったりするが、歴史という縦軸に時代という横軸を編み込んでいく彼の姿勢に、私は刺激を受けてきた。

昨年、私は『ジョージ・ハリスン　スワンプ・ロック時代』（ミュージック・マガジン）という本をつくったが、それはナッシュヴィル産の〝白いカントリー・ロック〟と〝スワンプ・ロック〟を一緒に並べている無責任なレコード屋が多いからなのだ。〝雰囲気〟ではなく、その音楽の根幹となった〝黒っぽいグルーヴ〟に注目しないかぎり、40～60年代のアメリカ南部にあった〝白人と黒人のコモン・センス〟は見えてこない。スティーヴ・クロッパーの例を出すまでもなく、黒人が演奏しているか否かは問題ではないのだ。ある民族のＤＮＡの中にあるリズムや音階の特性はとても重要だが、黒人音楽をリスペクトする白人が醸し出す〝黒っぽさ〟を面白がれないなら、真っ黒なＲ＆

Bやソウルを聴いていればいい。〝真っ黒にはならない（なれない）からこそロック〟なのであって、〝ロックに純血なんかない〟とさえ私は思っている（だから『ジョージ・ハリスン　スワンプ・ロック時代』に載せたスワンプ・ロック名盤115選の最初に、ロニー・ホーキンスのファースト・アルバムを置いたのだ）。

アメリカのフォーク、ブルーズ、カントリーがロックのルーツであるのは間違いないが、それを自身の音楽に染み出させているミュージシャンを手放しで褒める人たちのセンスも私にはまったくわからない。デイヴ・ヴァン・ロンクの自伝（邦訳は『グリニッチ・ヴィレッジにフォークが響いていた頃』早川書房）をもとにボブ・ディランの登場がフォークの新旧を分けた時代のグリニッチ・ヴィレッジを描いた、コーエン兄弟の映画『インサイド・ルーウィン・デイヴィス』を観てほしい。ヴァン・ロンクの十八番だった「朝日のあたる家」をディランがかすめ盗っていくのを〝新時代の到来〟の象徴として描いているところがこの作品のキモで、フォークの伝統を重んじる人たちよりも、節操のないディランのほうが全然イカしている。圧倒的に〝ポップ〟でもある。ルーツに対するリスペクトを持ちつつも、彼はそれよりも〝自分がカッコいいと思うこと〟を無責任にチョイスするのだ。その姿勢に〝ロック〟や〝パンク〟が重なり、コーエン兄弟の芸術論となっているのが面白い。

ペダル・スティールやフィドルといった楽器の音色を〝音響〟に転化させることで〝カントリー・ロック〟を示したのはグラム・パーソンズだったが、その決定打となったザ・バーズの『ロデオの恋人（Sweetheart Of The Rodeo）』がリリースされたのは『ミュージック・フロム・ビッグ・ピンク』より2か月もあとだ。パーソンズがそういう方法で〝ルーツとしてのカントリー〟をロック・ファンに認識させようとしたのは、サイケデリック・ロックを構成する要素としてあったオルガン、メロトロン、シタール、テープの逆回転、SEといった〝音色／音響〟を、〝カントリー界ではポピュラーな楽器の音色に変えてみる〟という実験だったとも受け取れる。それは今日まで有効なのだから、彼の功績は絶大だったと思うし、私だって〝カントリー風〟にしたい曲には、まず〝滑りもの（スライドやスティール）〟を使う。けれど普通、それは〝曲自体がカントリー風〟のときに限られるのだ。ディランのシナトラ三部作（『シャドウズ・イン・ザ・ナイト』『フォーリン・エンジェルズ』『トリプリケイト』）のようにペダル・スティールで歌バックのオーケストレイションがつくられた例はあまり知らない（音響はB.J.コールのインスト・アルバムに近いが）し、曲がジャズのスタンダードだと〝カントリー・ロック〟とは別物に聴こえる。実はそこにこそ〝音楽表現の絶対的な構図〟があり、具体的なスタイルを決定していくのは〝曲自体が内包している情報〟なのである。

　1972年、中2のときに『ミュージック・フロム・ビッグ・ピンク』、翌年に『ザ・バンド（ブラウン・アルバム）』を聴かされた私は、「オールド・ディキシー・ダウン」に衝撃を受けて、ザ・バンドのことを本格的に知りたくなった。そして夏休みにレコード屋で見つけた「アイ・シャル・ビー・リリースト」と「ザ・ウェイト」というすでに知っている2曲をカップリングしたシングルを買ったのだが、当時人気だったニッティ・グリッティ・バンドの〝カントリー・ロック〟とも繋がるその2曲と、「オールド・ディキシー・ダウン」の〝違い〟に気づいてしまったわけだ。中3の私にはすぐに『ブラウン・アルバム』を手に入れる金がなかったから聴かせてくれた先輩から改めて借りてきたのだけれど、よりディープにアメリカ音楽の深淵に迫った感のある「オールド・ディキシー・ダウン」に（誤解をおそれずに言えば）カントリーの要素はほとんどなく、曲のつくりは〝プログレッシヴ〟でさえある。イントロのリフの弾み具合はイエスの「ラウンド・アバウト」みたいだし、重厚な音空間はプロコル・ハルムに近い。それを簡単に〝カントリー・ロック〟と言ってしまうことに違和感を覚えた私は、〝ザ・バンドのようなグループはほかにいたのか？〟を50年かけて秘かに検証してきたように思う。

東芝／ECR-10054：1972年

　結論を言えば、ザ・バンドのほかにザ・バンドのようなバンドはない。とくに68年アタマから71年暮れまでのザ・バンドは革命的で、〝ロックのルーツ〟に対しての立場は、完全に〝オルタナ〟とも言える。1度／5度のハーモニーでコード進行を決め、3度と7度をどうするかでサウンドの可能性を模索する曲づくりはピート・タウンゼンドと通じるものがあるのだが、3人のヴォーカル・ハーモニーとガースのキーボードをどこに置くかで見せるマジックは、表裏をひっくり返したような頭脳プレイだった。

　だから、ルーツなんて知ったことか、アメリカなんかクソ食らえ、という意識でザ・バンドを聴き直してほしい。それが50年後に見えてくる真実だ。

WANTED

DEAD OR ALIVE

Chapter 1
The Story Of The Band

KOJI WAKUI

REWARD

苦楽を共にしたバンドの収穫と避けられなかった悲しい結末

和久井光司

ホークとリヴォン、カナダへ

ザ・バンドの生みの親は、アーカンソー州ハンツヴィル生まれのロック歌手、ロニー・ホーキンス（１９３５年1月10日～２０２２年5月29日）に違いない。これは一歩も動かない、歴史的な事実である。

彼の叔父デルマー〝スキッパー〟ホーキンスは30～40年代にアーカンソー～オクラホマ周辺で活動したローカル・ミュージシャンで、〝ホンキー・トンクのパイオニア〟として知られたそうだ。ロニーの従弟デイル・ホーキンス（36年8月22日～）は早々とR&Bシンガーとして活躍し始め、58年にチェスで「スージー・Q」を録音。ジェイムズ・バートンが弾いたリフが強烈なこの曲は、スワンプ・ロックの源流と言えるだろう。

57年ごろ水商売に手を染めていたホーキンスは、移り住んだ隣町フェイエットヴィルで「ロックウッド・クラブ」を経営し、ジェリー・リー・ルイス、カール・パーキンス、ロイ・オービソンらの公演を打ちつつ、自身のバンドを率いて唄っていた。

アーカンソーのロイレンで生まれたリヴォン・ヘルム（40年4月26日～12年4月19日）がホーキンスのバンドに入ったのは、58年のはじめごろだったようだ。ドラムもヴォーカルもいけたリヴォンを気に入ったホーキンスは、コンウェイ・トゥイティの誘いに乗って出かけたカナダで、彼のステージ・パフォーマンスの十八番になっていた〝キャメル・ウォーク〟が喝采を浴びたのに気を良くして、ロック・シンガーがまだ少なかったカナダに移住しようと決意する。そしてその年に高校を卒業したリヴォンを連れて、オンタリオに居を構えたのだ。落ち着いてすぐに録音されたのが、ザ・ロン・ホークス・クァルテット名義のシングル「ボ・ディドリー／ラヴ・ミー・ライク・ユー・キャン」だった。トロント、キングストン・ロードの小さなスタジオで録音されたこのシングルは、58年暮れにクウォリティ・レコーズから78回転のSPと45回転の7インチ・シングルとしてリリースされ、数百枚を売ったにすぎなかったが、ニューヨークでルーレット・レコーズを主宰していたモリス・リヴィの目にとまった。楽曲の出版管理をしつつ、自分も曲を書いたり唄ったりしていたリヴィは、ホーキンスをスカウトすればカナダでもルーレットのレコードを売ることができると踏んだのだろう。59年4月19日にニューヨークのベル・サウンドで「フォーティー・デイズ」と「ワン・オブ・ジーズ・デイズ」を録音。プロデューサーはジョー・レイズマンだった。ロニー・ホーキンス名義での初シングルは8週間後にビルボードの45位にまで上がり、2回目のベル・サウンド・セッションで録音されたセカンド・シングル「メリー・ルー／ニード・ユア・ラヴィン」は夏の終わりにビルボード29位まで達している。

ロニー・ホーキンス＆ザ・ホークス

ロニー・ホーキンス＆ザ・ホークスと名乗るようになったバンドは、59年前半にはカナダでの人気を定着させていた。そこに現れたのがトロント生まれの15歳のギタリスト、ロビー・ロバートソン（43年7月5日〜）だった。彼が書く曲に注目したホーキンスはセカンド・アルバム『ミスター・ダイナモ』でロビーの曲を取り上げ、彼が16歳になった直後にホークスのメンバーに加えている。当初はベースを担当されられたロビーは、フレッド・カーター・ジュニアの脱退を機にグループのギタリストとなるのだ。そして60年にはオンタリオ州シムコー近くの小さな町で育ったリック・ダンコ（42年12月29日〜99年12月10日）、61年夏にはオンタリオ州ストラトフォード出身のリチャード・マニュエル（43年4月3日〜86年3月4日）が加わり、ホークスは十代のメンバーが中心のバンドとなった。

ツアーで知らない町に行っても、若くルックスのいいメンバーがいれば女性に受けるだろうというホーキンスの目論見は当たり、61年いっぱいまでは営業で食べられたようだが、ロックンロールに限界を感じていた彼はその年の暮れに、すでにプロのミュージシャンとしてキャリアを積んでいたオンタリオ州ロンドン生まれのガース・ハドソン（37年）をホークスに加えた。59年にカナダのカントリー・シンガー、ドン・クロウフォードのシングル「スリーピング・ビューティー／ビューティー・アンド・ビースト」で采配をふるい、61年にはポール・ロンドン&ザ・ケイパーズのバンド・リーダーとして3枚のシングルを出していたガースは、クラシックの音楽教育を受けたピアニストであり、R&B調のサックスも吹けるミュージシャンだった。61年に結婚したホーキンスは、ツアーで食べていくのが嫌になっていたらしく、ホークスを独立させることを考え始めていたようだ。

61年9月のニューヨーク・セッションを仕切ったヘンリー・グローヴァーに薦められ、ホーキンス抜きの録音を行ったメンバーは、62～63年のバンドの状況ではとても生活していけないと考えたらしく、64年にホーキンスから独立。秋にはリヴォン&ザ・ホークスを名乗った活動を開始するのである。

ロニー・ホーキンス&ザ・ホークス

リヴォン&ザ・ホークス

64年11月、トロントのラジオ局でリヴォン&ザ・ホークスとしての初録音を行ったグループは、彼らを最初に評価したヘンリー・グローヴァーに連絡を取ったらしい。新レーベル、ウェア・レコーズをニューヨークで興したばかりだったグローヴァーは、65年春に彼らと初録音を行い、5月にはウェア2枚目のシングルとして「ウー・ウー・ウー/リーヴ・ミー・アローン」をリリースした。これをカナダで売りたかったグローヴァーは〝ザ・カナディアン・スクワイアーズ〟という名義にして当地のエイペックス・レコーズからもこのシングルを出すのだが、カナダのバンドなんて田舎臭いと思われていたニューヨークでは、ラジオでオンエアされることもなく、まったく売れなかったのだ。

ローリング・ストーンズ・タイプのR&Bバンドとも思えるリヴォン&ザ・ホークスのサウンドを気に入っていたグローヴァーは、フィル・ラモーンをエンジニアに迎えて65年夏にもう一度セッションを行った。

秋にアトコからリリースされたリヴォン&ザ・ホークスのファースト・シングル「ザ・ストーンズ・アイ・スロウ/ヒー・ドント・ラヴ・ユー」はアメリカでは鳴かず飛ばずだったが、65年暮にはカナダのチャートで22位まで上がり、英国でもシングル、フランスではEPがリリースされることになるのだ。

65年のホークスは、ジョン・ハモンドの『ソー・メニー・ローズ』にロビー(ギター)、リヴォン(ドラムス)とガース(オルガン)が参加し、ロビーはジョン・サイモンがプロデュースしたチャールズ・ロイド・クァルテットのセッションにも招かれている。あまり知られていないが、ロビーは『オフ・コース、オフ・コース』に収録された「ザ・サード・フロアーズ・リチャード」と、68年の編集盤『ニルヴァーナ』で蔵出しされる「サン・ダンス」でギターを弾いている。

ホークスのプレイを高く評価したハモンドの推薦がきっかけだったのだろう、まずロビーが65年7月15～16日にボブ・ディランのレコーディング(コロンビア・スタジオ)を見学に訪れ、8月28日にニューヨークのフォレスト・ヒルズ・テニス・スタジアムで始まったツアーで、

Charles Lloyd Quartet
“Of Course Of Course”
Columbia／CS 9212：1965年

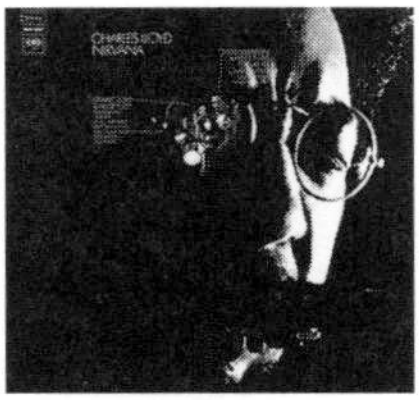

Charles Lloyd
“Nirvana”
Columbia／CS 9609：1968年

The Barbarians
“Moulty / I'll Keeping Ob Seeing You”
Laurie／LR 3326：1965年

V.A.
“Nuggets”
Elektra／7E 2006：1972年

ディラン、ロビー・ロバートソン（ギター）、アル・クーパー（オルガン）、ハーヴィー・ブルックス（ベース）、リヴォン・ヘルム（ドラムス）の演奏が初披露されることになった。9月3日のロサンゼルス、ハリウッド・ボウル公演もこのメンバーだったが、ディランはその直後にホークス全員を雇うのである。

おそらくディランに合流する寸前に録音されたのだろうが、ホークスはニューヨークのローリー・レコーズが65年秋にリリースしたザ・バーバリアンズのシングル「モールティ」でバックを務めている。この曲はビルボード90位に顔を出し、のちにガレージ・バンドの名コンピレイション"Nuggets"に収録されたが、日本のザ・バンド・ファンにはほとんど知られていないだろう。

ボブ・ディラン&ザ・ホークス

8月28日、9月3日の公演で、前半はアコースティックの弾き語りで「シー・ビロングス・トゥ・ミー」「トゥ・ラモーナ」「ゲイツ・オブ・エデン」「ラヴ・マイナス・ゼロ／ノー・リミット」「デソレイション・ロウ」「イッツ・オール・オーヴァー・ナウ、ベイビー・ブルー」「ミスター・タンブリン・マン」、後半はバンドを伴ったエレクトリック・セットで「トゥームストーン・ブルーズ」「アイ・ドント・ビリーヴ・ユー」「フロム・ア・ビュイック6」「ジャスト・ライク・トム・サムズ・ブルーズ」「マギーズ・ファーム」「アイ・エイント・ミー・ベイブ」「バラッド・オブ・ア・シン・マン」「ライク・ア・ロー

Bob Dylan & The Hawks #1
(Robbie, Rick, Richard, Garth & Levon)
1965-09-24 Municipal Auditorium, Austin, Texas
1965-09-25 Southern Methodist University Coliseum, Dallas, Texas
1965-10-01 Carnegie Hall, New York City, New York
1965-10-02 Symphony Hall, Newark, New Jersey
1965-10-08 Civic Auditorium, Knoxville, Tennessee
1965-10-09 City Auditorium, Atlanta, Georgia
1965-10-16 Memorial Auditorium, Worcester, Massachusetts
1965-10-17 Civic Center, Baltimore, Maryland
1965-10-22 Rhode Island Auditorium, Providence, Rhode Island
1965-10-23 Patrick Gymnasium, University of Vermont, Burlington, Vermont
1965-10-24 Masonic Temple, Detroit, Michigan
1965-10-29 Back Bay Theater, Boston, Massachusetts
1965-10-30 Bushnell Memorial Auditorium, Hartford, Connecticut
1965-10-31 Back Bay Theater, Boston, Massachusetts
1965-11-01 Orpheum Theatre, Madison, Wisconsin
1965-11-05 Auditorium, Minneapolis, Minnesota
1965-11-06 Barton Hall, Ithaca, New York
1965-11-07 Music Hall, Cincinnati, Ohio
1965-11-12 Music Hall, Cleveland, Ohio
1965-11-14 Massey Hall, Toronto, Ontario
1965-11-15 Massey Hall, Toronto, Ontario
1965-11-19 Veterans Memorial Auditorium, Columbus, Ohio
1965-11-20 Kleinhans Music Hall, Buffalo, New York
1965-11-21 Onondaga County War Memorial, Syracuse, New York
1965-11-26 Arie Crown Theater, Chicago, Illinois
1965-11-27 Arie Crown Theater, Chicago, Illinois
1965-11-28 Coliseum, Washington, District of Columbia

Bob Dylan & The Hawks #2
(Robbie, Rick, Richard, Garth & Bobby Gregg)
1965-12-03 Community Theater, Berkeley, California
1965-12-04 Community Theater, Berkeley, California

Bob Dylan & The Hawks #3
(Robbie, Rick, Richard, Garth & Sandy Konikoff)
1965-12-10 Community Concourse Theatre, San Diego, California
1965-12-11 Masonic Auditorium, San Francisco, California
1965-12-12 Civic Auditorium, San Jose, California
1965-12-17 Municipal Auditorium, Long Beach, California
1965-12-18 Civic Auditorium, Pasadena, California
1965-12-19 Civic Auditorium, Santa Monica, California
1966-02-04 Convention Center, Louisville, Kentucky
1966-02-05 Westchester County Center, White Plains, New York
1966-02-06 Syria Mosque, Pittsburgh, Pennsylvania
1966-02-10 Ellis Auditorium Amphitheater, Memphis, Tennessee
1966-02-11 The Mosque, Richmond, Virginia
1966-02-12 Arena, Norfolk, Virginia
1966-02-18 New Haven Arena, New Haven, Connecticut
1966-02-19 Auditorium, Ottawa, Ontario
1966-02-20 Place Des Arts, Montreal, Quebec
1966-02-24 Academy Of Music, Philadelphia, Pennsylvania
1966-02-25 Academy Of Music, Philadelphia, Pennsylvania
1966-02-26 Island Garden, Hempstead, New York
1966-03-03 Convention Hall, Miami Beach, Florida
1966-03-05 Jacksonville Coliseum, Jacksonville, Florida
1966-03-11 Kiel Opera House, St. Louis, Missouri
1966-03-12 Pershing Memorial Auditorium, Lincoln, Nebraska
1966-03-13 Municipal Auditorium, Denver, Colorado
1966-03-23 Paramount Theater, Portland, Oregon
1966-03-25 Center Arena, Seattle, Washington
1966-03-26 Pacific National Exhibition Agrodome, Vancouver, British Columbia

Bob Dylan & The Hawks #4
(Robbie, Rick, Richard, Garth & Mickey Jones)
1966-04-09 International Center Arena, Honolulu, Hawaii
1966-04-13 Sydney Stadium, Sydney, Australia
1966-04-15 Festival Hall, Brisbane, Australia
1966-04-16 Sydney Stadium, Sydney, Australia
1966-04-20 Festival Hall, Melbourne, Australia
1966-04-29 Konserthuset, Stockholm, Sweden
1966-05-01 KB Hallen, Copenhagen, Denmark
1966-05-05 Adelphi Thatre, Dublin, Ireland
1966-05-06 ABC Theatre, Belfast, Northern Ireland
1966-05-10 Colston Hall, Bristol, England
1966-05-11 Capitol Theatre, Cardiff, Wales
1966-05-12 Odeon, Birmingham, England
1966-05-14 Odeon, Liverpool, England
1966-05-15 De Montfort Hall, Leicester, England
1966-05-16 Gaumont Theatre, Sheffield, England
1966-05-17 Free Trade Hall, Manchester, England
1966-05-19 Odeon, Glasgow, Scotland
1966-05-20 ABC Theatre, Edinburgh, Scotland
1966-05-21 Odeon, Newcastle, England
1966-05-24 L'Olympia, Paris, France
1966-05-26 Royal Albert Hall, London, England
1966-05-27 Royal Albert Hall, London, England

1966年4月29日、スウェーデン、フラミンゴ・ホテルでのリチャード・マニュエルとボブ・ディラン

5月12日、英国はバーミンガムのホテルで記者会見に臨むディラン&ザ・ホークス

リング・ストーン」を披露したディランは、ビートルズやローリング・ストーンズがどうワイルドに演奏しても〝ポップス〟の中にあると思われていたロックンロールやリズム&ブルーズを、50年代のそれの延長とは思えない〝ロック〟に発展させた。ビートルズがパッケージに組み込まれた35分のショウで世界を熱狂させていた時代に、その次にやってくるであろう〝ロック〟の形を初めて明らかにしたのだ。世間がエレキを持ったディランを〝フォーク・ロック〟として受け容れたのは「ライク・ア・ローリング・ストーン」が全米チャートの上位に食い込んだ65年8月のことだが、ディランはその瞬間に〝次の一手〟を打っていたのである。

ついにホークスの全員を雇ったディランは、9月24日にテキサスで始まる2か月／27公演中の10月5日にニューヨークのコロンビア・スタジオで「キャン・ユー・プリーズ・クラウル・アウト・ユア・ウィンドウ？（窓から這い出せ）」の2回目のセッションを行った。これがホークスとの初レコーディングだったが、同日に試されたほかの曲は使われず、66年1〜3月にナッシュヴィルで行われた『ブロンド・オン・ブロンド』のセッションにはロビーとアル・クーパーだけが連れていかれた。65年11月28日のワシントンD.C.公演を最後にリヴォンが脱退してしまったものの、65年5月の英国ツアーまでドラマーを替えたホークスがバックを務めた。おかげで彼らの名前は世界的に知られるようになり、9月からは3度目の北米ツアーが予定されていた。ところが7月29日にディランが自宅近くでバイク事故を起こして負傷。再起の見通しが立たなかったため、すべての日程がキャンセルになってしまうのだ。

ビッグ・ピンクの地下室で

ディランがニューヨークの郊外、ウッドストックに住むようになったのは、マネージャーのアルバート・グロスマンが同地に居を構えていたからだった。グロスマンはツアーの報酬に匹敵する金をホークスの面々に払うことを約束し、住居の世話もした。リック、リチャード、ガースが共同で借りたのが外壁をピンクを塗られた〝ビッグ・ピンク〟と呼ばれる家で、おそらくグロスマンがその地下室をディランとホークスの作業場にするために録音機材を与えたのだろう。

ツアーのキャンセルは彼にとっても痛手だったから、ディランの新曲を録音してすぐに著作権登録し、新曲が入ったアセテート盤やテープを業界内で配れば莫大な印税収入が見込めると踏んだわけだ。

実際にビッグ・ピンクでデモ録音が試されるようになったのは67年4月ごろからだが、2月9日に行われたバリー・フェインスタイン監督、ジョン・サイモン音楽の映画『ユー・アー・ホワット・ユー・イート』のサントラ録音に、ロビー、リック、リチャード、ガースが呼ばれ、タイニー・ティムが唄う「ビー・マイ・ベイビー」など2曲を演奏している。グロスマンはそういう仕事をホークスに与えることで、スタジオ・ワークの訓練をさせたのだろうが、春から約半年続いたディランとホークスのデモ録音は大きな成果を生み、秋口から配られ始めたディランのアセテート盤からどんどんカヴァー・ヴァージョンが生まれるのだ。いや、まだディラン自身は公式録音していない新曲だから、最初に発表した者がその曲のオリジネイターということになる。だから聴いたことがないディランの曲が入ったアセテート盤は大人気となり、68年初頭には〝ベースメント・テープス〟と呼ばれるようになった。ビッグ・ピンクでのデモ録音の間にホークスはザ・バンドと改名し、グロスマンはキャピトルとの契約交渉に入った。そういうことなら、とリヴォンがグループに復帰したのは67年秋のことだったが、グロスマンがディランとザ・バンドを別に売ろうとしたため、ディランはナッシュヴィルでフォークに回帰したアルバム『ジョン・ウェズリー・ハーディング』を録音し、

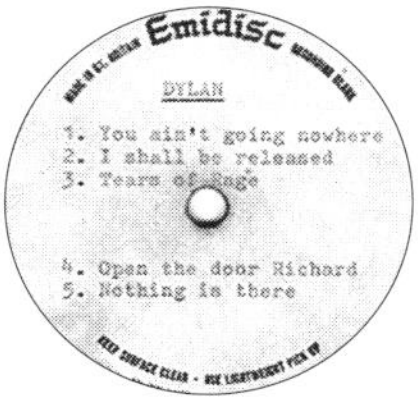

67年秋に業界内に出回った“ベースメント・テープス”のアセテート盤。
「マイティ・クイン」などを収録したヴァージョンもあり、ディランの新曲はこぞって取り上げられた。

OST: “You Are What You Eat”
Columbia／OS 3240：1968年

Bengali Bauls “Bengali Bauls At Big Pink”
Buddah／BDS 5050：1969年

12月27日に発表するのである。

それは実にミステリアスな展開だった。68年1月20日にカーネギー・ホールで開かれた「ウディ・ガスリー追悼コンサート」では1年半ぶりにステージに立ったディランをザ・バンドがバックアップしたというのに、その後は69年8月31日にワイト島で共演するまでディラン＆ザ・バンドのステージは行われなかった。そして〝ジャケットの絵とベースメント・テープスからの曲〟という形でディランの影が残った『ミュージック・フロム・ビッグ・ピンク』が68年7月に発売されると、ディランの新曲よりも〝ザ・バンドの音〟の方がミュージシャンや音楽通には注目されるようになっていくのだ。

68年にはパキスタン人のヒッピー伝道師、ベンガリ・ボールズのレコーディングをガースがプロデュースし、翌年『ベンガリ・ボールズ・アット・ビッグ・ピンク』として発売されている。が、ザ・バンドがライヴ活動をスタートしたのはすでに『ザ・バンド（ブラウン・アルバム）』に着手していた69年4月からなのだから、〝謎の大物〟という感は強く、同年8月のウッドストックとワイト島フェス出演のあとの『ブラウン・アルバム』は強

68年1月20日、カーネギー・ホールで行われたウディ・ガスリー追悼コンサートでのディラン＆ザ・バンド。
「ザ・ウェイト」録音の8日前の姿である。

烈なカウンター・パンチとなった。

ロビーがつくりあげたフィクション

『ブラウン・アルバム』の発売が、ビートルズの『アビイ・ロード』や、キング・クリムゾンの『クリムゾン・キングの宮殿』より数週間早かったことを考えれば、アメリカ音楽のルーツに根差したカントリー・ロックや、ヴィジュアル面の老成演出が〝意識的に逆を向いた結果〟だったことがわかる。メイン・ソングライターを自負していたロビーには、〝ロックのルーツ〟が問われているいまこそ、ロニー・ホーキンスとリヴォンがカナダ人中心のバンドにもたらした〝アメリカ南部〟を解体〜再構築することで〝最新のロック〟をつくろうという意識が芽生えたはずなのだ。68年前半に英国で起こったブルーズ・ロックのブーム（フリートウッド・マック、チキン・シャック、サヴォイ・ブラウンら）とレッド・ツェッペリンに集約される最新のハード・ロックの関係や、クラシックやジャズとの融合も視野に入れたプログレッシヴ・ロックの台頭に対抗するには、フォーク、ブルーズ、カントリー、R&Bといった〝ルーツの博覧会〟には終わらない〝リメイク／リモデル〟こそが必要だった。のちのザ・バンドもどきのほとんどがザ・バンドになれなかったのは、『ブラウン・アルバム』が〝ルーツの博覧会〟に見えた〝構造〟を分析する知識や教養に欠けていたからだと思う（逆説的にそれを証明するために私は本書のチャプター3を設けたわけだが）。

　ロビーは映画の西部劇をつくるように〝南軍がいた時代のアメリカ〟を描くことで、黒人のブルーズと白人のカントリーが合わさってできた〝コモン・センス〟にこそ多民族国家の〝精神的支柱〟を見るべきだ、と言いたかったのではないかと思う。カナダ人である彼には、だからキリスト教原理主義が重なるゴスペルには抵抗があり、それを音楽的には認めても、ポール・マッカートニーが「レット・イット・ビー」を書いたような気持ちにはなれなかったはずなのである。

　しかし、そういう意味での〝主演俳優〟だったリヴォンは、ロビーの台本を〝当て書き〟と読んだのではないかと思う。実際に『ブラウン・アルバム』の世界はリヴォンの南部人気質が歌詞に表れたからこそのものだったし、彼の存在なくしてはリアリティに欠けていたと思う。けれども、ロビーは決してロニー・ホーキンスから独立したホークスの延長にザ・バンドを置いていたわけではなく、ディランとつくった〝ロック〟を発展させることに使命を感じていたのだ。彼にとって『ブラウン・アルバム』は、エルトン・ジョンの『タンブルウィード・コネクション』とそれほど変わらないフィクションだったはずなのに、リヴォンにはそれがわからなかった。

　そこでロビーは、ツアーに追われるようになったバンドの〝臆病な一面〟を映画にするようなつもりで『ステージ・フライト』を企画する。酒やドラッグに走り始めたリヴォン、リック、リチャードの〝ロック・スターぶり〟をやるせない気持ちで眺めていたロビーは、ロジャー・ウォーターズがシド・バレットの姿をバンドに留めておこうとピンク・フロイドの『狂気』をつくったように、〝現在のザ・バンド〟を『ステージ・フライト』に刻もうとしたのだ。ライヴの充実をスタジオ録音に移行させるのに成功したアルバムには〝ルーツの博覧会〟を脱したバンドの〝最新のロック〟があったが、ほかの4人はロビーの立てた計画に従うことに抵抗し始め、新曲を書かなくなっていくのである。

ビジネスの見直しとメンバー間の確執

分岐点となった『カフーツ』から、ザ・バンドのスタジオ・レコーディングは〝ロビーのコンセプトを実現するためのセッション〟となり、メンバーがミックスに現れないことも多くなった。71年のツアーが〝ライヴでできることの集大成〟とも言えるアカデミー・オブ・ミュージックでの連続公演で幕を閉じ、その模様が『ロック・オブ・エイジズ』としてまとめられたとき、〝5人のコモン・センスだったザ・バンド〟は終わったのだ。

72年にはツアーも行わず、グループは有名無実となるのだが、それは70年10月4日にディランがアルバート・グロスマンとのマネージメント契約を解消し、印税の不正配分を理由にグロスマンを訴えた事件に端を発している。グロスマンは70年に、トッド・ラングレンのアルバムを出していたアンペックスとワーナー・ブラザーズの出資でベアズヴィル・レーベルを興し、ウッドストックを新たな音楽拠点とする計画を進行していたが、69年のフェスを受けて始まった〝ブーム〟に疑問を感じたディランはグリニッチ・ヴィレッジに引越し、ロサンゼルス郊外の高級住宅地マリブに買った広大な土地に大邸宅を建設することを考え始めていた。ロビーはディランに倣ってグロスマンとの関係を解消しようとし、72年にザ・バンドのビジネス面を改革したのだが、新曲もアイディアも持ってこないのに分け前は欲しがるほかの4人にがっかりしたロビーは73年、「ならばリヴォン&ザ・ホークスを再現すれば?」という気持ちでカヴァー・アルバム『ムーンドッグ・マチネー』に着手するのである。

ところがそこに、ディランとコロンビアの契約をめぐるトラブルが飛び込んでくる。サム・ペキンパー監督の映画『パット・キャレット&ビリー・ザ・キッド』に出演して音楽も手掛けたディランは、73年7月にリリースされたそのサントラ盤でコロンビアとの契約を満了するはずだった。が、コロンビアは契約枚数に達していないことを理由に、アウトテイクを集めたコンピレイション『ディラン』を勝手に編んでしまう。

怒った彼は、ザ・バンドに「ワトキンス・グレン・サマー・フェス」など3つの大公演をプレゼントしたビル・

『ブラウン・アルバム』リリースの際にキャピトルが出した巨大な宣伝看板。

ザ・バンド、ライヴの軌跡　作成：和久井光司

The Band Tour 1969

1969-04-17 Winterland, San Francisco, CA
1969-04-18 Winterland, San Francisco, CA
1969-04-19 Winterland, San Francisco, CA
1969-05-03 Gymnasium, Stony Brook, NY
1969-05-09 Fillmore East, New York, NY
1969-05-10 Fillmore East, New York, NY
1969-05-28 Electric Factory, Philadelphia, PA
1969-06-21 Toronto Pop Festival, Varsity Stadium, Toronto, ON
1969-07-14 Mississippi River Festival, Edwardsville, IL (guest：Bob Dylan)
1969-08-17 Woodstock Music and Art Fair, Bethel, NY
1969-08-31 The Isle of Wight Festival of Music, Isle of Wight, England
1969-10-11 Brooklyn Academy of Music, Brooklyn, NY
1969-10-26 Academy of Music, Philadelphia, PA
1969-10-27 Constitution Hall, Washington, DC
1969-10-31 Symphony Hall, Boston, MA
1969-11-02 The Ed Sullivan Show, New York, NY
1969-11-14 Grande Riviera, Detroit, MI
1969-11-15 Grande Riviera, Detroit, MI
1969-11-16 Salle Wilfrid-Pelletier, Place Des Arts, Montreal, QC
1969-11-21 Auditorium, Chicago, IL
1969-12-02 Brookhaven Gym, Suffolk County Community College, Long Island, NY
1969-12-06 Mount Holyoke College, South Hadley, MA
1969-12-14 Kleinhans Music Hall, Buffalo, NY
1969-12-26 Felt Forum, Madison Square Garden, New York, NY
1969-12-27 Felt Forum, Madison Square Garden, New York, NY
1969-12-29 Miami Rock Festival, Miami-Hollywood Speedway Park, Pembroke Pines, FL

グレアムと、アサイラム・レコーズのデイヴィッド・ゲフィンに〝復活劇〟のプロデュースを依頼。ふたりのアドヴァイスに従ってアサイラムに電撃移籍し、66年に中止になったツアーをザ・バンドとともに再現することを発表したのだ。73年11月にスタジオ入りしたディランとザ・バンドはたった6日でアルバムを完成させ、74年1月3日に北米40公演のツアーを開始する。

スタジオ録音の新作『プラネット・ウェイヴス』はツアーの初日には間に合わず1月17日に発売になるのだが、6月20日には早くもライヴ盤『ビフォー・ザ・フラッド』がリリースとなり、ザ・バンドは7月4日、再編されたCSNYやグレイトフル・デッドとの共演を含むスタジアム・ツアーをさせるのだった。

ディランの大胆な行動におそれをなしたコロンビアは空前の条件を提示して彼を呼び戻そうとする。その際にグロスマンからあずかっていた〝ベースメント・テープス〟のアルバム化も提案、ディランはロビーに再編集を依頼したのだ。マリブに完成した大邸宅に引越していたディランを追って当地に移住したロビーは、マリブにザ・バンドのメンバーを集結させるのだが、75年春から夏の終わりに録音された『ノーザン・ライツ、サザン・クロス』で、自分vsほかのメンバーという図式がより明確になってしまったのにがっかりして、ザ・バンドの解散ツアーをビル・グレアムに計画させる。

ザ・ラスト・ワルツ

76年6月26日にカリファルニアのスタンフォード大学で始まったツアーは、10月30日の「サタデイ・ナイト・ライヴ」収録で幕を閉じたが、ロビーとグレアムは解散コンサートをフィルムに収め、そのサントラ盤をワーナー・ブラザーズからリリースする算段があった。リヴォン、リック、リチャード、ガースがホークスに集まってから15年となるバンドを歴史を振り返るスペシャル・コンサートのために、ロビーはスタジオ録音する新曲を用意し、グレアムはゆかりのミュージシャンを集めた。

11月25日、サンフランシスコのウィンターランドで開催された〝ザ・ラスト・ワルツ〟は、ザ・バンドの解散を意味するだけでなく、アメリカン・ロックのひとつの時代が終わることを示した歴史的なコンサートとなった

The Band Tour 1970

1970-01-09 Colden Auditorium, Queens College, Flushing, NY
1970-01-16 Physical Education Gym, University of Guelph, Guelph, ON
1970-01-17 Massey Hall, Toronto, ON
1970-01-18 McMaster University, Hamilton, ON
1970-01-23 Convention Hall, Community Concourse, San Diego, CA
1970-01-24 Civic Auditorium, Pasadena, CA
1970-01-31 Community Theater, Berkeley, CA
1970-02-01 Robertson Gymnasium, Santa Barbara, CA
1970-02-06 Auditorium, Long Beach, CA
1970-02-14 Men's Gymnasium, State University, Binghamton, NY
1970-02-15 Lowell Technological Institute, Costello Gymnasium, Lowell, MA
1970-02-21 Roberts Center, Boston College, Boston, MA
1970-02-22 Grace Hall, Lehigh University, Bethlehem, PA
1970-03-06 Ferris Auditorium, Trinity College, Hartford, CT
1970-03-07 Viking Hall, Upsala College, East Orange, NJ
1970-03-08 Keaney Gym, Kingston, RI
1970-03-13 Opera House, Chicago, IL
1970-03-14 Music Hall, Cleveland, OH
1970-03-20 Kiel Opera House, St. Louis, MO
1970-03-21 Crisler Arena, Ann Arbor, MI
1970-03-22 Walker Art Center, Minneapolis, MN
1970-06-14 Merriweather Post Pavillion, Columbia, MD
1970-06-22 Harvard Stadium, Cambridge, MA
1970-06-27 CNE Grandstand, Toronto, ON
1970-06-28 CNE Grandstand, Toronto, ON
1970-06-29 Wollman Skating Rink Theater, Central Park, New York, NY
1970-07-01 Winnipeg Stadium, Winnipeg, MB
1970-07-04 McMahon Stadium, Calgary, AB
1970-07-05 McMahon Stadium, Calgary, AB
1970-07-10 Hollywood Bowl, Los Angeles, CA
1970-07-20 Saratoga Performing Arts Center, Saratoga Springs, NY
1970-08-11 Mississippi River Festival, Edwardsville, IL
1970-08-13 Garden State Arts Center, Holmdel, NJ
1970-08-15 Forest Hills Tennis Stadium, Forest Hills, New York, NY
1970-10-30 Memorial Coliseum, Tuscaloosa, AL
1970-11-05 Cousens Gym, Tufts University, Medford, MA
1970-11-06 C.W. Post College, Brookville, NY
1970-11-07 Harrington Auditorium, Polytechnic Institute, Worcester, MA
1970-11-08 Spectrum, Philadelphia, PA
1970-11-13 Dane County Memorial Coliseum, Madison, WI
1970-11-14 Indiana University Auditorium, Bloomington, IN
1970-11-15 Syria Mosque, Pittsburgh, PA
1970-11-21 Onondaga War Memorial, Syracuse, NY
1970-11-22 Davis Gym, Bucknell University, Lewisburg, PA
1970-12-02 Municipal Auditorium, Austin, TX
1970-12-04 Memorial Auditorium, Dallas, TX
1970-12-05 Sam Houston Coliseum, Houston, TX
1970-12-06 The Warehouse, New Orleans, LA
1970-12-10 Municipal Auditorium, Atlanta, GA
1970-12-12 Convention Hall, Miami Beach, FL

The Band Tour 1971

1971-05-18 Musikhalle, Hamburg, West Germany
1971-05-19 Cirkus Krone, Munich, West Germany
1971-05-20 Jahrhunderthalle, Frankfurt, West Germany
1971-05-22 Wiener Konzerthaus, Vienna, Austria
1971-05-25 L'Olympia, Paris, France
1971-05-27 KB Hallen, Copenhagen, Denmark
1971-05-28 Konserthuset, Stockholm, Sweden
1971-06-02 Royal Albert Hall ,London, England
1971-06-03 Royal Albert Hall ,London, England
1971-06-05 Concertgebouw, Amsterdam, The Netherlands
1971-06-06 De Doelen Rotterdam, The Netherlands
1971-06-22 Merriweather Post Pavilion, Columbia, MD
1971-06-26 Midway Stadium, St. Paul, MN
1971-06-30 Wollman Skating Rink Theater, Central Park, New York, NY
1971-08-21 Borough of York Stadium, Toronto, ON
1971-09-04 State Fairgrounds, Trenton, NJ
1971-09-05 Monticello Raceway, Monticello, NY
1971-11-27 Civic Auditorium, San Francisco, CA
1971-12-01 Arie Crown Theatre, Chicago, IL
1971-12-05 Civic Center, Baltimore, MD
1971-12-06 Boston Garden, Boston, MA
1971-12-08 Spectrum, Philadelphia, PA
1971-12-28 Academy of Music, New York, NY
1971-12-29 Academy of Music, New York, NY
1971-12-30 Academy of Music, New York, NY
1971-12-31 Academy of Music, New York, NY

The Band Show 1973

1973-07-28 Watkins Glen Summer Jam, New York
1973-07-31 Roosevelt Stadium, Jersey City, New Jersey
1973-08-01 Roosevelt Stadium, Jersey City, New Jersey

76年11月25日、『ザ・ラスト・ワルツ』の大団円。

が、キャピトルとの契約を満了するためにはもう一枚アルバムをリリースしなければならず、77年にはアウトテイクを中心にした『アイランズ』制作のために、5人が再び顔を揃えることになる。

表面上は険悪なムードもなく、最後のフォト・セッションでも笑顔が絶えなかったようだが、〝ロビーが一方的にバンドを解散させた〟という気持ちはほかのメンバーに共通する意識となって後年まで残った。76年にロビーがライヴ活動の停止を宣言したときから公の場でも意義を唱えていたリヴォンは、86年にリチャード、99年にリックを亡くした不幸の元凶は〝ロビーの決断にあった〟と敵意を露わにし、2012年に亡くなるまで和解することはなかった。けれどもロビーは余命いくばくもないリヴォンを見舞い、〝かつて〟ではあっても兄弟のように接してくれた兄貴分に感謝を伝えている。

78年4月にアメリカで公開されたマーティン・スコセッシによる映画『ラスト・ワルツ』は、7月に日本でも封切られ、ロビーはプロモーションのために来日を果たした。あくまで映画としての完成度が重視された編集は実際のコンサートとは曲順が異なり、カットされたシー

Bob Dylan / The Band Tour 1974
1974-01-03 Chicago, Illinois
1974-01-04 Chicago, Illinois
1974-01-06 Philadelphia, Pennsylvania (Afternoon show)
1974-01-06 Philadelphia, Pennsylvania (Evening show)
1974-01-07 Philadelphia, Pennsylvania
1974-01-09 Toronto, Ontario
1974-01-10 Toronto, Ontario
1974-01-11 Montreal, Quebec
1974-01-12 Montreal, Quebec
1974-01-14 Boston, Massachusetts (Afternoon show)
1974-01-14 Boston, Massachusetts (Evening show)
1974-01-15 Largo, Maryland
1974-01-16 Largo, Maryland
1974-01-17 Charlotte, North Carolina
1974-01-19 Hollywood, Florida (Afternoon show)
1974-01-19 Hollywood, Florida (Evening show)
1974-01-21 Atlanta, Georgia
1974-01-22 Atlanta, Georgia
1974-01-23 Memphis, Tennessee
1974-01-25 Fort Worth, Texas
1974-01-26 Houston, Texas (Afternoon show)
1974-01-26 Houston, Texas (Evening show)
1974-01-28 Nassau, New York
1974-01-29 Nassau, New York
1974-01-30 New York City, New York
1974-01-31 New York City, New York (Afternoon show)
1974-01-31 New York City, New York (Evening show)
1974-02-02 Ann Arbor, Michigan
1974-02-03 Bloomington, Indiana
1974-02-04 St. Louis, Missouri (Afternoon show)
1974-02-04 St. Louis, Missouri (Evening show)
1974-02-06 Denver, Colorado (Afternoon show)
1974-02-06 Denver, Colorado (Evening show)
1974-02-09 Seattle, Washington (Afternoon show)
1974-02-09 Seattle, Washington (Evening show)
1974-02-11 Oakland, California (Afternoon show)
1974-02-11 Oakland, California (Evening show)
1974-02-13 Los Angeles, California
1974-02-14 Los Angeles, California (Afternoon show)
1974-02-14 Los Angeles, California (Evening show)

The Band Tour 1974
1974-07-04 Berry Park, Wentzville, MO
1974-07-05 Three Rivers Stadium, Pittsburgh, PA
1974-07-06 Rich Stadium, Buffalo, NY
1974-07-13 Oakland Stadium, Oakland, CA
1974-07-14 Oakland Stadium, Oakland, CA
1974-08-30 Nassau Coliseum, Uniondale, NY
1974-08-31 Cleveland Stadium, Cleveland, OH
1974-09-01 Civic Center Arena, St. Paul, MN
1974-09-02 Varsity Stadium, Toronto, ON
1974-09-04 Barton Hall, Cornell University, Ithaca, NY
1974-09-06 Capital Centre, Landover, MD
1974-09-14 Wembley Stadium, London, England

Bob Dylan & Friends in SNACK Sunday
1975-03-23 San Francisco, CA Kezar Stadium
Bob Dylan -guitar, piano, harmonica
Levon Helm - drums
Rick Danko - bass
Garth Hudson - keyboards
Tim Drummond - guitar
Ben Keith - pedal steel guitar
Neil Young - piano, guitar

The Band Tour 1976
1976-06-26 Frost Amphitheater, Stanford University, Palo Alto, CA
1976-06-27 Santa Barbara County Bowl, Santa Barbara, CA
1976-07-03 Memorial Coliseum, Lexington, KY
1976-07-04 The Summit, Houston, TX
1976-07-05 Pine Knob Music Theatre, Clarkston, MI
1976-07-06 Pine Knob Music Theatre, Clarkston, MI
1976-07-07 Washington Park, Homewood, IL
1976-07-09 Summerfest 76, Lakefront, Milwaukee, WI
1976-07-13 Westchester Premier Theatre, Tarrytown, NY
1976-07-14 Long Island Arena, Commack, NY
1976-07-16 Carter Barron Amphitheatre, Washington, DC
1976-07-17 Carter Barron Amphitheatre, Washington, DC
1976-07-18 Music Inn, Lenox, MA
1976-07-20 Casino Arena, Asbury Park, NJ
1976-07-21 Champlain Valley Fairgrounds, Essex Junction, VT
1976-08-20 Civic Auditorium, Santa Cruz, CA
1976-08-23 Greek Theater, Los Angeles, CA
1976-08-24 Greek Theater, Los Angeles, CA
1976-08-25 Greek Theater, Los Angeles, CA
1976-08-29 Music Inn, Lenox, MA
1976-08-31 CNE Bandstand, Toronto, ON
1976-09-02 Music Hall, Boston, MA
1976-09-05 Steiner Ranch Amphitheatre, Lake Austin, TX
1976-09-12 Reed Green Coliseum, Hattiesburg, MS
1976-09-13 Pete Mathews Coliseum, Jacksonville, AL
1976-09-17 The Spectrum, Philadelphia, PA
1976-09-18 The Palladium, New York, NY
1976-09-19 The Palladium, New York, NY
1976-09-21 Syria Mosque, Pittsburgh, PA
1976-09-23 Fox Theater, Atlanta, GA
1976-09-24 University of Virginia, Charlottesville, VA
1976-09-25 Tennessee State Fairgrounds Grandstand, Nashville, TN
1976-10-30 Saturday Night Live, New York, NY
1976-11-25 Winterland, San Francisco, CA

ンも多かったため、熱心なファンの中にもそれを許したロビーの姿勢を批判する向きも現れるのだが、ひとつのバンドの歴史と60〜70年代ロックの収穫を重ねたショウを2時間ばかりの映画やアルバムにまとめるには、こうするしかなかっただろう、と私は思っている（収録曲が増えた40周年版は資料としてはありがたいが、作品としてのまとまりには欠けているのがその証拠だ）。

本稿の役割としては〝メンバーのその後〟にまで言及するのがスジだろうが、私にはロビーのいない再結成はザ・バンドとは思えないし、その後のソロ活動までここで語ることは勘弁願いたい。それは15のときからずっと自分のバンドを率いてきた私が感じている〝バンド〟というものに対する皮膚感覚なので、簡単に説明するのは難しい。私は〝商品として残る作品の質〟にこだわったロビーの気持ちも、どういう形だろうと〝演奏して人を喜ばせることに賭けた〟リヴォンの姿勢も、表現者の鑑に見えるが、両者が一切の偽りなく同居することなどまずありえないと思っている。それは〝プロフェッショナルなバンド〟の悲しい宿命なのだ。

77年、『アイランズ』制作中のフォト・セッションからのアウトテイク。

WANTED

DEAD OR ALIVE

Chapter 2

All Albums Of The Band

Inc. Ronnie Hawkins

John Hammond Bob Dylan

ISAO INUBUSHI
ROKURO MAKABE
JIRO MORI
YASUKUMI NOTOMI
KENZO SAEKI
KOJI WAKUI

REWARD

ロニー・ホーキンスの主な作品

和久井光司

Ronnie Hawkins

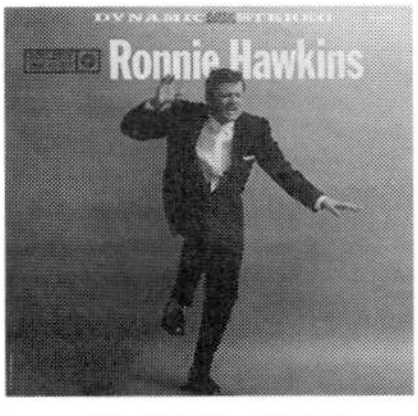

Roulette／SR 25078：1959年

[A] 1. Forty Days / 2. Odessa / 3. Wild Little Willy / 4. Ruby Baby / 5. Horace / 6. Mary Lou [B] 1.Need Your Lovin' (Oh So Bad)/ 2. Dizzy Miss Lizzy / 3. One Of These Days / 4. Oh Sugar / 5. What'Cha Gonna Do (When The Creek Runs Dry)/ 6. My Gal In Red-Hot

58年夏にトロントの小さなスタジオで初シングル「ヘイ・ボ・ディドリー／ラヴ・ミー・ライク・ユー・キャン」(Quality／K1827)を録音したとき、ザ・ロン・ホークス・クァルテットと名乗っていたバンドは、すぐにロニー・ホーキンス&ザ・ホークスと改名、59年にルーレットと長期契約を交わした。このころのメンバーは、リヴォン・ヘルム(ds)、ウィラード・ジョーンズ(p)、ジミー・レイ・ポールマン(g)、ゴードン・ジェシー(b)で、ジョー・レイズマンがプロデュースした本作もこの布陣だった。ドゥ・ワップ的なコーラスがついたロックンロールという感じだが、そこかしこから南部っぽい豪放さが見て取れる点に注目したい。

Mr. Dynamo

Roulette／SR 25078：1960年

[A] 1. Clara / 2. Hey Boba Lou / 3. Someone Like You / 4. Dreams Do Come True / 5. Hey Ride / 6. Honey Don't [B] 1. Lonely Hours / 2. Sick And Tired / 3. Love Me Like You Can / 4. You Cheated, You Lied / 5. Baby Jean / 6. Southern Love

16歳のロビー・ロバートソンがホークスに加入できたのは、曲が書けるのをホーキンスが評価したからだった。ここではまだロビーはホークスのメンバーではないが、彼が作曲に関わった「ヘイ・ボバ・ユー」と「サムワン・ライク・ユー」が収録されている。また、リヴォンが「ユー・チーテッド、ユー・ライズ」をひとりで書いたほか、3曲をホーキンスやレーベル・オーナーのジャクリーヌ・マギル(レノン／マッカートニーの「カム・トゥゲザー」をチャック・ベリーの盗作として訴えたことで知られるモーリス・リヴィ)と共作。つまり、ザ・バンドへの布石が早くも窺えるアルバムなのだ。前作ほど有名ではないが、グループの成長が見える重要作である。

Ronnie Hawkins Sings The Songs Of Hank Williams

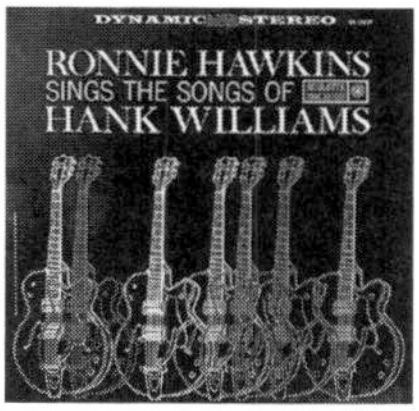

Roulette／SR 25137：1960年

[A] 1. Cold, Cold Heart / 2. Hey, Good Lookin' / 3. You Cheatin' Heart / 4. Weary Blued From Waitin' / 5. There'll Be No Teardrops Tonight / 6. Noboby's Lonesome For Me [B] 1. Ramblin' Man / 2. I'm So Lonesome I Could Cry / 3. You Win Again / 4. I Can't Help It (If I'm Still In Love With Me) / 5. Lonesome Whistle / 6. Jambalaya (On The Bayou)

50年代のロックンローラーがブームの終焉を思い知ったのは、兵役を終えたエルヴィス・プレスリーがテレビの『フランク・シナトラ・ショウ』でカムバックを果たした60年3月だったはずだ。キングと3日しか誕生日が違わないホーキンスがどうやって兵役を免れたのかは知らないが、59年に「フォーティー・デイズ」と「メリー・ルー」をビルボード100位内に入れた彼は〝遅れてきたロックンローラー〟と見られることを嫌ったからか、ハンク・ウィリアムズを特集したアルバムでシンガーとしての実力を見せつけた。前2作にあったガレージ・ロック的な面が抑えられ、ホークスとの分断が目されていくのだが、アルバムとしてのまとまりはぐっと高められている。

The Folk Ballads Of Ronnie Hawkins

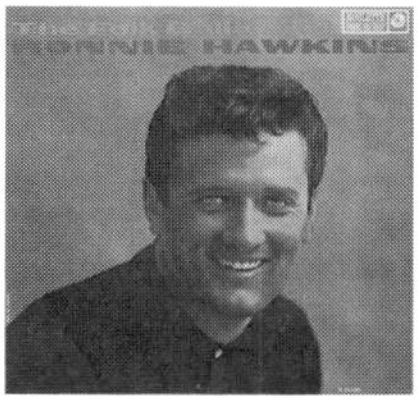

Roulette／SR 25137：1960年

[A] 1. Summertime / 2. Sometimes I Feel Like A Motherless Child / 3. I Gave My Love A Cherry / 4. Brave Man / 5. A Poor Wayfaring Stranger / 6. Virginia Bride [B] 1. Mr & Mrs Mississippi / 2. John Henry / 3. Fare Thee Well / 4. One Out Of A Hundred / 5. The Death Of Floyd Collins / 6. Love From After

プロデューサーのジョー・レイズマンは〝&ザ・ホークス〟ではない在り方の方がホーキンスのためになると考え、フォーク・リヴァイヴァルに呼応する本作を企画したのだろうが、ロックンロール・シンガー&バック・バンドとしてクラブを回っている方が金になったはずだ。相変わらずのステージを続けるために、ホーキンスはリックとリチャードを雇い、若いバンドに音楽を教えられるガースを必要としたのだが、これはそうなっていく前の録音。ここに収録された曲まで幅広く演奏するためには、ロック畑とは言えないガースの知識が不可欠だったことを思わせるアルバムだ。メンバーが揃っていないにもかかわらず、すでに〝ザ・バンド的〟なのが面白い。

Mojo Man

Roulette／SR 25390：1964年

[A] 1. Mojo Man / 2. Matchbox / 3. Lonely Hours / 4. Summertime / 5. One Out Of A Hundred / 6. Further On Up The Road [B] 1. Ballad Of Caryl Chessman / 2.Suzy - Q / 3. Southern Love / 4. You Cheatin' Heart / 5. What A Party

カナダのみでリリースされた編集盤だが、61年9月18日にニューヨークで録音されたリヴォンがヴォーカルの「ファーザー・オン・アップ・ザ・ロード」が収録されているのが目玉で、さらに日本盤CDでは「ホワット・ア・パーティー」がリヴォンがヴォーカルのもう一曲「ナインティーン・イヤーズ・オールド」に差し替えられている（「ファーザー～」と同日の録音）。ホーキンスが帰ったあと、プロデューサーのヘンリー・グローヴァーの勧めで行われたホークス単独のセッションはザ・バンドの歴史には重要だし、リヴォンのヴォーカルは一聴の価値ありだ。ホーキンスの持ち味もよくわかるコンピレーションなので、これはオススメである。

Ronnie Hawkins

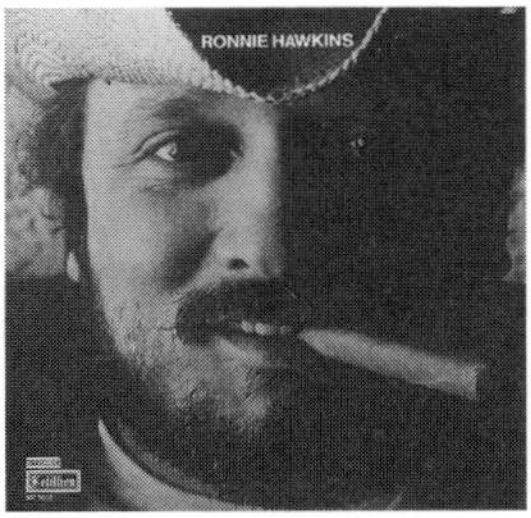

Cottilion／SD 9019：1970年

[A] 1. One More Night / 2. Bitter Green / 3. I May Never Get To Heaven / 4. Will The Circle Be Unbroken / 5. Matchbox / 6. Little Bird [B] 1. One Too Many Morning / 2. Forty Days / 3. Down In The Alley / 4. Who Do You Love / 5. Home From The Forest

Produced by Jerry Wexler & Tom Dowd
Duane Allman (g), Eddie Hinton (g), jimmy Johnson (g), David Hood (b), Roger Hawkins (ds), Barry Beckett (kod) etc.

68年にカナダのみで〝Ronnie Hawkins〟(Yorkville／YVS 33-002) を発表したものの、アメリカでは過去の人になりつつあったホーキンスを復活させたのはアトランティックのジェリー・ウェクスラーとトム・ダウドだった。マッスル・ショールズ録音、エディ・ヒントン、デイヴィッド・フッドらにデュエイン・オールマンという布陣で、ホーキンスの代表的なレパートリーを再録音しているのだから悪いわけはないが、南部のR&Bやソウルにこだわってきたアトランティックにすれば、〝本物はこっち〟という意思表示だったのかもしれない。もちろんザ・バンドが売れたから〝かつてのボス〟にもチャンスが巡ってきたのだが、当のホーキンスは飄々とこなしている。そこがカッコいい。「フー・ドゥ・ユー・ラヴ」なんて、ハーリー・レイスが顔色を変えずにトップ・ロープから繰り出すダイビング・ヘッドバットみたいじゃないか。レイスがミスター・プロレスなら、ホーキンスはミスター・スワンプだよね。 **(和久井)**

The Hawk

Cottilion／SD 9039：1971年

[A] 1. Don't Tell Me Your Trouble / 2. Sick And Tired / 3. Lonely Weekend / 4. Drinkin' Wine Spo-Dee-O-Dee / 5. Red Rooster / 6. Ooby Dooby [B] 1. The Lady Came From Baltimore / 2. Leaves That Are Green / 3. Patricia / 4. Odessa / 5. Treasure Of Love / 6. Black Sheep Boy

Produced by Jim Dickinson
Duane Allman (g), Charlie Freeman (g), Donald "Duck" Dunn (b), Sammy Creason (ds), Mike Utley (kod), The Memphis Horns (tp, sax, tb)etc.

アトランティック傘下のコティリオンからの2作目はマイアミのクライテリア・スタジオでの録音。プロデューサーはトム・ダウド、バックはジム・ディキンソン率いるザ・ディキシー・フライアーズと、デュエイン・オールマン、メンフィス・ホーンズら。ドン・ギブソンの「ドント・テル・ミー・ユア・トラブル」でカントリーっぽく始まるが、デュエインのギターとホーンがたまらない「シック・アンド・タイアード」と、粘っこいグルーヴが最高の「ロンリー・ウィークエンズ」、勢い感が抜群の「ウービー・ドゥービー」でスワンパーぶりを見せつける。ジャケがいいからか前作の人気が高いが、私はこっちの方がはるかに好きだな。オリジナルの「パトリシア」と「オデッサ」もいいが、ポール・サイモンの「リーヴス・ザット・アー・グリーン」、ティム・ハーディンの「ザ・レディ・ケイム・フロム・バルティモア」と「ブラック・シープ・ボーイ」を取り上げているのも見逃せない、充実の秀作だ。 **(和久井)**

Rock And Roll Resurrection

Monument／KZ 31330：1972年

[A] 1. Lawdy Miss Clawdy / 2. When My Dreamboat Comes Home / 3. Cora Mae / 4. Memphis, Tennessee / 5. Ain't That A Shame [B] 1. Bony Moronie / 2. Diddley Daddy / 3. I'm In Love Again / 4. Maybellene / 5. The Same Old Song

モニュメントへ移籍とはいかにもだけれど、フレッド・フォスターのプロデュース、ナッシュヴィル録音の2作も佳作。ロイド・プライスの「ラウディ・ミス・クラウディ」、チャック・ベリーの「メンフィス、テネシー」、ファッツ・ドミノの「エイント・ザット・ア・シェイム」、ラリー・ウィリアムズの「ボニー・モロニー」といった選曲が想わせるのはオールド・ロックンローラーの姿だが、フレッド・カーター・ジュニアやチャーリー・マッコイらの手堅いバックもいいし、ホーキンスの〝変わらぬ姿勢〟にタフな精神が見える。クリス・クリストファーソンの「ザ・セイム・オールド・ソング」を取り上げたお礼か、ライナーノーツは彼が担当している。

（和久井）

The Giant Of Rock 'n' Roll

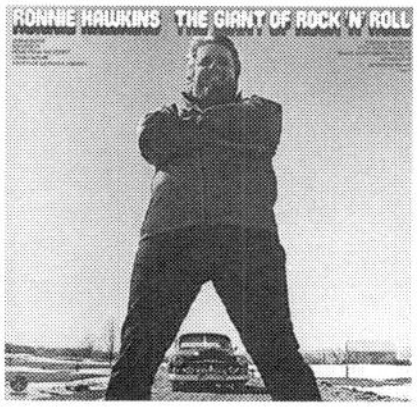

Monument／KZ 32940：1974年

[A] 1. Dream Lover / 2. Lonely Hours / 3. Ain't That Just Like A Woman / 4. Home From The Forest / 5. Bo - Diddley [B] 1. Brand New Tennessee Waltz / 2. Honey Love / 3. Lonesome Town / 4. Kinky / 5. High Blood Pressure / 6. Pledging My Love

前作とほぼ同じ布陣。「ボ・ディドリー」の再録はあるものの、幅広い選曲のおかげでヴァラエティに富んでいる。ボビー・ダーリンの「ドリーム・ラヴァー」、ゴードン・ライトフットの「ホーム・フロム・ザ・フォレスト」、ジェシ・ウィンチェスターの「ブランド・ニュー・テネシー・ワルツ」といった辺りからは当時のホーキンスの好みが窺えるものの、オリジナルの新曲のタイトルが「キンキー」なのだから一筋縄ではいかない。いわゆる〝ロック世代〟とはセンスが違うので〝オリジナルの新曲至上主義〟で眺めてしまうと、この人のいいところは見えてこないはずだ。矢沢のキャロルとミッキー・カーチスぐらい違うと思っていないといけません。

（和久井）

The Hawk

United Artists／UA-LA968-H：1979年

[A] 1. South In New Orleans / 2. Shelter Of Your Eyes / 3. Something's Bean Making Me Blue / 4. Pledging My Love / 5. Sick And Tired [B] 1.Elvira / 2. Blue Moon Of Kentucky / 3. Ain't That Lovin' You Baby / 4. My Babe / 5. Let It Rock

『ザ・ラスト・ワルツ』で再び注目されたのに乗じて、テキサスのキース・アリスン（元レイダーズ）が企画したアルバム。ジェイムズ・バートン、ワディ・ワクテル、ポール・バターフィールド、ガース・ハドソン、テリー・ダンコも参加して、ホーキンスのレコード・デビュー20年を祝したような一枚だが、スタン・セレストのピアノとガースのシンセの絡みがザ・バンド的な「サウス・イン・ニューオーリンズ」に心を摑まれるはずだから、ホーキンスを初めて聴くという人には馴染みやすいアルバムだと思う。ニュー・ウェイヴ爆発の79年にあってはかなり分が悪かったが、いま聴くと心に染みるし、ホーク亡きあとではジャケのイラストも感慨深い。

（和久井）

その後、ロニー・ホーキンスが残したオリジナル・アルバムは5枚しかない。

　カナダのクウォリティから81年にリリースされた“A Legend In His Spare Time”は、やがてテレビ番組の劇伴を主戦場とするようになるフレッド・モーリンがプロデュースしたもので、録音メンバーにはロニー・マック（g）、スタン・セレスト（p）らがいる。ウォルター・イーガンの「オンリー・ザ・ラッキー」、CCRの「ローディ」と「トラベリン・バンド」、ジョン・ステュアートの「18ホィールズ」といった選曲からは心機一転という気分が窺えるし、円熟味を増したホーキンスのヴォーカルは素晴らしい。私はCDしか持っていないのだが、アナログ盤で聴いたらもっといいはずだ。

　84年にカナダと英国で発売された“The Hawk - Recorded Live In The U.K.1982”(Trilogy/TR 50000) はタイトルどおりのもので、「フォーティ・デイズ」「メリー・ルー」「フー・ドゥ・ユー・ラヴ」といった代表曲12曲を収録したライヴ盤である。プロデューサーはスティーヴ・トンプソン、メンバーはピアノのスタン・セレストに、3人のギタリスト、リズム・セクション。

　カナダのエピックから出た“Making It Again”もプロデュースはスティーヴ・トンプソンだ。「パトリシア」と「キンキー」の再演はあるものの、オリジナルの新曲で固めようという意思が感じられるアルバムで、ホーキンスは3曲を書き下ろしている。

　エピックからの2枚目“Hello Again... Mary Lou”もスティーヴ・トンプソンのプロデュース作だが、開き直って「メリー・ルー」をアタマに持ってきたのが効いて、ヨーロッパや韓国でも発売された。ジャケの〝いかにも〟な感じはどうかと思うが、悪くない。

　02年の“Still Cruisin'”は、ロビーとリヴォンがバラバラに参加し、クリス・クリストファーソンとのデュエットも披露した快作だが、カナダで自身のレーベルからリリースしただけに終わったので入手困難となっている。結果的に遺作となってしまったアルバムだから、再発を熱望。

A Legend In His Spare Time
加・Quality／SV 2092：1981年

Making It Again
加・Epicy／PEC 80104：1984年

Hello Again... Mary Lou
加・Epic／PEC 80127：1987年

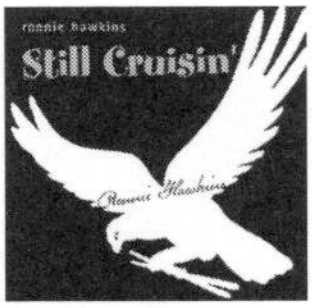

Still Cruisin'
加・Hawk／0515：2002年

リヴォン&ザ・ホークス

和久井光司

　ロニー・ホーキンス&ザ・ホークスが61年9月に行ったニューヨーク・セッションを仕切ったキング・レコーズのヘンリー・グローヴァーは、ホークス（このときは、リヴォン、ロビー、リックに、サックスのジェリー・ペンファウンドという布陣）だけで録音する機会を与え、独立を勧めた。ロックンロールのブームが去り、自分の食い扶持を稼ぐのがやっとになっていったホーキンスは、メンバーを縛りつけることがなかったため、64年11月にトロントのラジオ局でリヴォン&ザ・ホークスとしての初録音が行われ、「ベーコン・ファット」と、ライヴの「ロビーズ・ブルース」が残された。そして65年春にグローヴァーのプロデュースでリリースを目指した録音が行われるのだが、最初に出たのはカナディアン・スクワイアーズ名義のシングルだった。ホーキンス&ザ・ホークスにはないタイプのR&Bが若々しかったからか、同年夏に2回目のセッションが行われ、そこからはザ・バンドの第一歩とも言うべき「ザ・ストーン・アイ・スロウ」と「ヒー・ドント・ラヴ・ユー」をカップリングしたシングルが出るのだが、アトコにしてみたら泡沫R&Bバンドのひとつといった判断だったようで、フランスではB面に別のバンドの2曲を入れたスプリットEPとして発売されることになった。

　アトコは68年、『ミュージック・フロム・ビッグ・ピンク』のヒットに乗じて、65年夏に録音された未発表曲「ゴー・ゴー・リザ・ジョーンズ」をA面にしたシングルをリリースしたが、もちろんヒットしなかった。これらの音源はザ・バンドのコンピレーション盤『ア・ミュージック・ヒストリー』に、当時はレコード化されなかったものも含めてまとめられているから、レアなオリジナル・シングルを探す必要はないだろう。

　リヴォン&ザ・ホークス時代の習作は無視できないけれど、まだ〝バンドの核〟が定まっていないのは明らかである。

Go Go Liza Jane / He Don't Love You
Atco／45-6625：1968年

The Stones I Throw / He Don't Love You
ATCO／45-6383：1965年

1.The Stones I Throw / 2.He Don't Love You （A面のみ）
仏・Atco／ATCO 106：1965年

Canadian Squires
Leave Me Alone / Uh-Uh-Uh
Ware／6002：1965年5月

ジョン・ハモンド&ザ・ホークス

和久井光司

コロンビア・レコーズの重役だった父にボブ・ディランを推薦したことでも知られるジョン・ハモンド・ジュニア（ジョン・ポール・ハモンド）は63年にヴァンガードからデビューした。3枚目のアルバムまではフォーク・ブルーズやカントリー・ブルーズを主に弾き語りで聴かせていた彼がバンド・サウンドに活路を見出したのは、ホークスの3人をバックに起用した“So Many Roads”からだ。

ハモンドにホークスを推薦したのは、アルバート・グロスマンの秘書（トロント出身の）メアリー・マーティンだったという説もあるが、ロビーのギター、リヴォンのドラムス、ガースのオルガンを気に入ったハモンドがディランに彼らを紹介したのかもしれない。続く“Mirrors”は弾き語り時代の曲も混じえたコンピレイションだが、ロビー、リヴォン、ガースに、マイク・ブルームフィールド（ここではピアノ）という布陣の前作のアウトテイク「アイ・ウィッシュ・ユー・ウッド」と「トラヴェリング・リヴァーサイド」が収録されているから必聴なのだ。

アトランティックに移籍後のハモンドの第一作“I Can Tell”は「アイ・ウィッシュ・ユー・ウッド」の新録ヴァージョンで始まる傑作。ベースはビル・ワイマン、ジミー・ルイスとリック・ダンコが分け合っているが、全曲のギターはロビーが弾いている。ドラムスはすべてチャールズ・オーティスで、ガースの参加はないのだけれど、本格的なブルーズ・ロック・アルバムでギターを任されたことはロビーの自信になったと思う。このセッションはビッグ・ピンクでディランとデモ録音を開始する前に行われたはずだ。

ちなみにアトランティックでのハモンドのアルバムは“Sooner Or Later”（68年）、“Southern Fried”（70年）と続いていくのだが、マッスル・ショールズ録音でデュエイン・オールマン参加の後者は本書の読者にはとくにお薦めしておきたい。

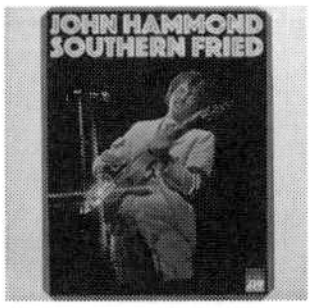

Southern Dried
Atlantic／SD 8251：1970年

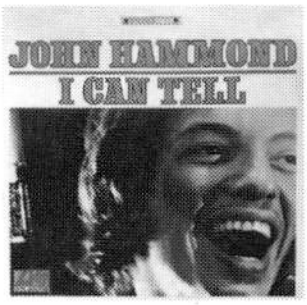

I Can Tell
Atlantic／SD 8152：1967年

Mirrors
Vanguard／VSD 79245：1967年

So Many Roads
Vanguard／VSD 79178：1965年

ボブ・ディラン&ザ・ホークス

サエキけんぞう

ディランとホークスの長く曲がりくねった道は、「窓からはい出せ」から始まった。

この曲はまず、『追憶のハイウェイ61』のセッションで65年7月30日に録音された。次に『ブロンド・オン・ブロンド』最初のレコーディングとして、10月5日にホークスとアル・クーパーにより再録音される。ホークスとしてはまだまだ、泥臭いR&B風を残していた頃だが、ここでは注目すべきは、ザ・バンド・スタイルとでもいうべき和声的展開に優れるポップで凝った編曲がなされていたことだ。『ハイウェイ61』セッションの編曲は金太郎飴といってもよく、この曲も例外ではなかった。しかし、『ブロンド〜』での録音は特徴的なシンバルの拍打ちに始まり、ガース・ハドソンのオルガンがオーケストレーション色豊かに大活躍し、その隙間に強いピッキングの特徴的なオブリガード・フレーズ、あのロビー・ロバートソン奏法が挿入されている。この直前、ディランのザ・バンド採用のきっかけとなったといわれるジョン・ハモンド・ジュニアの「ソー・メニー・ローズ」（65年）では極めてヘヴィなブルーズを演奏していたロビーだが、一方でザ・バンド的スタイルを完成させていたのだ。

ホークスは65年9月にディランの全米ツアーに参加する。『ブロンド〜』も、ホークスのバックアップでレコーディングされるはずだった。ニューヨーク録音の初日には「窓からはい出せ」のほか、「メディスン・サンデイ」「アイ・ウォナ・ビー・ユア・ラヴァー」など3曲が試された。しかし結局は1曲しか残らなかったのだ。つまりはザ・バンドにアルバムを託すことは時期尚早という判断がなされたのである。

録音場所はナッシュヴィルに変更され、ディランのお気に入りになったロビーとアル・クーパーが同行した。そして、ロイ・オービソンやエルヴィス・プレスリーの名盤に参加した名手達と合流することになる。

Bob Dylan
Can You Please Crawl Out Your Window? / Highway 61 Revisited

Columbia／AB201［7″］
録音：1965年11月30日
発売：1965年12月21日

プロデューサー：Bob Johnston
演奏：Bob Dylan (vo, g), Robbie Robertson (g), Rick Danko (b), Levon Helm (ds), Richard Manuel (p), Garth Hudson (organ)

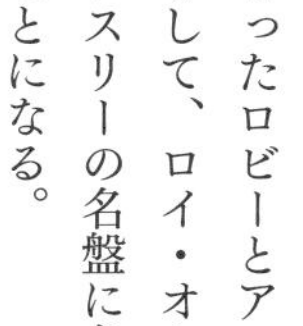

Columbia／ST-11440
録音：1966年1月〜3月
発売：1966年6月

Bob Dylan
Blonde On Blonde

［A］1. Rainy Day Women #12 & 35 / 2. Pledging My Time / 3. Visions Of Johanna / 4. One Of Us Must Know (Sooner Or Later)［B］1. I Want You / 2. Memphis Blues Again / 3. Leopard-Skin Pill-Box Hat / 4. Just Like A Woman［C］1. Most Likely You Go Your Way And I'll Go Mine / 2. Temporary Like Achilles / 3. Absolutely Sweet Marie / 4. 4th Time Around / 5. Obviously 5 Believers［D］1.Sad Eyed Lady Of The Lowlands

プロデューサー：Bob Johnston
演奏：Bob Dylan (vo, g, harmonica, p), Bill Aikins (kbd), Wayne Butler (trombone), Kenneth Buttrey (ds), Rick Danko (b), Bobby Gregg (ds), Paul Griffin(p), Jerry Kennedy (g), Al Kooper (organ, g), Charlie McCoy (b, g, harmonica, trumpet), Wayne Moss (g, vo), Hargus "Pig" Robbins (p, kbd)

Bob Dylan
The 1966 Live Recordings

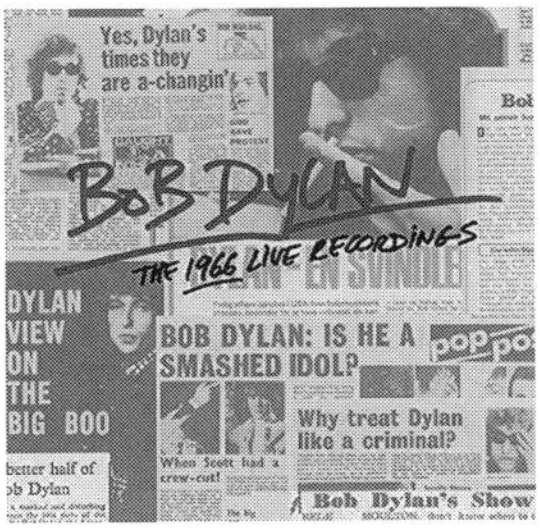

EU・Columbia/Legacy/Sony／3WS3146
録音：1966年2月5日〜5月27日
発売：2016年11月11日

[1-2] Sydney, Australia, 13 April 1966
[3] Melbourne, Australia, 20 April 1966
[4] Copenhagen, Denmark, 1 May 1966
[5-6] Dublin, Ireland, 5 May 1966
[7-8] Belfast, Northern Ireland, 6 May 1966
[9-10] Bristol, England, 10 May 1966
[11] Cardiff, Wales, 11 May 1966
[12-13] Birmingham, England, 12 May 1966
[14] Liverpool, England, 14 May 1966
[15-16] Leicester, England, 15 May 1966
[17-18] Sheffield, England, 16 May 1966
[19-20] Manchester, England, 17 May 1966
[21] Glasgow, Scotland, 19 May 1966
[22-23] Edinburgh, Scotland, 20 May 1966
[24-25] Newcastle, England, 21 May 1966
[26-27] Paris, France, 24 May 1966
[28-29] London, England, 26 May 1966
[30-31] London, England, 27 May 1966
[32] White Plains, NY, USA, 5 February 1966
[33] Pittsburgh, PA, USA, 6 February 1966
[34] Hempstead, NY, USA, 26 February 1966
[35] Melbourne, Australia, 19 April 1966
[36] Stockholm, Sweden, 29 April 1966

Bob Dylan
The Bootleg Series Vol. 4
Live 1966 The "Royal Albert Hall" Concert

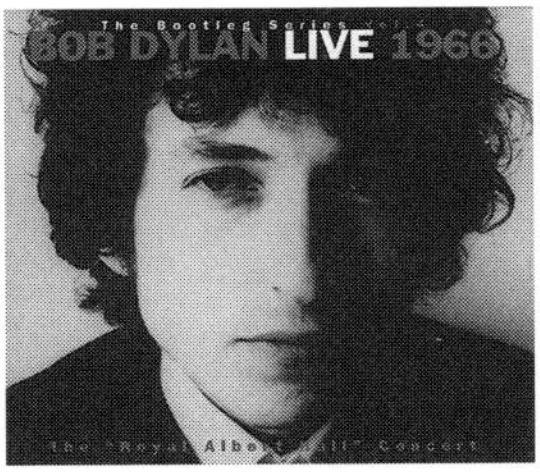

Columbia/Legacy／E-ST11602
録音：1966年5月17日
発売：1998年

[1] 1. She Belongs To Me / 2. Fourth Time Around / 3. Visions Of Johanna / 4. It's All Over Now, Baby Blue / 5. Desolation Row / 6. Just Like A Woman / 7. Mr. Tambourine Man
[2] 1. Tell Me, Momma / 2. I Don't Believe You (She Acts Like We Never Have Met) / 3. Baby, Let Me Follow You Down / 4. Just Like Tom Thumb's Blues / 5. Leopard-Skin Pill-Box Hat / 6. One Too Many Mornings / 7. Ballad Of A Thin Man / 8. Like A Rolling Stone

プロデューサー：Jeff Rosen
演奏：Bob Dylan (vo, ag, eg, harmonica, p),
Robbie Robertson (eg),
Garth Hudson (organ),
Richard Manuel (p),
Rick Danko (b, cho),
Mickey Jones (ds)

非常にややこしい2つの〝ロイヤル・アルバート・ホール〟問題である。まず1998年にリリースされたのが『ブートレッグ・シリーズ第4集』。原題は《The "Royal Albert Hall" Concert》と、クォーテーション・マーク付きだ。しかし実際は66年5月17日、英マンチェスターのフリー・トレード・ホールでの演奏が収録されている。もともとこの録音が26日のロイヤル・アルバート・ホールでの演奏と偽って表記され、海賊盤として出回っていたのである。

このワールド・ツアーは65年9月から始まり、前半はアコースティック・ギターの弾き語り、後半にホークスを伴うロック・バンド編成というステージ構成だった。弾き語りとしてはデビュー以来の総決算的時期にあり、第一部の出来が素晴らしいことは言うまでもない。休憩をはさんだ第二部になると、彼らは巨大なアメリカ国旗を背にしていた。ディランが選んだ垂れ幕である。ベトナム戦争がさらに泥沼化している中、ディランを反戦の教祖とあがめるファンは、そこにまずカチンときたはずだ。ホークスとの演奏に、客は激しい野次やブーイングを浴びせたのである。しかし、演奏は反撃するように凄まじいものだった。

このCDでは「ライク・ア・ローリング・ストーン」が始まる35秒前に、客席とのやり取りを聴くことができる。聴衆の一人が「ユダ（裏切り者）！」と叫び、さらに「お前なんか、二度と聴かないぞ！」と続けた。ディランは「アイ・ドント・ビリーヴ・ユー、お前は嘘つきだ」と応酬。このやり取りが伝説化し、ブートレッグは売れに売れたのだ。

長いロードを経てきたバンドのコンビネーションは申し分なく、「テル・ミー・ママ」はイントロのあと、圧倒的な躍動感を感じさせる。このツアーにおけるガース・ハドソンは、あくまでサポートに徹しており、それなりに鮮やかなオルガン・プレイが光ってはいるが、主役はあくまでロビーだ。特に印象的なのは「アイ・ドント・ビリーヴ・ユー」で、扇情的かつキメの細かいバッキングでグルーヴをキープしている。ディランはロビーのギターを〝数学的なサウンド〟と呼び、〝僕の内臓的不安を逆撫でしない天才〟と讃辞を惜しまなかった。陰鬱な重いリズムの迫力が凄い「やせっぽちのバラッド」は、ヘヴィ極まりないサウンドで「なにかがおこりつつある、あんたはわからないのさ」とけしかけたのだ。

2016年版には5月26日の〝リアル・ロイヤル・アルバート・ホール〟が収録された。曲目は全く同じだが、力強く透明感にあふれた演奏で低音が豊かな録音になっている。リック・ダンコのベース・ピッキングがご機嫌にハネるこちらが、内容では勝ちかもしれない。

（サエキ）

Bob Dylan
The Bootleg Series Vol.11
The Basement Tapes Complete

Legacy/Columbia／3WS3146
発売：2014年11月4日

［1］1. Edge Of The Ocean / 2. My Bucket's Got A Hole In It / 3. Roll On Train / 4. Mr. Blue / 5. Belshazzar / 6. I Forgot To Remember To Forget / 7. You Win Again / 8. Still In Town / 9. Waltzing With Sin / 10. Big River (Take 1) / 11. Big River (Take 2) / 12. Folsom Prison Blues / 13. Bells Of Rhymney / 14. Spanish Is The Loving Tongue / 15. Under Control / 16. Ol' Roison The Beau / 17. I'm Guilty Of Loving You / 18. Cool Water / 19. The Auld Triangle / 20. Po' Lazarus / 21. I'm A Fool For You (Take 1) / 22. I'm A Fool For You (Take 2) ［2］1. Johnny Todd / 2. Tupelo / 3. Kickin' My Dog Around / 4. See You Later Allen Ginsberg (Take 1) / 5. See You Later Allen Ginsberg (Take 2) / 6. Tiny Montgomery / 7. Big Dog / 8. I'm Your Teenage Prayer / 9. Four Strong Winds / 10. The French Girl (Take 1) / 11. The French Girl (Take 2) / 12. Joshua Gone Barbados / 13. I'm In The Mood / 14. Baby Ain't That Fine / 15. Rock, Salt And Nails / 16. A Fool Such As I / 17. Song For Canada / 18. People Get Ready / 19. I Don't Hurt Anymore / 20. Be Careful Of Stones That You Throw / 21. One Man's Loss / 22. Lock Your Door / 23. Baby, Won't You Be My Baby / 24. Try Me Little Girl / 25. I Can't Make It Alone / 26. Don't You Try Me Now ［3］1. Young But Daily Growing / 2. Bonnie Ship The Diamond / 3. The Hills Of Mexico / 4. Down On Me / 5. One For The Road / 6. I'm Alright / 7. Million Dollar Bash (Take 1) / 8. Million Dollar Bash (Take 2) / 9. Yea! Heavy And A Bottle Of Bread (Take 1) / 10. Yea! Heavy And A Bottle Of Bread (Take 2) / 11. I'm Not There / 12. Please Mrs. Henry / 13. Crash On The Levee (Take 1) / 14. Crash On The Levee (Take 2) / 15. Lo And Behold! (Take 1) / 16. Lo And Behold! (Take 2) / 17. You Ain't Goin' Nowhere (Take 1) / 18. You Ain't Goin' Nowhere (Take 2) / 19. I Shall Be Released (Take 1) / 20. I Shall Be Released (Take 2) / 21. This Wheel's On Fire / 22. Too Much Of Nothing (Take 1) / 23. Too Much Of Nothing (Take 2) ［4］1. Tears Of Rage (Take 1) / 2. Tears Of Rage (Take 2) / 3. Tears Of Rage (Take 3) / 4. Quinn The Eskimo (Take 1) / 5. Quinn The Eskimo (Take 2) / 6. Open The Door Homer (Take 1) / 7. Open The Door Homer (Take 2) / 8. Open The Door Homer (Take 3) / 9. Nothing Was Delivered (Take 1) / 10. Nothing Was Delivered (Take 2) / 11. Nothing Was Delivered (Take 3) / 12. All American Boy / 13. Sign On The Cross / 14. Odds And Ends (Take 1) / 15. Odds And Ends (Take 2) / 16. Get Your Rocks Off / 17. Clothes Line Saga / 18. Apple Suckling Tree (Take 1) / 19. Apple Suck-ling Tree (Take 2) / 20. Don't Ya Tell Henry / 21. Bourbon Street ［5］1. Blowin' In The Wind / 2. One Too Many Mornings / 3. A Satisfied Mind / 4. It Ain't Me, Babe / 5. Ain't No More Cane (Take 1) / 6. Ain't No More Cane (Take 2) / 7. My Woman She's A-Leavin' / 8. Santa-Fe / 9. Mary Lou, I Love You Too / 10. Dress It Up, Better Have It All / 11. Minstrel Boy / 12. Silent Weekend / 13. What's It Gonna Be When It Comes Up / 14. 900 Miles From My Home / 15. Wildwood Flower / 16. One Kind Favor / 17. She'll Be Coming Round The Moun-tain / 18. It's The Flight Of The Bumblebee / 19. Wild Wolf / 20. Goin' To Acapulco / 21. Gonna Get You Now / 22. If I Were A Carpenter / 23. Confidential / 24. All You Have To Do Is Dream (Take 1) / 25. All You Have To Do Is Dream (Take 2) ［6］1. 2 Dollars And 99 Cents / 2. Jelly Bean / 3. Any Time / 4. Down By The Station / 5. Hallelujah, I've Just Been Moved / 6. That's The Breaks / 7. Pretty Mary / 8. Will The Circle Be Unbroken / 9. King Of France / 10. She's On My Mind Again / 11. Goin' Down The Road Feeling Bad / 12. On A Rainy Afternoon / 13. I Can't Come In With A Broken Heart / 14. Next Time On The Highway / 15. Northern Claim / 16. Love Is Only Mine / 17. Silhouettes / 18. Bring It On Home / 19. Come All Ye Fair And Tender Ladies / 20. The Spanish Song (Take 1) / 21. The Spanish Song (Take 2) / 22. 900 Miles From My Home / Confidential (Hidden Track)

Bob Dylan & The Band
The Basement Tapes

Columbia／R2-556629
録音：1967年6月〜9月（Bob Dylan and The Band）/ 1967年, 1968年, 1975年（The Band）発売：1975年6月26日

［A］1. Odds And Ends / 2. Orange Juice Blues (Blues For Breakfast) - The Band / 3. Million Dollar Bash / 4. Yazoo Street Scandal - The Band / 5. Goin' To Acapulco / 6. Katie's Been Gone - The Band
［B］1. Lo And Behold! / 2. Bessie Smith - The Band / 3. Clothes Line Saga / 4. Apple Suckling Tree / 5. Please, Mrs. Henry / 6. Tears Of Rage
［C］1. Too Much Of Nothing / 2. Yea! Heavy And A Bottle Of Bread / 3. Ain't No More Cane - The Band / 4. Crash On The Levee (Down In The Flood) / 5. Ruben Remus - The Band / 6. Tiny Montgomery
［D］1. You Ain't Goin' Nowhere / 2. Don't Ya Tell Henry - The Band / 3. Nothing Was Delivered / 4. Open The Door, Homer / 5. Long Distance Operator - The Band / 6. This Wheel's On Fire

プロデューサー：Bob Dylan, The Band
演奏：Bob Dylan (vo, g, p),
Rick Danko (b, mandolin, cho),
Levon Helm (ds, vo, mandolin, b),
Garth Hudson (organ, accordion, sax, p),
Richard Manuel (p, vo, ds, harmonica),
Robbie Robertson (g, ds, cho)

1966年7月29日、ディランはウッドストックの自宅近くでオートバイ事故を起こし、脳震盪などの重症を負う。予定されていたコンサートのスケジュールはすべてキャンセルされた。67年2月に、自宅のあるウッドストックにはすでに居住していたロビーのほかに、リック、リチャード、ガースがやってきた。3人は数マイル離れた通称《ビッグ・ピンク》という家を借りて移り住む。彼らは、半ば楽しみのためにトラディショナルやディランの新曲などを歌い、それを録音するようになった。最初はディランのリヴィング・ルームで、6月頃にはビッグ・ピンクの地下室に移動した。1日に7曲から10曲、多い時には15曲ほどが録音されたのだ。

このレコーディングには目的もあった。ほかのアーティストに歌ってもらう提供曲の制作だ。ディランとアルバート・グロスマンが設立したドゥワーフ・ミュージックとしては、売り込み用のデモが欲しかったのだ。セッション・テープから は14曲入りのアセテート盤が制作され、早速ピーター・ポール&マリーが「なにもないことが多すぎる」をカヴァーしてスマッシュ・ヒットさせる。デモ録音の一部は海賊盤として出回り、69年の"Great White Wonder"は初期ブートレッグのベストセラーとして広く知られるようになった。

こうした海賊盤対策もあったのだろう、デモ・テープ集として75年に、ボブ・ディラン&ザ・バンド名義の『地下室(ザ・ベースメント・テープス)』が、コロムビアから2枚組でリリースされる。ディランが16曲、ザ・バンドが8曲収録された。ロビー編集を担当、ダビング作業が行われたとアナウンスされた。

およそ40年後の2014年には『ザ・ベースメント・テープス・コンプリート:ブートレッグ・シリーズ第11集』として、CD6枚組のディランの歌のみの長大な作品集として発売された。こちらは手をくわえず、当時そのままの録音をパッケージしたという。問題なのは、75年版『地下室』とは演奏内容や音質そのものが全く異なるように聴こえることだ。両者を比較して、67年のデモ録音の実像に迫ってみよう。

75年版の「エイント・ノウ・モア・ケイン」は南部の労働歌で、「アケイディアの流木」の原型ともいうべき楽曲となっている。凝った編曲は完成された感がある。ところが14年版では、極めてラフでフォーキーなバッキングだ。実は『ザ・バンド』のデラックス・エディションにもウッドストックのライヴ・ヴァーバージョンが入っているが、こちらも演奏はラフ。ひょっとすると『地下室』版は全く新しい録音なのではないか?と思えてくる。「いくつかの曲は、75年にシャングリラ・スタジオで新たに録音された」という証言と合致する。

「ヘンリーには言うな」は、ディラン曲をリヴォンが奔放に歌う『地下室』の白眉だ。ところがディランが歌う14年版では、酔っ払ったようなトランペットが極めてラフで、似ても似つかない。やはり75年版は再録音された可能性が高い。

「ヤズー・ストリート・スキャンダル」はファースト・アルバムのデモとしてデラックス・エディションにも収録されているが、75年版よりもキーが低い。同時期の録音でキーが違うところが気になる。完成度が高いこちらも再録音だろう。

こうやって中心となる曲から見えてくることは、75年の『地下室』があまりにも完成度が高く、さらに音質をデモテープの様に改変していること。14年版の方が高音の抜けが良いのはそのためである。なぜ、そんなことをしたのか？『地下室』は、ディランがデイヴィッド・ゲフィンと組んだワーナーから、再び古巣であるコロムビアに戻るための手土産になっているという事情がある。ツアーを行い、ライヴ盤を出した直後のことだ。この企画が売れないわけがない。

また楽曲の版権を持つアルバート・グロスマンとディランは半目し合うようになっていたが、7年が経過して状況は改善されていた。そこで『地下室』のリリースが企画されたが、音質が悪く、貴重さはあってもヒットは望めない。だからロビーを中心に完全にリメイクしようということになったのではないか？前述した楽曲に全体の録音レベルが合っているから、すべて新録の可能性もあるだろう。考えてみれば小人や火吹き男、犬が集まるジャケットに映るディランとホークスは、67年の顔貌ではない。75年の写真だ。いずれにせよ『地下室』は、『ムーンドッグ・マチネー』と『南十字星』の間に挟まれた、〝ザ・バンド（とディラン）によるもうひとつのアルバム〟と位置づけた方がいい。

ここで録音されたディラン作の「火の車」「怒りの涙」「アイ・シャル・ビー・リリースト」の初出は、『ミュージック・フロム・ビッグ・ピンク』だ。ディランは虎の子といえるこれらの曲をバンドに捧げた。「火の車」「怒りの涙」は14年版にもディランが歌うヴァージョンがあるが、極めて簡素なバッキングで、75年版とはまったくの別ものだ。それらは〝ザ・バンドのための本当のデモ〟だったのだ。

14年の完全版は、67年のディランとザ・バンドの本当の関係性を示している。ザ・フリートウッズの大ヒット曲「ミスター・ブルー」のカヴァーでは、笑い声とともにロビーとリックがじょじょに参加していく、思いつきでラフな演奏だ。こうした日夜のリラックスしたセッションが、《ラスト・ワルツ》まで繋がっていったのだ。

（サエキ）

Woody Guthrie
The Tribute Concerts

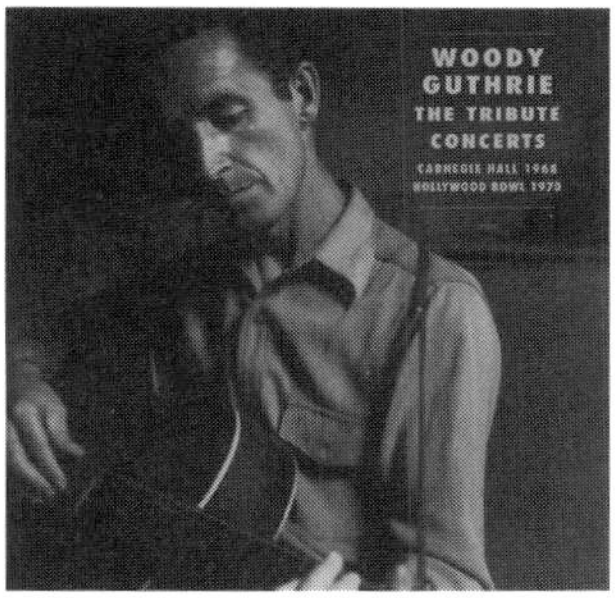

独・Bear Family／BCD17329［CD］
録音：1968年1月20日, 1970年9月12日
発売：2017年9月22日

［**1**］1. This Train Is Bound For Glory - Pete Seeger, Arlo Guthrie / 2. (Narration) / 3. (Narration) / 4. Oklahoma Hills - Arlo Guthrie / 5. (Narration) / 6. So Long, It's Been Good To Know Yuh - Judy Collins / 7. (Narration) / 8. Riding In My Car - Woody Guthrie / 9. (Narration) / 10. Curly Headed Baby - Pete Seeger / 11. (Narration) / 12. Ramblin' Round - Odetta / 13. (Narration) / 14. Goin' Down The Road (I Ain't Gonna Be Treated This A-Way) - Pete Seeger, Judy Collins, Arlo Guthrie / 15. (Narration) / 16. Pretty Boy Floyd - Tom Paxton / 17. (Narration) / 18. Blues For Woody - Richie Havens / 19. (Narration) / 20. Plane Wreck At Los Gatos (Deportee) - Judy Collins / 21. Vigilante Man - Richie Havens / 22. Pastures Of Plenty - Tom Paxton / 23. Grand Coulee Dam - Bob Dylan / 24. Dear Mrs. Roosevelt - Bob Dylan / 25. I Ain't Got No Home - Bob Dylan / 26. Roll On Columbia (Part 1) - Judy Collins / 27. (Narration) / 28. Roll On Columbia (Part 2) - Judy Collins / 29. Jackhammer John - Pete Seeger, Richie Havens / 30. Biggest Thing That Man Has Ever Done (The Great Historical Bum) - Tom Paxton / 31. Union Maid - Judy Collins, Pete Seeger / 32. (Narration) / 33. This Land Is Your Land - Odetta, Will Geer, Arlo Guthrie ［**2**］1. This Train Is Bound For Glory - Joan Baez, Arlo Guthrie, Pete Seeger, Odetta, Country Joe McDonald, Ramblin' Jack Elliott, Richie Havens / 2. (Narration) / 3. Oklahoma Hills - Arlo Guthrie / 4. (Narration) / 5. So Long, It's Been Good To Know Yuh - Joan Baez, Pete Seeger / 6. (Narration) / 7. Goin' Down The Road (I Ain't Gonna Be Treated This A-Way) - Country Joe McDonald, Arlo Guthrie, Ramblin' Jack Elliott, Pete Seeger / 8. (Narration) / 9. Hobo's Lullaby - Joan Baez / 10. (Narration) / 11. Ramblin' Round - Odetta / 12. (Narration) / 13. I Ain't Got No Home - Pete Seeger, Arlo Guthrie / 14. (Narration) / 15. Pretty Boy Floyd - Country Joe McDonald / 16. Nine Hundred Miles - Richie Havens / 17. (Narration) / 18. Plane Wreck At Los Gatos (Deportee) - Joan Baez / 19. (Narration) / 20. John Hardy - Odetta / 21. (Narration) / 22. Hard Travelin' - Ramblin' Jack Elliott, Pete Seeger, Joan Baez, Earl Robinson, Country Joe McDonald, Arlo Guthrie / 23. (Narration) / 24. Vigilante Man - Richie Havens / 25. (Narration) / 26. 1913 Massacre - Ramblin' Jack Elliott / 27. Do Re Mi - Arlo Guthrie / 28. (Narration) / 29. Pastures Of Plenty - Joan Baez / 30. (Narration) / 31. Roll On Columbia - Earl Robinson, Pete Seeger ［**3**］1. (Narration) / 2. (Narration) / 3. Mail Myself To You - Earl Robinson / 4. Howdido - Ramblin' Jack Elliott / 5. (Narration) / 6. Woman At Home - Country Joe McDonald / 7. (Narration) / 8. The Sinking Of The Reuben James - Pete Seeger / 9. (Narration) / 10. Jesus Christ - Arlo Guthrie / 11. I've Got To Know - Arlo Guthrie, Joan Baez / 12. This Train Is Bound For Glory - Arlo Guthrie, Country Joe McDonald, Odetta, Joan Baez, Pete Seeger / 13. (Narration) / 14. This Land Is Your Land / So Long It's Been Good To Know Yuh - Joan Baez, Arlo Guthrie, Pete Seeger, Country Joe McDonald, Odetta, Richie Havens // **Bonus Materials** 15. 16. (Interview) - Arlo Guthrie / 17. (Interview) - Judy Collins / 18. 19. (Interview) - Ramblin' Jack Elliott / 20.21. (Interview) - Rick Robbins / 22. (Interview) - Judy Collins / 23. (Interview) - Rick Robbins / 24.25.26. (Interview) - Tom Paxton / 27. (Interview) - Rick Robbins / 28. (Interview) - Phil Ochs / 29. (Interview) - Arlo Guthrie / 30.31. (Interview) - Country Joe McDonald / 32.33.34. (Interview) - Arlo Guthrie / 35. (Interview) - Pete Seeger / 36. (Poem) Last Thoughts On Woody Guthrie- Bob Dylan

1912年7月14日にオクラホマ州のオケマーで生まれ、30年代半ばに人気を摑んだウディ・ガスリーの全盛期は40年代だった。50年代後半にはハンチントン病を発症し、聴衆の前から消えていたにもかかわらず、アメリカン・フォークの父、ピート・シーガーやボブ・ディランの師としてリスペクトされ、67年10月3日に55歳という若さで鬼籍に入った。

追悼コンサートはまず68年1月20日にニューヨークのカーネギー・ホールで行われ、バイク事故以来久々に姿を現したディランをはじめとするガスリーズ・チルドレンが集結。ザ・バンドはハウス・バンドを務めた。そして70年9月12日にハリウッド・ボウルで行われた2回目のコンサートで収録された音源も含めたハイライト集が、72年1月にコロンビアとワーナーから発売されたのだ。

ドイツのベア・ファミリーからリリースされたこの完全版ボックスは、3枚のCDにコンサートのすべてと、ナレーションやその後のインタヴューを収録し、2冊のハード・カヴァー・ブックをつけたもので、単なるライヴ盤には終わらない〝ウディ・ガスリーの生涯〟の記録となった。70年代には契約の関係で分散せざるをえず、カットされた部分も多かったために中途半端なものに終わってしまったライヴがきちんと蘇ったこと、ナレーションとインタヴューで壮大なドキュメントがつくられたことがありがたい労作だが、さすがに日本語訳がほしい。

ディランやザ・バンド、出演者の演奏がどうこう言うのにはほとんど意味がない〝文化遺産〟ゆえ音楽的に評価されることはないだろうが、ガスリーの功績を抜きにアメリカ音楽のルーツは語れないのを実感させられる。

（和久井）

The Band
Music From Big Pink

Capitol／SKAO2955
録音：1968年初頭
発売：1968年7月1日

[A] 1. Tears Of Rage / 2. To Kingdom Come / 3. In A Station / 4. Caledonia Mission / 5.The Weight
[B] 1. We Can Talk / 2. Long Black Veil / 3. Chest Fever / 4. Lonesome Suzie / 5.This Wheel's On Fire / 6.I Shall Be Released

プロデューサー：John Simon
演奏：Rick Danko (b, vo, fiddle), Levon Helm (ds, vo, tambourine), Garth Hudson (p, organ, sax), Richard Manuel (p, vo, organ), Robbie Robertson (g, vo), John Simon (sax, p, tambourine)

ロック史上最も簡潔で印象的な名を持つグループがシーンの前面に現れたのは68年7月のことだった。ボブ・ディランが描いたジャケットはおいそれと音を想像させないが、針を落とすと意表をつくほどスロウな「ティアーズ・オブ・レイジ」には、誰もがただならぬものを感じるはずだ。リチャード・マニュエルの切ないファルセットは、樽で寝かしたワインのように芳醇で、何とも言いようのないあと味を残す。

シングル・カットされた「ザ・ウェイト」は63位までしか上がらなかったが、映画『イージー・ライダー』の挿入歌にもなり、ザ・バンドの楽曲中もっとも有名なものとなった。

多くのアーティストにカヴァーされ、アリサ・フランクリン版は19位のヒットに。当初はアルバムの補欠曲だったそうで、ロビー・ロバートソンはのちに、「曲が足りなかったら録音しよう、って感じだった」と語っている。

66年7月にディランがバイク事故を起こし、ツアーはキャンセル。翌年、アルバート・グロスマンに用意されたウッドストックの家（ビッグ・ピンクと呼ばれた）で『ベースメント・テープス』となるデモが録音されたことが本作のタイトルに繋がっているわけだが、このレコーディングはニューヨークのA&Rスタジオで行われた。プロデューサーのジョン・サイモンがメンバーにどんなサウンドにしたいか尋ねたところ、「あの地下室でやったのとまったく同じように」という答えが返ってきたという。67年のデモはディランの新曲を求める人たちに配られ、業界内では噂の人気アイテムになっていたから、〝先行投資〟したグロスマンはしてやったりと思っていたはずだが、キャピトルと長期契約して単独デビューを果たしても、ザ・バンドは〝ロック・スター〟を目標とはしなかった。「あの地下室で…」という姿勢をザ・バンドの根幹と捉えると、『カフーツ』以降は明らかにメンバーの意識が変わっていることを指摘しないわけにはいかず、本作と次のブラウン・アルバムが特別視される理由も（悲しいほど）見えてくるのである。

59年のカントリー・チューン「ロング・ブラック・ヴェイル」はニュージャージーで起きた実話を元に書かれた曲で、アリバイがあったにもかかわらず、その晩に親友の妻と同衾していたために真実を明らかにできず、命を犠牲にして秘密を守ったというある意味悲惨な物語だが、リックが淡々と歌っている。のちにチーフタンズもミック・ジャガーをヴォーカルに招いてカヴァーしているが、どちにも味わい深い。

リックとディランの共作曲「ディス・ホイールズ・オン・ファイヤ」をリックのヴォーカルで聴かせるのもハイライトだ。これもジュリー・ドリスコール&ブライアン・オーガーなど多くのアーティストにカヴァーされたが、多額の印税が入ってくるようになったことが「あの地下室で…」という姿勢を揺さぶるようにもなっていく。「チェスト・フィーヴァー」はガース・ハドソンのオルガンが冴えわたる曲。のちにイントロ部分は「ザ・ジェネティック・メソッド」という別曲と考えられるようになった。リチャード、リヴォン、リックの三人の掛け合いも楽しい「ウィ・キャン・トーク」もこの時期の人間関係を伝えているが、リチャードのファルセットが美しいディラン作の「アイ・シャル・ビー・リリースト」をラストに置いて、万感も尽きる、といった風情を演出したのが名盤たる所以だろう。リヴォンの男臭さとリチャードのナイーヴさが両極となっている〝わかりやすさ〟もその後のアルバムにはないところかもしれない。

ちなみにグループ名が〝ザ・バンド〟となったのは、67年にビッグ・ピンクに越してきてセッションを始めた連中を、近隣に住む人たちが〝あのバンド、今日も集まってセッションしてる〟と噂していたからだそうで、アルバムの裏ジャケが〝ご近所さん〟との集合写真になったのも〝名づけ親〟に敬意を評してのことだったようだ。

クラプトンが「ザ・バンドに入れてくれ」とウッドストックを訪ねたのは有名な話だが、映画『かつて僕らは兄弟だった』でその話を振られた彼の目は笑っている。

（真下部）

The Band
Music From Big Pink
50th Anniversary Edition - Super Deluxe

Capitol/UMe/B0028437-00［CD+Blu-ray+LP+7″］
発売：2018年8月31日

［CD］Music From Big Pink - 2018 stereo mix: 1. Tears Of Rage / 2. To Kingdom Come / 3. In A Station / 4. Caledonia Mission / 5. The Weight / 6. We Can Talk / 7. Long Black Veil / 8. Chest Fever / 9. Lonesome Suzie / 10. This Wheel's On Fire / 11. I Shall Be Released / **Bonus Tracks:** 12. Yazoo Street Scandal (Outtake) / 13. Tears Of Rage (Alternate Take) / 14. Long Distance Operator (Outtake) / 15. Lonesome Suzie (Alternate Take) / 16. Key To The Highway (Outtake) / 17. I Shall Be Released (A Cappella)
［Blu-ray］Stereo and 5.1 Surround - High Resolution Audio 96/24: "Music From Big Pink" + Bonus Tracks
2LP (45 RPM): Music From Big Pink - 2018 stereo mix
［A］1. Tears Of Rage / 2. To Kingdom Come
［B］1. In A Station / 2. Caledonia Mission / 3. The Weight
［C］1. We Can Talk / 2. Long Black Veil / 3. Chest Fever
［D］1. Lonesome Suzie / 2. This Wheel's On Fire / 3. I Shall Be Released
7″ "The Weight" (Reproduced 1968 7″ single)
［A］The Weight
［B］I Shall Be Released

『ミュージック・フロム・ビッグ・ピンク』の発売50周年記念エディションが、２０１８年に発売された。名盤と言われて久しい本作に、ボブ・クリアマウンテンによる新たなミックスと、ボブ・ラドウィグのマスタリングによって磨きがかけられたのだ。CDに収録されたボーナス・トラックは６曲で、初出はそのうち1曲のみ。CDのほかにデジタル、アナログ・レコード、そしてスーパー・デラックス・エディションとしてボックス・セットが用意されたが、収録されたのはオリジナル11曲とボートラを合わせて、17テイクだった。

となれば、『ビッグ・ピンク』50周年エディションの価値はニュー・ミックスに委ねられたも同然なのだが、これが素晴らしい。オリジナルはモコモコとした音像が古き良きアメリカを象徴する仕上がりだったが、今回はひとつにまとまった演奏から思わずハミ出してしまった部分まで微に入り細に入り拾い上げられた。一度聴いただけでは把握しきれないほどの情報量の多さで、現代的な印象に変化を遂げている。

1曲目の「ティアーズ・オブ・レイジ」を聴けば、今回のミックスによって、レコーディング時点での5人がどんな〝バンド〟だったのか、浮き彫りにされたことがわかるだろう。薄い膜を一枚剥がしたように音がクリアになったおかげで、リチャードのタメが効いた歌い方とリズム隊の親和性が強調されている。タンバリン、ギター、ピアノ、オルガンなどもくっきりした輪郭が見えるようだし、ハーモニーがズレてるのに成立させてしまう、バンドの力技も伝わってくるのだ。

さらにオリジナル・ミックスよりも、はっきりと〝わかる〟ようになったポイントがいくつもある。「トゥ・キングダム・カム」ではギター・ソロにオルガンが絡んでいく瞬間にゾクッとさせられるし、「イン・ア・ステイション」で聴けるコーラスの美しさは格別なものだ。「カレドニア・ミッション」の、憂いを含んだリックの声と、うねりまくるロビーのギターも生まれ変わったよう。

なんと言っても、ドラムの深い音とアコースティック・ギターのストロークがずっと鳴り響いている「ザ・ウェイト」が50周年盤の白眉。リヴォン、リチャード、リックの声の重なっているところやハミ出しているところ、アウトロのいちばん最後でわずかに聴こえる減衰していくオルガンなど、新たな発見が多いのもこの曲だ。

「ウィ・キャン・トーク」は、ガースが目の前でオルガンを弾いているように聴こえるし、意外とコーラスがラフだということもよくわかる。リックの達観したようなヴォーカルの「ロング・ブラック・ヴェイル」は、やんちゃなベースとの対比を楽しんで欲しい。「チェスト・フィーヴァー」のイントロで、オルガン・ソロにバシンとスネアが入る瞬間は、何度でも繰り返して聴きたくなる。ブレイクのあとのラウドなドラムや、プログレなオルガンも聴きどころだ。「火の車」ではクラヴィネットなど鍵盤のスペイシーな音がより立体的になり、やっぱりヘンだと再認識。「アイ・シャル・ビー・リリースト」で、スネアのワイヤーを鳴らす音の裏で、ギクシャクしたアコギが通奏低音のように響くようすもくっきり。雑な終わり方も、これでいいのだ、と思わせてくれる。

4ch録音だったことを考えれば、新ミックスによる変化は驚異的。こうして50年前の〝名盤〟は、次の50年にも耐えうる真の〝ロック・クラシックス〟になったのだ。

アナログ盤は45回転の2枚組で、適度に滲んだ太い音が迫ってくる。スーパー・デラックス・エディションにのみ、ステレオと5・1chのハイレゾ音源が収録されたブルーレイ・ディスクが付けられたが、こちらは音がクリア過ぎる印象だ。CDはパンチが足りないし、ボックスは7インチ・シングルやエリオット・ランディ撮影による写真がLPサイズに印刷されたセットなどが入っているのでモノとして持っていたいが、なにせ同じ音源ばかりなので、とにかくレコードを買ってください、と書こうと思ったのに、すでに通常盤も限定のピンク・ヴァイナルも入手が難しそうだ。見かけたら即ゲットすることをオススメします。

（森）

The Band
The Band

Capitol／STAO-132
録音：1969年春
発売：1969年9月22日

［A］1. Across The Great Divide / 2. Rag Mama Rag / 3. The Night They Drove Old Dixie Down / 4. When You Awake / 5. Up On Cripple Creek / 6. Whispering Pines
［B］1. Jemima Surrender / 2. Rockin' Chair / 3. Look Out Cleveland / 4. Jawbone / 5. The Unfaithful Servant / 6. King Harvest (Has Surely Come)

プロデューサー：John Simon
演奏：Rick Danko (b, vo, fiddle, tb),
Levon Helm (ds, vo, g),
Garth Hudson (organ, p, sax, accordion, tp),
Richard Manuel (p, vo, ds, sax, harmonica),
Robbie Robertson (g, engineer),
John Simon (tuba, ep, p, engineer)

ジャケットから〝ブラウン・アルバム〟と呼ばれ、ザ・バンドの最高傑作と謳われる名盤である。

西部開拓史を語った本から抜け出してきたような髭面の男たちは、前年にデビューしたばかりの新人らしくなく、とても20代半ばとは思えなかった。しかし、サイケデリックのブームが終わり、オンナ・コドモのためのポップスにはない〝芸術性〟を求められていた当時のロックには、この〝老生〟がフィットしたのだ。ゲット・バック・セッションのビートルズを見れば、彼らがザ・バンドの在り方に憧れ、手本にしていたのがよくわかるはずだ。

前作に続いてプロデュースを任されたジョン・サイモンは、リチャードが唄う「アクロス・ザ・グレイト・ディバイド」にいい雰囲気のホーンを配し、軽快な「ラグ・ママ・ラグ」に繋げてみせた。この曲ではリヴォンがマンドリン、リックがフィドル、ガースがラグタイム調のピアノを弾き、リチャードがドラムを叩いた。サイモンが初めて手にしたチューバでベース・ラインを担当したのも、土の匂いの要因と言えそうだし、そういった楽器の持ち替えはグループの個性を際立てせている。南北戦争を題材にした「ザ・ナイト・ゼイ・ドローヴ・オールド・ディキシー・ダウン」は本作で最初にレコーディングされた曲で、アルバムのコンセプトを決めることになった。《リヴォンのお父さんがよく〝心配するな、南部は再び立ち上がる〟と言っていたのが歌詞のヒントになったんだ。兄貴みたいな存在だったリヴォンに、彼が誰よりも上手く唄える曲を書きたかった》とのちにロビーは語ったが、実際リヴォンの唄いっぷりは素晴らしい。

「ホエン・ユー・アウェイク」ではリックがしっとりしたヴォーカルを聴かせ、シングル・チャートで25位まで上がった「アップ・オン・クリップル・クリーク」ではワウワウ・ペダルをつけたガースのクラヴィネットが弾けている。ロビーはこのクラヴィの音を〝エレクトリックなジョーズ・ハープ（口琴）〟と表現したが、最新のキーボードとプリミティヴな楽器を結びつけて考える発想が、実にザ・バンドらしい。リチャードのファルセット・ヴォイスが哀感を誘う「ウィスパリング・ワイン」はロビーとの共作だが、ロビーは歌詞の補作をしただけで、大半をリチャードが書いたという。

アナログ盤のB面は、シンガーとしてのリヴォンの魅力がよく出た「ジェミマ・サレンダー」で始まる。続く「ロッキン・チェア」はリチャードがメインを唄い、3人のハーモニーがつく。「ルック・アウト・クリーヴランド」では、リチャードのブギウギ・ピアノにロビーが扇情的なギターを絡め、ガースのオルガンで締められる。リチャードとロビーの共作「ジョーボーン」（この曲ではビリヤード場のトイレをヴォーカル用のエコー・ルームとして使ったと言う）から、リックの物悲しいヴォーカルが印象に残る「アンフェイスフル・サーヴァント」への流れもよく、ガースのソプラノ・サックスとサイモンのチューバ、ロビーの生ギターが耳に残る。最後はリチャードがメインを唄い、リヴォンがコーラスにまわった「キング・ハーヴェスト」だ。この曲のロビーのギター・ソロは多くのギタリストに影響を与え、流れるようなプレイが一概によしとされたロック・ギターが一気に多様化していくのである。

アルバム・タイトルをシンプルに〝ザ・バンド〟としたのは、ディランの影がちらついていた前作とはうって変わって〝独立〟の意識が濃かったからだろうが、ロビーは《タイトルを『アメリカ』としてもよかったと思う。アメリカのさまざまな街を旅してきた僕らには、この国をありのままに表現できると思っていたからね》と、のちに語っている。「オールド・ディキシー・ダウン」を聴くだけでそれもうなづけるし、〝ザ・バンドが見たアメリカ〟が否応なく横たわるさまには比類なき熱が感じられるのだ。

そんな力作はビルボードで9位、全英チャートでも25位まで上がるヒット作となった。印象的なジャケット写真はエリオット・ランディが撮影。


（真下部）

The Band
The Band
50th Anniversary Edition - Super Deluxe

Capitol/UMe／B0030459-00［CD+Blu-ray+LP+7″］
発売：2019年11月15日

［1］**The Band - 2019 stereo mix**: 1. Across The Great Divide / 2. Rag Mama Rag / 3. The Night They Drove Old Dixie Down / 4. When You Awake / 5. Up On Cripple Creek / 6. Whispering Pines / 7. Jemima Surrender / 8. Rockin' Chair / 9. Look Out Cleveland / 10. Jawbone / 11.The Unfaithful Servant / 12. King Harvest (Has Surely Come) / **Bonus Tracks**: 13. Up On Cripple Creek (Earlier Version) / 14. Rag Mama Rag (Alternate Version) / 15. The Unfaithful Servant (Alternate Version) / 16. Look Out Cleveland (Instrumental Mix) / 17. Rockin' Chair (A Cappella / Stripped Down) / 18. Up On Cripple Creek (Instrumental Mix) ［2］**Live At Woodstock, 1969 Original Rough Mixes**: 1. Chest Fever / 2. Tears Of Rage / 3. We Can Talk / 4. Don't Ya Tell Henry / 5. Baby Don't You Do It / 6. Ain't No More Cane On The Brazos / 7. Long Black Veil / 8. This Wheel's On Fire / 9. I Shall Be Released / 10. The Weight / 11. Loving You Is Sweeter Than Ever / **Additional Studio Bonus Tracks**: 2. Get Up Jake (Outtake - Stereo Mix) / 3. Rag Mama Rag (Alternate Vocal Take - Rough Mix) / 4. The Night They Drove Old Dixie Down (Alternate Mix)) / 5. Up On Cripple Creek (Alternate Take) / 6. Whispering Pines (Alternate Take) / 7. Jemima Surrender (Alternate Take) / 8. King Harvest (Has Surely Come) (Alternate Performance)
［**Blu-ray**］**Stereo and 5.1 Surround - High Resolution Audio 96/24**: "The Band" + Bonus Tracks / "Classic Albums - The Band" (Documentary)
2LP (45 RPM): The Band - 2019 stereo mix
［A］1. Across The Great Divide / 2. Rag Mama Rag / 3. The Night They Drove Old Dixie Down ［B］1. When You Awake / 2.Up On Cripple Creek / 3. Whispering Pines ［C］1. Jemima Surrender / 2. Rockin' Chair / 3. Look Out Cleveland ［D］1. Jawbone / 2. The Unfaithful Servant / 3. King Harvest (Has Surely Come)
7″ "Rag Mama Rag" (Original 1969 7″ Capitol Single)
［A］Rag Mama Rag ［B］The Unfaithful Servant

『ザ・バンド』の50周年盤は、『ビッグ・ピンク』に引き続き新しいステレオ・ミックスが施されたが、もうひとつの目玉はウッドストック・フェスティヴァル出演の全容が収録されたことだった。一足早く『ウッドストック：バック・トゥ・ザ・ガーデン』のアーカイヴ版で世に出てはいたが、CD38枚組というヴォリュームだったので、二の足を踏んだ方もいただろう。多くのファンは喜んだのではないか。

さらにスーパー・デラックス・エディションのブルーレイには、ドキュメンタリー映像作品『クラシック・アルバムズ：ザ・バンド』も併録。『ビッグ・ピンク』とは打って変わって、大盤振る舞いだ。

《ライヴ・アット・ウッドストック1969》は、『ザ・バンド』が発売されるおよそ1か月前の演奏になる。レコーディングが終わっていたにも関わらず、ブラウン・アルバムからの曲は演奏されていない。そもそも『ビッグ・ピンク』が発売されたあとは、リックの交通事故によるケガのため、プロモーションどころかツアーにも出られなかった。69年に入ってウィンターランドとフィルモア・イーストで連続公演を行ったくらいで、あとは単発のステージの記録が残っているだけだ。ロビーが『ザ・バンド』のために書いた新曲を、ライヴ用に練り直す余裕はなかったのだろう。それに、ウッドストックに集まったとてつもない数の観客を見れば、少しでも自信がもてるセット・リストを選んだことは想像に難くない。もちろん、まだ評判になっていたに違いない『ビッグ・ピンク』の曲をメインにした、サービスの意味合いもあっただろう。もしかすると、バンドのイメージを神秘のヴェールに包まれたまま保つための、アルバート・グロスマンの戦略も働いたのかも知れない。

今回聴くことができるようになったライヴ音源では、緊張感の裏返しなのか、非常に集中した演奏を聴くことができる。フェスならではの高揚感はあまり感じられないことが不思議なくらいだ。ホークス時代からロードで鍛え上げたグルーヴに、2作のレコーディングで獲得した緻密さを加えた結果なのだろう。ウッドストックの2週間後には英国のワイト島へ飛び、バンド単独のステージとボブ・ディランのサポートを行った。ディランとの共演は70年の『セルフ・ポートレート』に4曲が収録されていたが、2013年のザ・ブートレッグ・シリーズ『アナザー・セルフ・ポートレート』で全体像が明らかになっている。そこではさらに自由度を増したバンドの演奏が確認できるのだ。

そして、やはりブラウン・アルバムのボブ・クリアマウンテン・ミックスが素晴らしい。とにかく冒頭の「アクロス・ザ・グレイト・ディヴァイド」を聴いてほしい。リチャードの声の機微まで伝わるようだ。太くくっきりとしたリヴォンのドラムと、ジョン・サイモンも巻き込んで外注せずに賄ったホーンのリフが迫ってくる。何度となく聴いてきた曲のはずなのに、しかも予想外の音が聴こえるわけでもないのに、やけに新鮮に響いてくるのだ。

「ザ・ナイト・ゼイ・ドローヴ・オールド・ディキシー・ダウン」では、リヴォンのヴォーカルのわずかな揺れまでとらえることができる。ロビーのアコギや、ガースの鍵盤ハーモニカ(?)の〝意味〟まで理解してしまった気分だ。「ホエン・ユー・アウェイク」で聴ける、リックのエモーショナルな歌とエレクトリック・ギターの繊細なフレーズとか、「アップ・オン・クリップル・クリーク」のクラヴィネットが醸し出すスリリングさとか、リフを重ねただけのような「ジェミマ・サレンダー」のアンサンブルがジワジワと効いてくる感じとか。新ミックスがもたらした再発見が多すぎる。

またもや45回転2枚組となったアナログ・レコードの音には抗えないものがあるが、ウッドストックのライヴはCDとブルーレイにしか収録されていないし、『クラシック・アルバムズ』は前作と本作のサブ・テキストとして観ておきたい。そうなると、全部入りのスーパー・デラックス・エディションを買うしかない。はい、私はポチリましたよ。

(森)

The Band
Stage Fright

Capitol／SW-425
録音：1970年5月～6月
発売：1970年8月17日

[A] 1. Strawberry Wine / 2. Sleeping / 3. Time To Kill /4. Just Another Whistle Stop / 5. All La Glory
[B] 1. The Shape I'm In / 2. The W.S. Walcott Medicine Show / 3. Daniel And The Sacred Harp / 4. Stage Fright / 5. The Rumor

プロデューサー：The Band
演奏：Rick Danko (b,vo, fiddle), Levon Helm (ds, vo, g, per), Garth Hudson (p,organ, accordion, sax), Richard Manuel (p, vo, organ, ds), Robbie Robertson (g), John Simon (sax)

当初は彼らが住むウッドストックの小劇場、プレイハウスでライヴ・レコーディングする予定だったが、近隣の住民に反対され、観客を入れずに録音することになった。共同プロデューサーはまたもジョン・サイモン。エンジニアに起用したのはロビーがプロデュースしたジェシ・ウィンチェスターのアルバムで組んだトッド・ラングレンだ。仕事が早いトッドを気に入っていたロビーは、ミックスもトッドに任せようしたが、リヴォンがグリン・ジョンズを強く推したため、ロンドンで2種類のミックスがつくられることになった。当時の決定版にロビーは満足していなかったらしく、後年のリマスター盤には別ミックスを採用。さらに50周年版ではロビーのアイディアを再現した曲順になっているのだ。

このアルバムから全曲の作曲者クレジットにロビーの名前が記されるようになったことにはリヴォンが異議を唱え、グループの関係にほころびが生じ始める。一方リチャードは本作でロビーと共作した2曲を最後にまったく曲を書かなくなってしまうのだ。「なんとかリチャードにも書いてもらいたくて、ありとあらゆる手をつくしたが、だめだったんだ」とはロビーの弁。スタジオ盤を前期と後期に分けるなら、このアルバムは過渡期ということになるだろう。

タイトルとなった〝ステージ・フライト〟には、あがり症、舞台負けという意味があるのだが、ザ・バンドが体験した成功とその代償を物語るダブル・ミーニングだったと言ってもいい。実際、ようやく開かれることになった公式なデビュー・コンサートの前にロビーは原因不明の病にかかり、医者も匙を投げるほどの状態に陥る。信じられない話だが、そこでメンバーが頼ったのは催眠術師で、ロビーに呪文をかけて危機を乗り越えたというのである。

酔っぱらいがくだを巻いているような「ストロベリー・ワイン」からスタートするアルバムは、リチャードのヴォーカルが素晴らしい「スリーピング」、メインを唄うリックにリチャードのハーモニーがつく「タイム・トゥ・キル」と続き、リチャードとロビーの最後の共作曲「ジャスト・アナザー・ホイッスル・ストップ」ではリチャードのヴォーカルをリヴォンのシャッフルするドラムがあと押しする。アコーディオンとオルガンをバックにリヴォンが切々と歌う「オール・ラ・グローリー」で、その声にうるっとさせられるのは私だけではないはずだ。

アナログB面は、リチャードが歌う軽快なロックン・ロール「ザ・シェイプ・アイム・イン」で始まる。ザ・バンド屈指の人気ナンバーで、ステージの定番、『ザ・ラスト・ワルツ』でもハイライトとなった。有名な黒人ミンストレルを参考にした「W.S.ウォルコット・メディシン・ショウ」ではリックとリヴォンがお客を呼び込むようにハモる。「ダニエル・アンド・ザ・セイクリッド・ハープ」では全員が楽器を持ち替え、アコースティック・ストリングス・バンドに変身してみせる。ここではリヴォンが12弦アコースティック・ギター、リチャードがドラムス、リックがウッド・ベースとフィドル、ロビーがスライド・ギター、そしてガースは足踏みオルガンをプレイした。「ステージ・フライト」はまさしくこのアルバムのテーマ。〝舞台負けしている男を見てごらん／ステージに立って全力を出し切ろうと頑張る彼はスポットライトを浴びた／でも、すべてが終わると、また初めからやろうとするんだ〟という歌詞はステージに立つアーティストの一面を的確に表現していると言ってもいいだろう。そしてアルバムは「ザ・ルーモア」の素晴らしいハーモニーをもって締め括られる。

ジャケットは巻かれた帯状のカヴァーは南アフリカ出身のカメラマン、ノーマン・シーフによるもので、彼の名を世界に知らしめることになった。全米5位はザ・バンドのアルバムでは最高の成績だが、金と名声を手に入れた彼らは酒やドラッグに溺れるようになるのだ。ロビーが「かつて僕らは…」と言ったのはここまで、とも受け取れる濃厚な〝蜜月時代〟の最終作である。

（真下部）

The Band
Stage Fright
50th Anniversary Edition - Super Deluxe

Capitol/UMe／00602507352431［CD+Blu-ray+LP+7″］
発売：2021年2月12日

［1］**Stage Fright - 2020 stereo mix**: 1. The W.S. Walcott Medicine Show / 2. The Shape I'm In / 3. Daniel And The Sacred Harp / 4. Stage Fright / 5. The Rumor / 6. Time To Kill / 7. Just Another Whistle Stop / 8. All La Glory / 9. Strawberry Wine / 10. Sleeping / **Bonus Tracks**: 11. Strawberry Wine (Alternate Mix) / 12. Sleeping (Alternate Mix) / **Calgary Hotel Room Recordings, 1970**: 13. Get Up Jake (#1) / 14. Get Up Jake (#2) / 15. The W.S. Walcott Medicine Show / 16. Rockin' Pneumonia And The Boogie Woogie Flu / 17. Calgary Blues / 18. Before You Accuse Me / 19. Mojo Hannah

［2］**Live At The Royal Albert Hall, June 1971**: 1. The Shape I'm In / 2. Time To Kill / 3. The Weight / 4. King Harvest (Has Surely Come) / 5. Strawberry Wine / 6. Rockin' Chair / 7. Look Out Cleveland / 8. I Shall Be Released / 9. Stage Fright / 10. Up On Cripple Creek / 11. The W.S. Walcott Medicine Show / 12. We Can Talk / 13. Loving You Is Sweeter Than Ever / 14. The Night They Drove Old Dixie Down / 15. Across The Great Divide / 16. The Unfaithful Servant / 17. Don't Do It / 18. The Genetic Method / 19. Chest Fever / 20. Rag Mama Rag

［Blu-ray］Stereo and 5.1 Surround - High Resolution Audio 96/24: "Stage Fright" + Bonus Tracks / "Live At The Royal Albert Hall, June 1971"

LP (33 1/3 RPM): Stage Fright - 2020 stereo mix

［A］1. The W.S. Walcott Medicine Show / 2. The Shape I'm In / 3. Daniel And The Sacred Harp / 4. Stage Fright / 5. The Rumor

［B］1. Time To Kill / 2. Just Another Whistle Stop / 3. All La Glory / 4. Strawberry Wine / 5. Sleeping

7″ "Time To Kill" (Original 1971 7″ Capitol Single)

［A］Time To Kill

［B］The Shape I'm In

一連の50周年エディションは、ロビーが監修にあたっている。反ロビー派のみなさんは気にいらないところだろうし、大胆なリミックス（個人的にはそうは思わないけど）によって、オリジナル至上主義の方々まで敵に回しているような節もある。この『ステージ・フライト』に至っては曲順まで変えてしまったのだから、違和感を感じた人をさらに増やしたのではないだろうか。

ロビーは、自分以外のメンバーが作詞作曲に関与することが少なくなり、ワンマン・バンドだと思われたくないから、リヴォンとの共作「ストロベリー・ワイン」と、リチャードとの共作「スリーピング」を冒頭に置いたのだという。当初考えていたストーリーに沿った、《アンリリースド・オリジナル・シークエンス》に戻した背景には、録音を終えた自分たちが《フェスティヴァル・エクスプレス》に出かけてしまったことも影響したようだ。ロンドンで行われたジョン・グリンズのミックスに立ち会えなかったことが心残りだったロビーは、前2作でのボブ・クリアマウンテンの仕事に手応えを感じて、『ステージ・フライト』ではミックスだけでなく曲順にまでメスを入れることにしたのだろう。

初出となったボーナス・トラックには、その《フェスティヴァル・エクスプレス》で訪れたカルガリーのホテルで繰り広げられた、ロビーとリック、リチャードによるジャムの模様が7テイク含まれている。同行したカメラマンのジョン・シールが、テープ・レコーダーのボタンを押していたものだ。おそらく、メンバーがふたり集まって、手近に楽器があればいつもこんな調子だったのだろう。そして、この親密さこそが初期のバンドを形づくっていたことを想像させる音源だ。

1970年の後半にアメリカ・ツアーを行ったザ・バンドは、71年に入ると次作『カフーツ』のレコーディングに突入する。そして5月になると、66年のディラン&ザ・ホークス以来となるヨーロッパ・ツアーが行われたのだ。激しいブーイングに見舞われた5年前とはうって変わって、各地で大きな声援を浴びた彼らは、意気揚々とツアーのハイライトとなるロンドンのロイヤル・アルバート・ホールに乗り込んだ。すでに7会場でのコンサートを終えて、好調の波に乗りまくった20曲が、ボブ・クリアマウンテンのミックスで収録されている。69年のウッドストックと比べても、演奏とヴォーカルの力強さ、自由度の高さが増していることを証明する内容だ。『ロック・オブ・エイジズ』がこの半年後の録音なので、ライヴ・バンドとしての充実期を迎えていたと言っていいだろう。連日この演奏を聴いていたスタッフなら、「ライヴ・アルバムつくろうぜ」ってなりますよ。そりゃ。

もちろん『ステージ・フライト』自体も、リミックスと曲順の変更によって新たな輝きを得た。ギターのリフから始まって、すぐにドラムが切り込んでくる「ザ・W.S.ウォルコット・メディシン・ショウ」を冒頭に配したのは正解。各パートに見せ場があるし、リヴォンとリックが交互にヴォーカルをとっているので、バンドの総合力が伝わってくる。

やたらと性急な「ザ・シェイプ・アイム・イン」に続くところも、ライヴ感たっぷりでいい。これまでの2作との違いは、次第に個が独立性を高めているところで、ロビーのギターとガースのオルガンのわがままさ加減は、この曲のニュー・ミックスでわかりやすく提示されたのだ。

タイトル曲も、一発録りのような生々しさが感じられる。そのまま「ザ・ルーモア」の歌い出しまでリックの声で貫かれているので、とてもスムーズに聴けるのだ。

アナログは33 1/3回転の1枚ものになったため、前2作の50周年盤と比べるとやや大人しく感じるが、元々が太い音で録られているのだろう、物足りなさは感じられない。〝オリジナル〟の曲順に馴染んでいる方ほど、新しいLPは面白いのでは。アグレッシヴな曲はA面に集められ、B面は従来のザ・バンドの延長線上にある。そして、リチャードが「スリーピング」で締めてくれるんだから、納得できるはず。もちろん、ジャケットの曲順も変更されている。 (森)

The Band
Cahoots

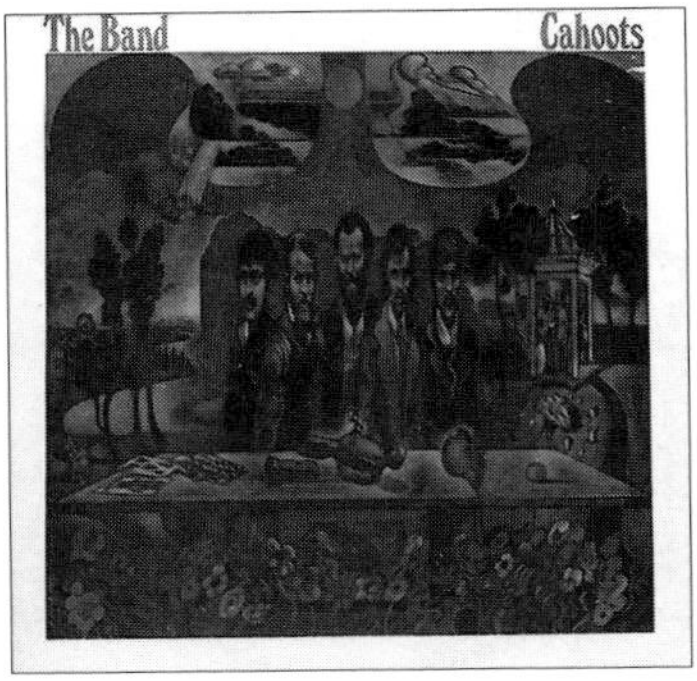

Capitol／SMAS651
録音：1971年初頭
発売：1971年9月15日

［A］1. Life Is A Carnival / 2. When I Paint My Masterpiece / 3. Last Of The Blacksmiths / 4. Where Do We Go From Here? / 5. 4% Pantomime
［B］1. Shoot Out In Chinatown / 2. The Moon Struck One / 3. Thinkin' Out Loud / 4. Smoke Signal / 5. Volcano / 6. The River Hymn

プロデューサー：The Band
演奏：Rick Danko (b, vo),
Levon Helm (ds, vo, mandolin, g),
Garth Hudson (organ, accordion, sax),
Richard Manuel (p, vo, ds),
Robbie Robertson (g, vo),
Allen Toussaint (brass arrangements),
Van Morrison (vo)

タイトルの〝カフーツ〟は、スコット・フィッツジェラルドの『華麗なるギャツビー』の一節、〝as if we'd been in ecstatic cahoots on that fact all the time〟（その顔さえあればぼくらはずっと天にも昇る気持ちでつるんでいけるのだと思った）にインパイアされたのではなかったろうか。そのためにロビーは、「人生がカーニヴァルになる」ように「スモーク・シグナル（のろし）」をあげて、ともに「マスターピースを描」こうとメンバーを促したわけだ。

いや、無理だって。ラリパッパになってるバンドマンが歌詞にある言葉の由来とか〝あや〟みたいなことまで考えて演奏してくれるわけないもの。〝cahoots〟を辞書で引けば真っ先に〝共謀〟って出るけど、ニュアンスとしては〝つるんで悪巧み〟って感じでしょ。どう見ても〝ロックスター・タイプ〟のバンドじゃないから、〝西部の荒くれ者〟って役づくりだぞ、とみんなに「のろし」で呼びかけたのに、「人生はカーニヴァル」の一点でしか意見の合意を見なかったのだから、コンセプト・メイカーとしては考えちゃう。

ディランが「ホェン・アイ・ペイント・マイ・マスターピース」を聴かせたときに、ロビーが冷蔵庫からコーラを出して「飲む？」と訊いてきたのに閃いて、〝ゴンドラ〟と〝コーラ〟が韻を踏むラインをディランが書き加えたそうだが、自身のヴァージョンではその二行は使っていないのだから、リヴォンが唄うことを想定した〝とくべつな演出〟だったのではないだろうか。

バンドのメンバーやプロデューサーの顔色をうかがっていると自分がこんがらがってしまうと自覚したディランは、90年代にネヴァー・エンディング・ツアーを続けるうちに〝何も言わずについてこい〟という芸風を徹底させていくのだが、それはみんなが曲を持ち寄る〝トラヴェリング・ウィルベリーズを経験したあと〟のことだ。

71年初頭、まだ30歳にもならない彼が、いくら哲学者のような一面を持っていたにせよ、求心力を欠いたバンドをどう蘇生させるかをロビーに教えることなんかできなかったはずだし、〝コーラ〟のキャラづけで役者が動くなら、という程度の配慮だったのではないかと思う。

「ザ・ブラックスミス」をはじめ、トラディショナル・フォークではよく主人公になってきた「鍛冶屋」を〝失われていくもの〟の象徴としたロビーは、「ロスト・オブ・ザ・ブラックスミス」を書き、リチャードに唱わせた。それをみんながどう受けとめたのかは知らないが、こういう迷走めいた曲が多いことでアルバムはわかりにくくなったし、前作のような勢いは感じられないのである（この曲ではフリー・ジャズみたいなガースのサックスが面白いが）。


ディラン／ザ・バンドの影響を受けてウッドストックに越してきたヴァン・モリソンがセッションに参加。「4％パントマイム」を共作し、ヴォーカルも取っている。「4％」はそのとき飲んでいたジョニー・ウォーカーの赤と黒のアルコール度数の違い、「パントマイム」はヴァンが唄うときの独特な動きを表しているそうだが、セッションするうちに仕上がった曲の作者クレジットが〈モリソン／ロバートソン〉となっているのだから、ほかのメンバーが怒るのも無理はない。

ビルボード21位、全英41位という成績に陰りが見えたのもたしかだが、シングル・カットされた「ライフ・イズ・ア・カーニヴァル」がアメリカでも71位までしか上がらなかったのは、〝通に受けるアルバム・アーティスト〟と考えても腑に落ちない。ギルヴァート・ストーンが描いたフロント・カヴァーの絵がどうも沈鬱で、私はいまだに好きになれないのだが、『ヴォーグ』のカメラマンとして知られたリチャード・アヴァドンが撮った裏のポートレイトはいいよね。50周年版のスーパー・デラックス・エディションでは、それを使った日本盤7インチ「カーニバル」が復刻されたのだから、ロビーもギルヴァート・ストーンの絵は気に入っていないんじゃないかと思う。とまぁ、いろいろ整合性が悪い、面白いけどスッキリしないアルバムである。

（和久井）

The Band
Cahoots
50th Anniversary Edition - Super Deluxe

Capitol/UMe／B0033540-00［CD+Blu-ray+LP+7″］
発売：2021年12月

［1］**Cahoots - 2021 stereo mix:** 1. Life Is A Carnival / 2. When I Paint My Masterpiece / 3. Last Of The Blacksmiths / 4. Where Do We Go From Here? / 5. 4% Pantomime / 6. Shoot Out In Chinatown / 7. The Moon Struck One / 8. Thinkin' Out Loud / 9. Smoke Signal / 10. Volcano / 11. The River Hymn / **Bonus Tracks**: 12. Endless Highway (Early Studio Take, 2021 Mix) / 13. When I Paint My Masterpiece (**Alternate Take, 2021 Mix**) / 14. 4% Pantomime (Takes 1 & 2) / 15. Don't Do It (Outtake - Studio Version, 2021 Mix) / 16. Bessie Smith (Outtake)
［2］Live At The Olympia Theatre, Paris May 1971 (Bootleg, Partial Concert): 1. The W.S. Walcott Medicine Show / 2. We Can Talk / 3. Loving You Is Sweeter Than Ever / 4. The Night They Drove Old Dixie Down / 5. Across The Great Divide / 6. The Unfaithful Servant / 7. Don't Do It / 8. The Genetic Method / 9. Chest Fever / 10. Rag Mama Rag / 11. Slippin' And Slidin' / **Bonus Tracks:** 12. Life Is A Carnival (**Instrumental**) / 13. Volcano (Instrumental) / 14. Thinkin' Out Loud (Stripped Down Mix)
［Blu-ray］Stereo and 5.1 Surround - High Resolution Audio 96/24: "Cahoots" + Bonus Tracks
LP (33 1/3 RPM): Cahoots - 2021 stereo mix
［A］1. Life Is A Carnival / 2. When I Paint My Masterpiece / 3. Last Of The Blacksmiths / 4. Where Do We Go From Here? / 5. 4% Pantomime
［B］1. Shoot Out In Chinatown / 2. The Moon Struck One / 3. Thinkin' Out Loud / 4. Smoke Signal / 5. Volcano / 6. The River Hymn
7″ "Life Is A Carnival" (Original 1971 Japanese Single)
［A］Life Is A Carnival
［B］The Moon Struck One

執筆時点で、最新の50周年エディションが『カフーツ』。このあとすぐに発売から50年を迎えることになる『ロック・オブ・エイジズ』は、すでに拡大版の『ライヴ・アット・ジ・アカデミー・オブ・ミュージック1971』がある。『ラスト・ワルツ』も40周年版が決定打になっているので、おそらくこのシリーズはスタジオ・アルバムのみになるだろう。そうなると、次は73年発売の『ムーンドッグ・マチネー』だ。残るは『ノーザン・ライツ・サザン・クロス』と『アイランズ』だが、後者には前者のアウトテイクが含まれているので、もしかすると2枚をひとつにまとめてしまうかも知れない。バンドの求心力が下がっていった時期でもあるので、ボーナス・トラック用のアウトテイクなどがどれだけ集められるのか、という懸念もある。72年以降もツアーは多くなかったので、使えるライヴ音源にも限りがあるだろうし。将来的なアーカイヴ化のことを考えれば、リミックスだけはやるでしょうけど。

なぜこの項を後ろ向きな調子で始めたのかと言えば、『カフーツ』のリミックス／リマスタリングの方向性に疑問をもったから。とくにアナログは、ホントにこれでいいの？と思ってしまった。初期2作の45回転2枚組から、『ステージ・フライト』で33 1/3回転1枚ものに替えたのは、録音時のチャンネル数も増えたのでこれで十分、という判断に加えて、製造コストが高騰したことなどが働いたのだろう。しかし、その音質にロビーは満足できなかったのではないか。そこで『カフーツ』では、ハーフ・スピード・マスターが採用されたのだが、これが裏目に出た。音の分離はいいけど、深みを失ってしまっている。マスタリング・エンジニアがボブ・ラドウィグから、同じゲイトウェイ・マスタリング社のアダム・ライアンに交代したことも影響したのだろうか。

とは言うものの、「ライフ・イズ・ア・カーニヴァル」だけは思わず聴き入ってしまう仕上がりだ。ベース・ラインが強調されたことで、新たなリズムの解釈を獲得したことがよくわかるし、アラン・トゥーサンのアレンジによるホーン・セクションが立体的に迫ってくる。どこか猥雑な声の重なりに、鋭いギターに隙あらば差し込まれてくるオルガンと、聴きどころがてんこ盛りにされている。リズム隊をオミットしてブレイクみたいにしたところは、ヤリ過ぎだと思うけど。

ほかの曲も、こんなフレーズが入っていたのか！という発見はあるけれど、ツルンとなった音にはどうにも入り込めない。「4％パントマイム」に至っては、(ゲスト・ヴォーカルの)ヴァン・モリソンってこんな声だったっけ？と感じるほど。もちろん、よくできたアルバムだということは認めるし、ドキュメントとして聴けば、納得できる部分は確かにある。でも、なんだか〝普通〟になってしまったのだ。《今回の『カフーツ』が、このアルバムの本当の姿だ》と言われても、こっちが困ってしまうんだよ、ロビー。

ボーナス・ディスクには、71年5月25日のパリ、オリンピア・シアターのライヴ音源が11曲含まれている。『ステージ・フライト』50周年版に収録されたロンドン公演の1週間ほど前のステージだ。もともとラジオ用に録音されたもので、テレビでも放送されたそうだ（二度目のアンコールに応えた、リトル・リチャードのカヴァー「スリッピン＆スライディン」の映像が、ネットで確認できる）。残念ながら前半部分は現存していないらしく、2部の冒頭からアンコールまでを聴くことができる。ヨーロッパ・ツアーの5箇所めなので、バンド自体に調子が出てきた頃だろう。ロイヤル・アルバート・ホールへ向けて、勢いをつけた夜、といったところ。ツアーの間、本編のセット・リストは変わらないので、聴き比べてみてください。音質はさほど良くはないが、気にならない程度。また、『カフーツ』からの曲は発売前だったせいか、まだ演奏されていない。

なお、スーパー・デラックス・エディションには、日本盤「カーニバル」のジャケットを採用した7インチ・シングルが入っている。ブツとしては欲しくなるので悩ましい。（森）

The Band
Rock Of Ages
(The Band In Concert)

Capitol／SABB-11045
録音：1971年12月28～31日
発売：1972年8月15日

[A] 1. Don't Do It / 2. King Harvest (Has Surely Come) / 3. Caledonia Mission / 4. Get Up Jake / 5. W.S. Walcott Medicine Show
[B] 1. Stage Fright / 2. The Night They Drove Old Dixie Down / 3. Across The Great Divide / 4. Wheels On Fire / 5. Rag Mama Rag
[C] 1. The Weight / 2. The Shape I'm In / 3. Unfaithful Servant / 4. Life Is A Carnival
[D] 1. The Genetic Method / 2. Chest Fever / 3. (I Don't Want To) Hang Up My Rock And Roll Shoes

プロデューサー：The Band
演奏：Robbie Robertson (g, cho),
Garth Hudson (organ, p, accordion, sax),
Richard Manuel (vo, p, organ, ds),
Rick Danko (vo, b, violin),
Levon Helm (vo, ds, mandolin),
Howard Johnson (tuba, euphonium, sax),
Snooky Young (tp, flugelhorn),
Joe Farrell (sax, English horn),
Earl McIntyre (tp),
J.D. Parron (sax),
Allen Toussaint (horn arrangements)

初のライヴ・アルバムは、71年12月28～31日にニューヨークのアカデミー・オブ・ミュージックで開かれた連続公演で収録された。オリジナル盤は2枚組、全18曲。独特な手触りのどっしりしたジャケットもいい文句なしのアルバムはビルボードでは6位まで上がっている。

当時のライヴに手応えを感じていたロビーは、『カフーツ』で組んだアラン・トゥーサンにホーン・アレンジを依頼し、既発曲にも新たな魅力を与えようとしたのである。だが、ニューオーリンズで編曲を終え、ニューヨークに向かったトゥーサンは、空港で楽譜の入ったカバンをほかの乗客に間違えて持って行かれ、作業をイチからやり直す羽目になるのだ。彼は大雪のウッドストックでキャビンにこもって作業するのだが、感染症に罹って一時的に耳が聞こえなくなってしまう。それでも何とか間に合わせることができたから、この素晴らしいライヴ盤が残されたわけだ。それまでにもホーンを加えた曲はあったが、ニューオーリンズR&Bの伝統を感じさせる彼のアレンジは別格と言っていい。当時を振り返ってトゥーサンは、「私自身、ザ・バンドの重要な部分になったような気がしたよ。ホーンのせいでリスナーの気がそらされ、いいサウンドが台無しになるのが怖かったからね」と語っている。70年代ロックを代表する存在となったグループとの共演にはそれだけの緊張があったということだろう。

トランペットとフリューゲルホルンのスヌーキー・ヤングは、カウント・ベイシーやライオネル・ハンプトンのビッグ・バンド出身。チューバ、ユーフォニウム、バリトン・サックスのハワード・ジョンソンは、レイ・チャールズやマイルス・デイヴィスとプレイしたことがあった。イングリッシュ・ホルン、テナー&ソプラノ・サックスはジョー・ファレルで、当時はチック・コリアの〝リターン・トゥ・フォーエヴァー〟に在籍していた。トロンボーンのアール・マッキンタイアは、ギル・エヴァンス、チャールズ・ミンガスとセッション経験があり、タジ・マハールのツアーではチューバを吹いていた人。サックスとクラリネットのJ.D.バロンは、雇われる2週間前にニューヨークに着いたばかりだった。

このライヴ盤のトップを飾るのは、マーヴィン・ゲイ64年のヒット曲「ドント・ドゥ・イット」だ。男臭いリヴァンのヴォーカルに、オリジナルのジェイムズ・ジェマーソンより〝弾み〟を強調したようなリックのベースというのがザ・バンドらしい。ホーンによってソウル風味が強調された「カレドニア・ミッション」ではリックのヴォーカルに耳を傾けよう。より哀切がこもったいい雰囲気が出ている。「ゲット・アップ・ジェイク」は唯一の新曲。当初は『ザ・バンド』に収められる予定だったが、ここで初めてレコード化された。

「W.S.ウォルコット・メディシン・ショウ」ではジョー・ファレルのサックス・ソロがフィーチャーされ、ブリッジ部分をリックが唄っている。そして、スヌーキー・ヤングによるトランペットのイントロが郷愁を誘う「ザ・ナイト・ゼイ・ドローヴ・オールド・ディキシー・ダウン」では、リヴォンの熱唱が有無を言わせぬ感動を呼ぶ。「ザ・ジェネティック・メソッド」はガースお得意の即興メドレー。終盤に奏でられる「蛍の光」のメロディーが年の瀬を感じさせる。

そしてラストに置かれたのは、「C.C.ライダー」や「イッツ・トゥー・レイト(シーズ・ゴーン)」のオリジネイターとして知られるR&Bシンガー、チャック・ウィルスのラスト・シングル「ホワット・アム・アイ・リヴィング・フォー」(58年)のB面曲「ハング・アップ・マイ・ロックンロール・シューズ」だった(実際のセット・リストではそのあとアンコールとなる)。

数あるロックのライヴ・アルバムの中でも屈指の名盤と謳われる本作は、01年のリマスターCDで拡大版となり、最終日にゲスト出演したディランが唄う4曲を含む初出の10曲をディスク2に収めたものへと生まれ変わった。その後はそれを定番とするファンも増えたが、アナログ盤2枚組18曲のシャープなまとまりも忘れがたい。

(真下部)

The Band
Live At The Academy Of Music 1971
(The Rock Of Ages Concerts)

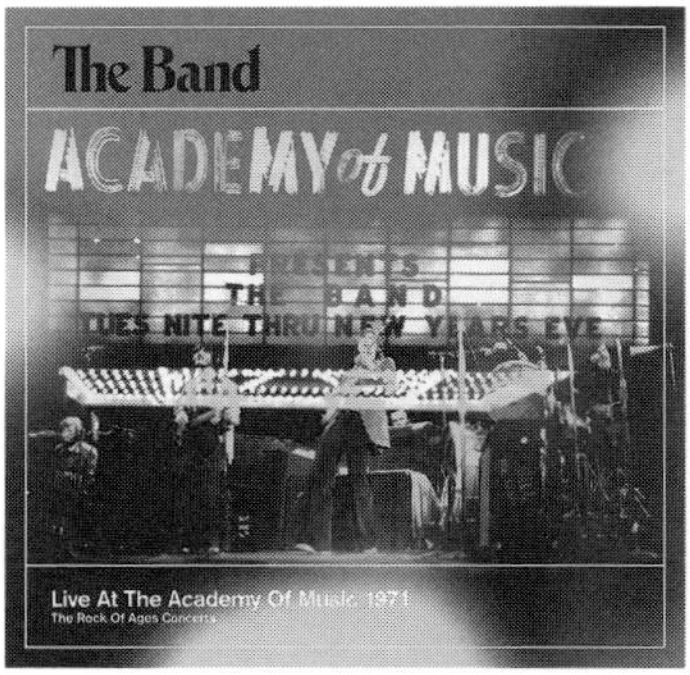

Capitol/UMe／B0018770-00［CD+DVD］
発売：2013年

Live At The Academy Of Music 1971［**1**］1. The W.S. Walcott Medicine Show / 2. The Shape I'm In / 3. Caledonia Mission / 4. Don't Do It / 5. Stage Fright / 6. I Shall Be Released / 7. Up On Cripple Creek / 8. This Wheel's On Fire / 9. Strawberry Wine / 10. King Harvest (Has Surely Come) / 11. Time To Kill / 12. The Night They Drove Old Dixie Down / 13. Across The Great Divide［**2**］1. Life Is A Carnival / 2. Get Up Jake / 3. Rag Mama Rag / 4. Unfaithful Servant / 5. The Weight / 6. Rockin' Chair / 7. Smoke Signal / 8. The Rumor / 9. The Genetic Method / 10. Chest Fever / 11. (I Don't Want To) Hang Up My Rock And Roll Shoes / 12. Loving You Is Sweeter Than Ever / 13. Down In The Flood - The Band with Bob Dylan / 14. When I Paint My Masterpiece - The Band with Bob Dylan / 15. Don't Ya Tell Henry - The Band with Bob Dylan / 16. Like A Rolling Stone - The Band with Bob Dylan
New Year's Eve At The Academy Of Music 1971 (The Soundboard Mix)［**3**］1. Up On Cripple Creek / 2. The Shape I'm In / 3. The Rumor / 4. Time To Kill / 5. Rockin' Chair / 6. This Wheel's On Fire / 7. Get Up Jake / 8. Smoke Signal / 9. I Shall Be Released / 10. The Weight / 11. Stage Fright［**4**］1. Life Is A Carnival / 2. King Harvest (Has Surely Come) / 3. Caledonia Mission / 4. The W.S. Walcott Medicine Show / 5. The Night They Drove Old Dixie Down / 6. Across The Great Divide / 7. Unfaithful Servant / 8. Don't Do It / 9. The Genetic Method / 10. Chest Fever / 11. Rag Mama Rag / 12. (I Don't Want To) Hang Up My Rock And Roll Shoes / Encores: 13. Down In The Flood - The Band with Bob Dylan / 14. When I Paint My Masterpiece - The Band with Bob Dylan / 15. Don't Ya Tell Henry - The Band with Bob Dylan / 16. Like A Rolling Stone - The Band with Bob Dylan
［DVD］Live At The Academy Of Music 1971 In 5.1 Surround Sound: 1. The W.S. Walcott Medicine Show / 2. The Shape I'm In / 3. Caledonia Mission / 4. Don't Do It / 5. Stage Fright / 6. I Shall Be Released / 7. Up On Cripple Creek / 8. This Wheel's On Fire / 9. Strawberry Wine / 10. King Harvest (Has Surely Come) / 11. Time To Kill / 12. The Night They Drove Old Dixie Down / 13. Across The Great Divide / 14. Life Is A Carnival / 15. Get Up Jake / 16. Rag Mama Rag / 17. Unfaithful Servant / 18. The Weight / 19. Rockin' Chair / 20. Smoke Signal / 21. The Rumor / 22. The Genetic Method / 23. Chest Fever / 24. (I Don't Want To) Hang Up My Rock And Roll Shoes / 25. Loving You Is Sweeter Than Ever / **Archival Film Clips - December 30, 1971**: 26. King Harvest (Has Surely Come) / 27. The W.S. Walcott Medicine Show

本書は基本的に〝編年体〟（録音年代順）のつくりなので、おわかりだと思うが、オリジナル版→その拡大版と並んでいる。『フランク・ザッパ攻略ガイド』で始まったシリーズでこのスタイルを採用しているのは、情報の抜けが多い人ほど、大昔の音楽雑誌に載ったアーティストのストーリーなどに疑いを持っていないからだ。レコードをまわすイヴェントをやったりすると、「○○って、○○なんですよね！」と言いながら嬉々として寄ってくる人が少なくない。そういう人もお客さんだから、「○○は■■のことも△△の場合もあるんで、一概には言えません。そこは注意した方がいいですよ」と訂正してさしあげるのだが、頑な人も中にはいて、簡単には信じてもらえなかったりするのだ。

それは困る。インターネットの世の中になってからこっち、昔の定説も日々アップデイトされているし、〝○周年拡大版〟が企画されるのは、「その時代にどれだけ売れたか」という〝現象〟よりも、「作品のどこを聴くべきか」という〝価値〟にスポットを当てるためだと思う（どうでもいいようなボーナス・トラックをつけて水増しされた箱ものも多いが）。それを踏まえて情報をアップデイトする気がないリスナーには、少なくとも「本国のオリジナル盤を基準にする」姿勢を持ってほしいわけである。

たとえば「電話をする」と言って昔の黒電話を思い浮かべ

る人はもはやいないだろうし、「テレビのチャンネルを変える」にはリモコンを使う。ザ・バンドがいた時代にはなかったものの中で生活しているのに、「音楽の情報は50年前のまま」というのはナンセンスだろう。けれども、素晴らしいオリジナル盤には「そのときに刻まれた音」という圧倒的なリアリティがある。それを再現できたCDなんて皆無に等しいから、〝リマスターによる補正〟で「50年前の音がどこまで現代に通用するものになったか」がリスナーが盤を選ぶときに加えたい〝新たな基準〟ということになる。

この版は『ロック・オブ・エイジス』のディラン・パートを含む01年リマスターに、そこにも入らなかった「ストロベリー・ワイン」を加えた29曲を収録した2枚組CD（ボブ・クリアマウンテン・ミックス）を通常盤としたものだ。ここではハード・カヴァー・ブック型のデラックス・エディションについて書くが、そこに追加されたのは、ディランが出演した最終日のサウンドボード録音を収録した2枚のCD（セバスチャン・ロバートソンとジョン・カステリによるミックス）、ボブ・クリアマウンテン・ミックス25曲の5.1サラウンドと12月30日の初出映像2曲（記録用に撮影されたもの）を収録したDVDで、計5枚組となっている。

『ロック・オブ・エイジス』はアナログのリイシュー盤も出ているが、熱心なファンのあいだで「最高！」と評判になったのは、2010年にカリファルニアのオーディオ・フィデリティ・サウンド・ラボが限定リリースした高音質盤。個人的にはそれで打ち止めでもいいと思うのだが、いま聴くなら、ディランの4曲を含む形で最盛期の頂点となった連続公演を振り返るほうが理にかなうはずである。

私はアカデミー・オブ・ミュージックの4公演すべてを収録した〝完全版〟のリリースを期待していたのだが、サウンドボード音源をボーナス収録したということは、全公演をマルチで録っていたわけではないのだろうし、アルバム化するときに修正やオーヴァーダビングも行ったため、リアル・ライヴをくっつけるとおかしなことになるのだと思う。

ガースのキーボードやホーン・セクションの聴こえ具合を考えると、『ロック・オブ・エイジス』のミックスはオリジナル盤でまったく問題ない。けれど、ボブ・クリアマウンテンによるリミックスの〝21世紀感〟は「50周年版シリーズの方向性を決めた」とも言えるので、この拡大版は（2枚組の通常盤でいいので）聴いておくべきだ。

それにしても、このときのディランは高い声がよく出ている。74年の北米ツアーへの布石として、どうしても見逃せないだろう。

（和久井）

The Band
Moondog Matinee

Capitol／SW-11214
録音：1973年3月〜6月
発売：1973年10月15日

[A] 1. Ain't Got No Home / 2. Holy Cow / 3. Share Your Love / 4. Mystery Train / 5. Third Man Theme
[B] 1. Promised Land / 2. The Great Pretender / 3. I'm Ready / 4. Saved / 5. A Change Is Gonna Come

プロデューサー：The Band
演奏：Rick Danko (b, vo, g),
Levon Helm (ds, vo, g, b),
Garth Hudson (organ, p, syn, sax),
Richard Manuel (p, vo,ds),
Robbie Robertson (g),
Billy Mundi (ds),
Ben Keith (steel guitar)

2001 Remaster CD
Capitol／72435-25393-2-1 [CD]
Bonus Tracks: 11. Didn't It Rain (Outtake) / 12. Crying Heart Blues (Outtake) / 13. Shakin' (Outtake) / 14. What Am I Living For (Outtake) / 15. Going Back To Memphis (Outtake) / 16. Endless Highway (Studio Version)

『ロック・オブ・エイジズ』を発表したあと、ザ・バンドの主たる面々は自堕落な〝酒とバラの日々〟を過ごしていた。リヴォン、リック、リチャードのアルコールやドラッグ癖は73年に入っても変わらず、新曲を持ってくる気配がなかったため、ロビーはカヴァー・アルバムの制作を提案する。彼は快い疲労と充足感に満たされながら72年を迎えていた。曲を書かなければならないというプレッシャーから解放されれば、メンバーは気軽な気持ちでスタジオに集まってくるだろう、と思ったわけだ。73年当時は映画『アメリカン・グラフィティ』とそのサントラ盤のヒットに代表されるように、オールディーズ再評価の機運が世界的に高まった年でもあるから、タイムリーと言えばタイムリー。しかし、ザ・バンドがオールディーズを演るからにはヒット・チャートをにぎわせた曲ではなく、マニアックなR&Bナンバーで〝通〟を唸らせるのが必須課題だった。ちなみにアルバム・タイトルは、伝説のDJ、アラン・フリードが52年に地元クリーヴランドでスタートさせたラジオ番組「ザ・ムーンドッグ・ロックンロール・ハウス・パーティ」からの引用である。

「エイント・ガット・ノー・ホーム」はクラレンス〝フロッグマン〟ヘンリーの57年のヒット曲。リヴォンがヴォーカルを取り、3番ではオリジナルに入っているのと同じようなカエルの声をガースが作成した。アラン・トゥーサン作の「ホーリー・カウ」はリー・ドーシーの66年のヒット曲で、リックが軽やかに唄っている。ボビー・ブルー・ブランドの66年の作品「シュア・ユア・ラヴ」はリチャードの熱唱が耳に残るテイクとなったが、アルバムのハイライトとも言っていいのはエルヴィス・プレスリーのヴァージョンで知られる「ミステリー・トレイン」だろう。元々は53年にジュニア・パーカー&ブルー・フレイムズがヒットさせた曲だが、ロビーは歌詞を書き加え、オリジナル曲に匹敵するヴァージョンに仕上げている。「サード・マン・テーマ」は言わずと知れた映画『第三の男』のテーマ曲。アントン・カラスのむせび泣くようなチターの音色が印象的な曲だが、のちの「ザ・ラスト・ワルツ・テーマ」につながる雰囲気がある。「プロミスト・ランド」はチャック・ベリー64年の作で、リヴォンのヴォーカルが楽しめる。「ザ・グレート・プリテンダー」はプラターズの55年の大ヒット曲。リチャードのヴォーカルが素晴らしい。ファッツ・ドミノが59年に発表した「アイム・レディ」はリヴォンとリチャードのツイン・ドラムス、リヴォンのヴォーカルで聴かせる。「セイヴド」はラヴィン・ベイカーの61年のヒットで、ヴォーカルはリチャード。アルバムの最後を飾るのは、サム・クックの65年のヒット曲「ア・チェンジ・イズ・ゴナ・カム」だ。クックの熱心なファンだったリックのヴォーカルには哀愁が漂い、感動的なフィナーレとなっている。しかし本作はビルボードでは28位止まり、全英チャートでも40位内に入らなかった。

21年のリマスター版にはボーナス・トラック6曲が追加されている。「ディドゥント・イット・トレイン」はゴスペルのスタンダード。ザ・バンドとしてはゴスペル・ナンバーを取り上げていないので興味深い選曲だ。「クライング・ハート・ブルーズ」はカントリー・デュオ、ジョニー&ジャックの51年のヒット曲で、ヴォーカルはリック。「シェイキン」はサム・クックの65年のヒット曲でリヴォンが歌っている。チャック・ウィルスの没後、58年にヒットした「ホワット・アム・アイ・リヴィング・フォー」はリヴォンのヴォーカルで聴かせるが、リックとリチャードはこのセッションに参加していないそうだ。「ゴーイング・バック・トゥ・メンフィス」は66年にマーキュリーに移籍したチャック・ベリーが真っ先に録音した曲。「エンドレス・ハイウェイ」は『カフーツ』のセッション時にリチャードのヴォーカルでレコーディングされたが、ここではリックが唄っている。この曲、ライヴ・ヴァージョンはディランとのライヴ盤『ビフォー・ザ・フラッド』で発表されたが、スタジオ・テイクは21年のリマスターCDで初出となったわけだ。

(真下部)

Bob Dylan
Planet Waves

Asylum／7E1003
録音：1973年11月2日, 5〜6日, 8〜9日, 14日
発売：1974年1月17日

[A] 1. On A Night Like This / 2. Going, Going, Gone / 3. Tough Mama / 4. Hazel / 5. Something There Is About You / 6. Forever Young
[B] 1. Forever Young / 2. Dirge / 3. You Angel You / 4. Never Say Goodbye / 5. Wedding Song

プロデューサー：Rob Fraboni
演奏：Bob Dylan (vo, g, p, harmonica), Rick Danko (b), Levon Helm (ds, mandolin), Garth Hudson (organ, accordion), Richard Manuel (p, ds), Robbie Robertson (g), Ken Lauber (conga)

ボブ・ディラン14枚目のスタジオ・アルバムは、アサイラム・レコードに移籍し、ザ・バンドを起用して、1974年1月17日にリリースされた。ジャケットは、自身によるシャガール風の絵だ。初回盤の裏ジャケットには、ディランによる手書きのライナー・ノーツが載せられている。「最初の地点に戻った！」と始まり「ブランデーをダブルで引っ掛け、イヴェントの数々を思い出そうとしていた。ビアホールとピンボール、ポルカ・バンド、有刺鉄線、ダメダメな道化師…」というノリノリの内容だった。

65年9月にザ・バンドをツアーに抜擢してから、8年以上が経過していた。ベースメント・テープス・セッションであれだけの絆を作りながら、公式に発表されたスタジオ録音は「窓からはい出せ」のたった一曲のみ。ディランのレコーディングに対する考え方を象徴する、興味深いエピソードがある。69年夏のこと、エンジニアのグリン・ジョンズがニューヨークの空港にいると、ディランが偶然やってきて、立ち話をした。グリンが「ゲット・バック」や「ベガーズ・バンケット」の仕事を終えたことを知ってか、「ビートルズかストーンズは、俺と一緒にレコーディングしてくれないかな？」と聞いたというのだ。グリンはすぐにメンバーに電話をした。ジョージとキースは乗り気。しかしポールとミックは「絶対ありえない！」と断った。当たり前だ。映画『ゲット・バック』を見れば、当時のビートルズがいかに面倒くさいレコーディングをしていたか、よくわかるだろう。対するディランは、バックをサクッと仕上げて歌を乗せるやり方しかない。

ザ・バンドの録音も、入念に構造を作り込んでいくスタイルだ。しかし73年11月2日に始まった本盤の制作にかけられたのは、たった6日間。プロデューサー補佐のロビーは、親分の心性を骨の髄まで知り抜いていた。1曲につきテイク1か2しか歌わないディランのヴォーカルに対して、軽快で音数が少ないサウンドに徹している。丁々発止のアンサンブルは影を潜め、彼ら本来の感触とは著しく異なっているのだ。

再会のきっかけは、73年7月に60万人を集めたワトキンス・グレンのライヴ。ザ・バンドは大熱演のステージを繰り広げた。その勢いを借り、ディランとロビーの間では、久しぶりのツアーもありか?と盛り上がった。このときすでにディランとザ・バンドの全員が、カリフォルニアのマリブに居を移している。9月にはテストを兼ねたリハーサルを行い、ディランはその出来栄えに満足して新曲を作り始めた。

11月2日のレコーディング初日には、当時4歳を迎えた息子のジェイコブ・ディランに捧げたと思しき「いつまでも若く(Slow Version)」などが録音される。一聴して分かるのは、ロビーがさまざまなエフェクトを操り、今までになく音色を柔軟に選んでいること。爛熟するシンガー・ソングライター・ブームの中、ジョニ・ミッチェルなどがクオリティの高いサウンドになってきていることに反応して、フレーズにも都会的な指向が見られる。ガース・ハドソンは極めて控えめに歌に寄り添い、プロデューサー目線のクールな音を作ることに成功している。2日目の「ゴーイング・ゴーイング・ゴーン」では、ロビーのアームを駆使した演奏と久々の激しいピッキング、ハーモニクスが炸裂し、アルバムのハイライトとなった。3日目には「ザ・ウェイト」に似てはいるが、ずっと穏やかな編曲の「君の何かが」、魅力的で激しい人生を送っている母親を歌った「タフ・ママ」と、波にのった演奏が続く。4日目に満ち足りたフィーリングで迫る「こんな夜に」を録音し、レコーディングは早くも佳境を迎えた。5日目の「ウエディング・ソング」をはさみ、最終日は「いつまでも若く(Fast Version)」、とロビーのアコースティック・ギターとディランのピアノだけのシンプルな「悲しみの歌」でセッションを終える。

キャリア中随一のサウンドを湛えたこのアルバムは、ディラン初めての全米1位となる。しかし初版60万枚を売り上げたあと、追加は10万枚と伸び悩んだ。このことは、ディランがコロムビアへ戻るきっかけになったと思える。　（サエキ）

Bob Dylan / The Band
Before The Flood

Asylum／AB201
録音：1974年1月30日, 2月13〜14日
発売：1974年6月20日

[A] 1. Most Likely You Go Your Way (And I'll Go Mine) / 2. Lay Lady Lay / 3. Rainy Day Women #12 & 35 / 4. Knockin' On Heaven's Door / 5. It Ain't Me, Babe / 6. Ballad Of A Thin Man
[B] 1. Up On Cripple Creek / 2. I Shall Be Released / 3. Endless Highway / 4. The Night They Drove Old Dixie Down / 5. Stage Fright
[C] 1. Don't Think Twice, It's All Right / 2. Just Like A Woman / 3. It's Alright Ma (I'm Only Bleeding) / 4. The Shape I'm In / 5. When You Awake / 6. The Weight
[D] 1. All Along The Watchtower / 2. Highway 61 Revisited / 3. Like A Rolling Stone / 4. Blowin' In The Wind

プロデューサー：Bob Dylan and The Band
演奏：Bob Dylan (vo, g, harmonica, p),
Robbie Robertson (g, cho),
Garth Hudson (organ, p),
Levon Helm (ds, vo),
Richard Manuel (p, vo, organ, ds),
Rick Danko (b,vo)

ボブ・ディランの『プラネット・ウェイヴス』は1974年1月17日にリリースされた。ザ・バンドを従えたプロモーションのためのツアーは、発売に先がけた1月3日のシカゴ公演から始まり、2月14日のロサンゼルス公演まで、21都市30日間40回のコンサートが組まれた。そのうちの10日間は昼夜二回公演という、とてつもなくハードな日程である。

ツアーの最後にあたる2月13日と14日、LAフォーラムにおける3公演からこのライヴ盤が作られた。ただし、「天国の扉」のみニューヨーク公演での録音だ。

もともと、アサイラム・レコードのデイヴィッド・ゲフィンがボブ・ディランを獲得しようとロビー・ロバートソンに接近したことから、これらのプロジェクトは始まった。映画『ザ・バンド かつて僕らは兄弟だった』には、ゲフィンがロビーを促して、ウッドストックからカリフォルニアのマリブに移住するように誘うシーンが印象的である。このツアーまでは、ゲフィンの情熱通りに進行した。しかし、ツアー終了後に突然ディランは翻意し、コロムビアに回帰するのだ。

73年のクリスマスが終わるとLAフォーラムでリハーサルに入ったというから、一週間程度の練習で開始する急激すぎるスケジュールである。70年代当時の激流のようなレコード・プロモーション・ツアーのようすが伝わってくる。

なにせ、ディランにしてみれば6年ぶりのツアーだ。彼はすでにタバコを止め、体力作りに励んでいたという。楽屋に入ると、壁を支えにして、逆立ちをしていることもあったと、ロビーは述懐する。

結果として、クリーム誌でジャーナリストのロバート・クリストガウが「掛け値なしに史上最高に狂っていて力強いロックンロール・レコード」と評するようなライヴ盤が仕上がった。ディランの中では、最高の力強さなのだ。

その理由として、まずはガース・ハドソンの大活躍があげられる。2014年の「ザ・ベースメント・テープス・コンプリート」を聴けば分かるように、ガースは基本的にぶっつけ本番で、華やかな演奏や即興的なプレイをするタイプではない。ところが66年にディランと最初に録音した「窓からはい出せ」で、すでにザ・バンド的編曲が完成されていたことから分かるように、事前に準備さえできれば、驚異的なキーボードのアレンジを行うのだ。当時流行りはじめていたストリングス・シンセサイザーの導入も大きい。ときにプログレッシヴ・ロック的な、ザ・バンド史上最も彩り鮮やかな演奏を聴くことができる。ディランの「レイ・レディ・レイ」は情緒豊かな楽曲に変貌した。「雨の日の女」でのムーグによるソロは幻想的で、ウィットたっぷりのノヴェルティ性を演出。「ライク・ア・ローリング・ストーン」においては千手観音のように楽器を瞬時に変え、カラフルに爆発させている。ザ・バンドのセットはガースの独壇場となっていて、「ステージ・フライト」など竜巻のように荒れ狂う独自のサウンドをモノにしているのだ。

ロビー・ロバートソンも負けてはない。「レイ・レディ・レイ」「ザ・シェイプ・アイム・イン」におけるピッキング・ハーモニクスの美しさは、録音の良さも手伝って宝石のような輝きを放っている。さらにリック・ダンコの妙味あふれるプレイも立体感豊かで、それまでのライヴ盤にないバランスのとれたザ・バンド・サウンドが堪能できる。

なによりすごいのはディランのヴォーカルで、ザ・バンドの演奏を背に、バック・ビートをまるごと飲みこんだ激しい歌唱は、「我が道を行く」「悲しきベイブ」「追憶のハイウェイ61」などで炸裂しまくり、ミック・ジャガーやジョン・レノンに負けない先輩ヴォーカリストの面目を保っている。

66年のツアーは怒号をもって迎えられたにもかかわらず、このツアーでは大声援とジャケット写真のような灯火で迎えられた。そのことを「どこか偽善的」と捉えていたとロビーはふりかえるが、こうしたカタルシスこそがロックンロールであり、このツアーでそれを提供したという事実が僕らとのつながりを存続させているのだ。

（サエキ）

The Band
Northern Lights - Southern Cross

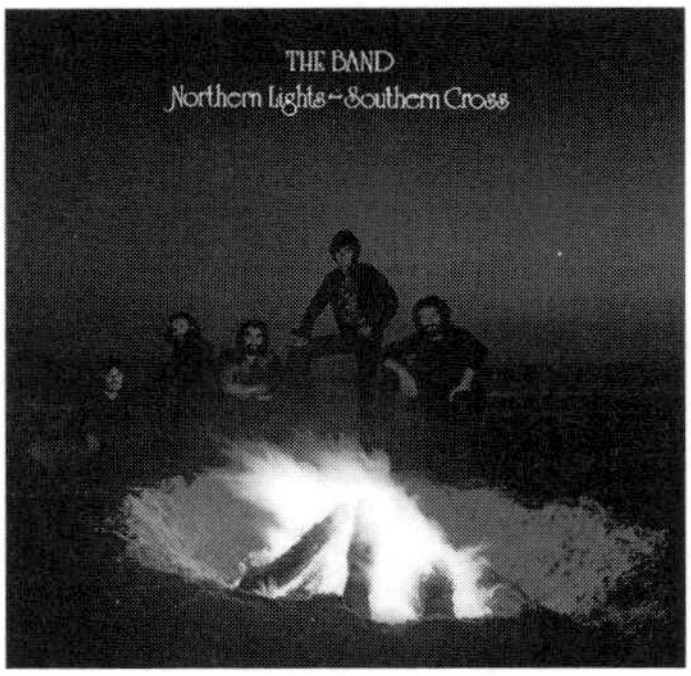

Capitol／ST-11440
録音：1975年春〜夏
発売：1975年11月1日

[A] 1. Forbidden Fruit / 2. Hobo Jungle / 3. Ophelia / 4. Acadian Driftwood
[B] 1. Ring Your Bell / 2. It Makes No Difference / 3. Jupiter Hollow / 4. Rags And Bones

プロデューサー：The Band
演奏：Rick Danko (b, vo, g, violin, harmonica), Garth Hudson (organ, kbd, accordion, sax), Levon Helm (ds, vo, g, per), Richard Manuel (p, vo, kbd, organ, ds, per), Robbie Robertson (g, p, kbd, per), Byron Berline (fiddle)

2001 Remaster CD
Capitol／72435-25394-2-0 [CD]
Bonus Tracks: 9. Twilight (Early Alternate Version) / 10. Christmas Must Be Tonight (Alternate Version)

『カフーツ』以来の4年ぶりとなるオリジナル作品。その間には、オールマン・ブラザーズ・バンド、グレイトフル・デッドとともに出演したワトキンズ・グレンの「サマー・ジャム」、ディランとの共演盤『プラネット・ウェイヴス』と『ビフォー・ザ・フラッド』、CSNYの復活ツアーへの参加、そしてディランと『ザ・ベースメント・テープス』の蔵出しがあった。だから久しぶりという感覚はなかったが、さまざまな在り方で時代をすり抜けていたザ・バンドに、はたして〝バンド〟としての創造力がどれだけ残っているのか、その真価が問われたアルバムだった。

　ロビーは本作に取り掛かる前に、当時はアサイラム・レコーズの社長だったデイヴィッド・ゲフィンの薦めでロサンゼルスのマリブに引っ越している。ミュージシャンが増えたせいでドラッグの売人が暗躍するようになったウッドストックは、とても健全とは言えなくなっていたからだ。海の美しさと温暖な気候に魅了されたロビーはみんなに移住を促し、メンバーは再集結した。マリブに腰を落ち着けた彼らは、以前は牧場兼売春宿であった建物をスタジオに改造する。彼らはそこに〝シャングリラ〟と名付け、〝ビッグ・ピンク〟に匹敵する制作環境を再び手に入れたわけである。

　アルバムは「フォービドゥン・フルーツ（禁断の木の実）」からスタートする。ドラッグに耽溺していたメンバーには耳の痛い話だったはずだが、当時は誰ひとり自分たちのことを歌ったものだとは気づかなかったと言う。西部開拓時代、貨物列車にただ乗りして国を渡り歩いたく労働者を歌った「ホーボー・ジャングル」は、リチャードの落ち着いたヴォーカルが心地よい。リヴォンの代表曲となった「オフィーリア」もアーリー・アメリカン調のナンバーで、彼が生涯唄い続けたのも納得のハマり役だ。続く「アケイディア・ドリフトウッド」もアルバムのハイライトと言えるナンバーで、リヴォン、リック、リチャードが交互にリード・ヴォーカルを取るさまが実にザ・バンドらしい。ガースのアコーディオン、ピッコロ、バグパイプと、ゲストのバイロン・バーラインが奏でるフィドルのアンサンブルが奥行きを与えた美しい曲だ。「リング・ユア・ベル」も3人のヴォーカリストを配した曲で、ガースのシンセサイザーがいい味付けになっている。リックの熱唱が心に響く「イット・メイクス・ノー・ディファレンス」はカントリーとソウルをミックスさせたバラード。ガースの美しいソプラノ・サックスとロビーの突き刺すようなギターのコントラストは切なすぎる。イントロから従来のザ・バンドとは異質の「ジュピター・ホロー」は、のちのシンセ・ポップのような雰囲気が醸し出された面白い曲だ。ロビーがクラヴィネットを弾き、まったくギターが入っていないこともあるが、シンセで音を積み重ねたガースの面目躍如といったところか。ラストの「レイジス・アンド・ボーンズ」はリチャードのヴォーカル曲。ロビーの父方であるユダヤ系のルーツを歌ったもので、邦題は「おんぼろ人生」。教養がありながら屑拾いになるしかなかった男を描くことで、ロビーはリヴォン、リック、リチャードに注意を喚起したのではなかったか。しょっぱい読後感を残すアルバムはビルボード26位という成績に終わったが、ザ・バンドの実力の高さを評する声はいっそう高まったのである。

最後に現行CDのボーナス・トラックにも触れておこう。「トワイライト」はアルバムのセッション中にレコーディングされながらアルバムには収録されず、76年にシングルとしてリリースされた。CDに追加されたのはアーリー・ヴァージョンで、ピアノ、ベース、ドラムによるシンプルな演奏だ。リヴォンとリックが交互にヴォーカルをとっている。「クリスマス・マスト・ビー・トゥナイト」は75年のクリスマス・シーズンに向けたシングルとして発売が予定されたが、結局見送られて77年の『アイランド』に収められた。ここでのヴァージョンは極めて初期のもので、リハーサル・テイクとも言える。ギター、ベース、ドラムのみの演奏で、リード・ヴォーカルはリックである。

（真下部）

The Band
Islands

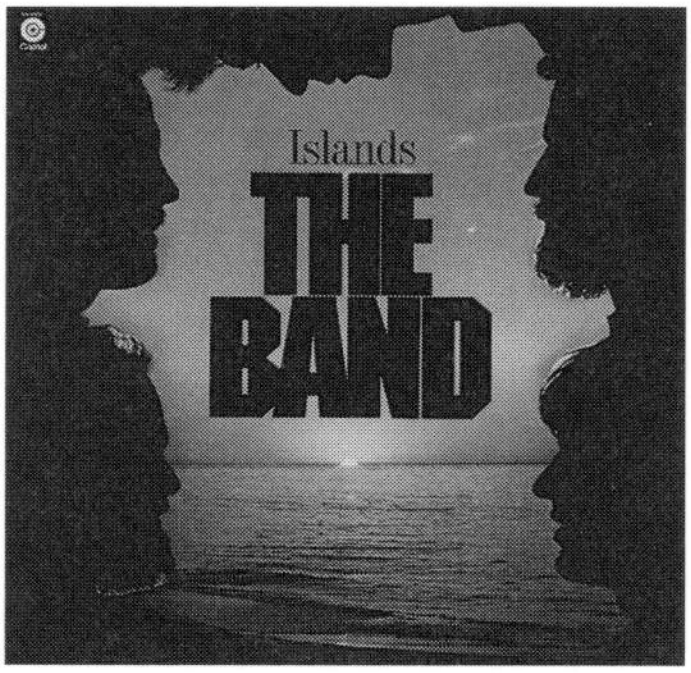

Capitol／SN-16007
録音：1972年12月〜1977年1月
発売：1977年3月15日

[A] 1. Right As Rain / 2. Street Walker / 3. Let The Night Fall / 4. Ain't That A Lot Of Love / 5. Christmas Must Be Tonight
[B] 1. Islands / 2. The Saga Of Pepote Rouge / 3. Georgia On My Mind / 4. Knockin' Lost John / 5. Livin' In A Dream

プロデューサー：The Band
演奏：Rick Danko (b, vo),
Levon Helm (ds, vo),
Garth Hudson (organ, syn, sax, accordion),
Richard Manuel (p, vo),
Robbie Robertson (g, vo),
Jim Gordon (fl),
Tom Malone (tb),
John Simon (sax),
Larry Packer (violin)

2001 Remaster CD
Capitol／72435-25392-2-2 [CD]
Bonus Tracks: 11. Twilight (Single Version) / 12. Georgia On My Mind (Alternate Take)

76年11月の『ザ・ラスト・ワルツ』公演はザ・バンドのライヴ活動終焉を告げるイヴェントだったわけだが、キャピトルとの契約満了にはもう一枚アルバムが必要だった。本作はそんな事情を踏まえ、『ノーザン・ライツ〜』のアウトテイクや未発表曲を集めて編まれたものである。『ラスト・ワルツ』のためのリハーサルと、『アイランズ』のための補足的なレコーディングは同時に進められ、さらに公演後も何度か追加のセッションが行われたらしい。しかし、急速に求心力を失っていったバンドに興味を示す人は少なく、キャピトルもプロモーションに力を入れなかった。リックはソロ・デビューに向けてレコーディングを開始し、リヴォンはRCOオールスターズのプロジェクトに邁進、ロビーは映画界に触手を動かしていた。〝終わってしまったバンド〟がメディアのインタヴューを受けることもなかったから、本作は全米64位に終わり、寂しい結末を感じさせたのだ。

「ライト・アズ・レイン」はAOR調のメロウな曲で、ザ・バンドが得意としたアーシーな佇まいは微塵も感じられない。グループの活動が続いていれば、リチャードの甘くせつないヴォーカルも違った受け止められ方をしたかもしれないが、「時流に乗ろうとしたロビーがほかのメンバーの持ち味を無視した結果」を象徴する一曲と酷評するファンも多く、ロビーはすっかり悪役になってしまうのだった。

リックとロビーの共作曲「ストリート・ウォーカー」ではガースのサックスがフィーチャーされ、ロビーのギター・ソロとともにフェイドアウトしていく。リチャードがさらっと唄った「レット・ザ・ナイト・フォール」は、〝もうすこし時間をかければよかった〟とロビーが語っているのも肯ける出来。曲としてはこなれていない感じがする。「エイント・ザット・ア・ロット・オブ・ラヴ」は66年にホーマー・バンクスがウィラ・ディーン・パーカーと共作したシングルで、ヴォーカルはリヴォン。99年にシンプリー・レッドも取り上げたが、カヴァーも数多いからザ・バンドの録音だからといってそれほど目立たない。ロビーが長男クリスチャンの誕生を祝して書いた「クリスマス・マスト・ビー・トゥナイト」は当初『ノーザン・ライツ〜』への収録が目されたが、同年のクリスマス・シングルという案も反故にされ、ようやくリリースとなった。

曲は72年ごろ完成していたという「アイランド」は、ロビーがどうしても歌詞を書けず、インストゥルメンタルとして完成された。彼が弾いたギターのリフにリックとガースがアレンジを加えることで、ようやく形になったらしい。ジョン・サイモンのアルバムやRCOオールスターズにも参加するトム・マローンがトロンボーンを吹き、ラリー・パッカーがヴァイオリンを弾いている。

リックがヴォーカルの「ザ・サーガ・オブ・ピープル・ローグ」に続いて登場するのが、リチャードが唄う「ジョージア・オン・マイ・マインド」だ。当時はジミー・カーターの大統領選のキャンペーン・ソングとなり、シングル・カットもされた。

「ノッキン・ロスト・ジョン」は「トゥ・キングダム・カム」以来となったロビーのヴォーカル担当曲。リヴォンがコーラスで支えている。お世辞にも歌が上手いとは言えないロビーだが、ソングライターらしい解釈でヴォーカルをサウンドに混ぜる術はのちのソロ・アルバムで活かされることになった。優れたシンガーが3人もいるザ・バンドでは出る幕はなかったが、裏方に徹したわけではなかったことを最後に見せたようだ。アルバムを締めくくるのは、リヴォンが陽気に唄う「リヴィン・イン・ア・ドリーム」。悲しい曲でなくてよかったと思う。

現行CDのボーナス・トラックは、『ノーザン・ライツ〜』に収録予定だったが76年にシングルとして発売された「トワイライト」と、オマケのオマケとしか思えない「ジョージア・オン・マイ・マインド」の別ヴァージョン。途中で演奏が止まってしまうのだ。

（真下部）

The Band
The Last Waltz

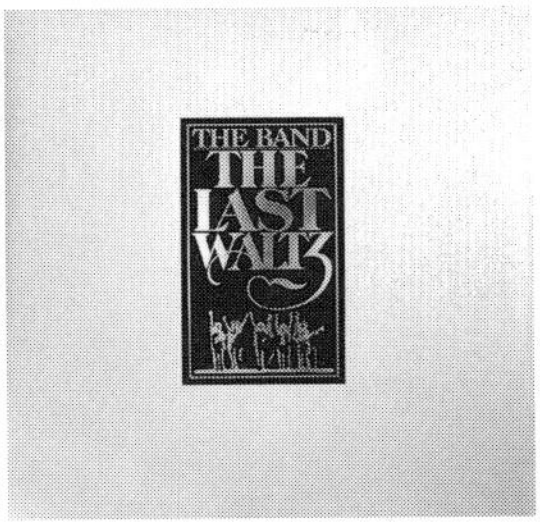

Warner Bros.／3WS3146
録音：1976年11月25日
発売：1978年4月7日

[A] 1. Theme From The Last Waltz / 2. Up On Cripple Creek / 3. Who Do You Love - with Ronnie Hawkins / 4. Helpless - with Neil Young / 5. Stagefright
[B] 1. Coyote - with Joni Mitchell / 2. Dry Your Eyes - with Neil Diamond / 3. It Makes No Difference / 4. Such A Night - with Dr. John
[C] 1. The Night They Drove Old Dixie Down / 2. Mystery Train - with Paul Butterfield / 3. Mannish Boy - with Muddy Waters / 4. Further On Up The Road - with Eric Clapton
[D] 1. Shape I'm In / 2. Down South In New Orleans - with Bobby Charles / 3. Ophelia / 4. Tura Lura Lural (That's An Irish Lullaby) / 5. Caravan - with Van Morrison
[E] 1. Life Is A Carnival / 2. Baby Let Me Follow You Down - with Bob Dylan / 3. I Don't Believe You (She Acts Like We Never Have Met) - with Bob Dylan / 4. Forever Young - with Bob Dylan / 5. Baby Let Me Follow You Down (Reprise) - with Bob Dylan / 6. I Shall Be Released
[F] **The Last Waltz Suite**: 1. The Well / 2. Evangeline - with Emmylou Harris / 3. Out Of The Blue / 4. The Weight - with The Staples / 5. The Last Waltz Refrain / 6. Theme From The Last Waltz - with Orchestra

プロデューサー：Robbie Robertson, John Simon, Rob Fraboni

The Last Waltz [Movie]

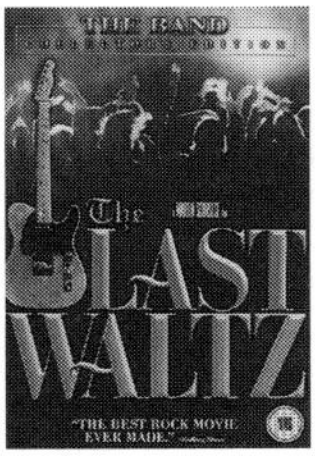

監督：Martin Scorsese
プロデューサー：Robbie Robertson, Jonathan Taplin, Bill Graham
配給：United Artists
全米公開：1978年4月26日

１９７６年、ロック界はイーグルスの「ホテル・カリフォルニア」のヒットが象徴するように、死の香りが充満し始めていた。ディスコが台頭し、翌年にはパンク・ムーブメントが勃興する。ロビー・ロバートソンはこの年の初秋、11月24日の感謝祭に行う《ラスト・ワルツ》のアイデアと、ツアーからの撤退を提案した。当時の話はいつも急激な展開をみせる。映画化の企画と舞台セットのアイディアがワーナーに持ちこまれ、サウンドトラック・アルバムが発売されることになった。2か月余りの急流の中、マーティン・スコセッシが監督を引き受け、マイク・チャップマンを始めとする一流のカメラマンたちのスケジュールが押さえられる。さらに、ビル・グレアムがコンサートのプロモーターに就き、巨大なプロジェクトが実現した。ライヴ、映画の双方が大成功となったこのイヴェントで、ザ・バンドは有終の美を飾ったのだ。そして、万人のロックに対する想いもここに集約されることになる。それは、ロビーがエイトビートをベースにしたロックの危機を敏感に察知して、単に一バンドの終焉にとどまらない企画を創り出したからだろう。《ラスト・ワルツ》は、ロック時代へのレクイエムとなったのだ。

映画はオープニングで「この作品は大音量で上映しろ！」と呼びかける。心の奥底からの叫びのように。そしてコンサート最後の曲から、映画は始められる。アンコールのジャム・

セッションが終わっても帰らない客のために、ヨレヨレの姿で登場したザ・バンドの5人が「ドント・ドゥ・イット」を演奏したシーンだ。ライヴは実に6時間に及んでいる。開演前には、1800キロ（200羽分）の七面鳥、136キロのノヴァスコシア産サーモン、454キロのジャガイモが費やされた感謝祭のディナーを、数千人の観客が堪能した。メンバーやゲストをとらえた映像は本当に素晴らしいが、それは事前に出演者の立ち位置が決められ、演奏する姿を描いた絵コンテが曲ごとにつくられていたからである。また、サンフランシスコ・オペラハウスからオペラ『椿姫』のセットや、映画『風と共に去りぬ』で使用されたシャンデリアが持ち込まれて舞台の上が飾られた。伝統に対するリスペクトを絶やさなかったザ・バンドにふさわしい、豪華極まりない最後の舞台を演出したのである。とにかくとんでもない予算と手間暇がかかっている。すべてがコンサートやライヴ映画史上、空前絶後の規模だったのだ。

サントラでは実際のセットリストと同様に、冒頭の「クリプル・クリーク」からバンドが重戦車のように攻めこんでくる。ドラムを重視したミキシングなのは、この日のリヴォン・ヘルムが絶好調だったからだろう。豪放なグルーヴがうねりを作り出す中、ツアーで鍛え上げた男たちの咆哮が飛び交う。叫び合うリフレインは、何度聴いても鳥肌がたつほどだ。

豪華ゲストの登場は、ザ・バンドを育てた父で、22年5月29日に惜しくも亡くなったロニー・ホーキンスの「フー・ドゥ・ユー・ラヴ」から。ドスの聴いた絶唱は、かつて彼らと這いずり回ったカナダの地に届くようだ。ドクター・ジョンはピンクのドットが入った黒のジャケットで登場、プロフェッサー・ロングヘア譲りのピアノが冴えまくる「サッチ・ア・ナイト」を歌う。ニール・ヤングの「ヘルプレス」では、シークレット的に参加した、ジョニ・ミッチェルのコーラスが素晴らしい。ジョニ本人の出番前なので正面から撮影せず、カーテンに映し出されたような横顔が幻想的だ。ニールの鼻にコカインの塊が垂れ下がっていることが分かり、のちに映像処理で消されたというエピソードも残されている。楽屋には山盛りのコカインと吸引道具が置いてあったという。

エリック・クラプトンの「ファーザー・オン・アップ・ザ・ロード」では、イントロでエリックのストラップが外れ、瞬時にロビーが熱いソロでカヴァーした。マディ・ウォーターズ、ボビー・チャールズ、ポール・バターフィールドといったブルーズ仲間の演奏が、歴史を超えて訴えかけてくる。後日収録された、エミルー・ハリスやステイプル・シンガーズとザ・バンドの共演も素晴らしい。

（サエキ）

The Band
The Last Waltz
40th Anniversary - Deluxe Edition

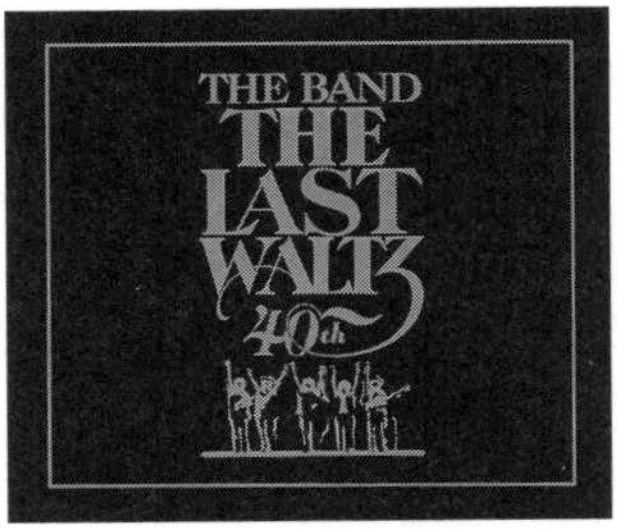

Rhino/Warner Bros.／R2-556629［CD+Blu-ray］
発売：2016年11月11日

［1］1. Theme From The Last Waltz – with Orchestra / 2. Up On Cripple Creek / 3. The Shape I'm In / 4. It Makes No Difference / 5. Who Do You Love - with Ronnie Hawkins / 6. Life Is A Carnival / 7. Such A Night - with Dr. John / 8. The Weight / 9. Down South In New Orleans - with Bobby Charles / 10. This Wheel's On Fire / 11. Mystery Train - with Paul Butterfield / 12. Caledonia - with Muddy Waters / 13. Mannish Boy - with Muddy Waters / 14. Stagefright
［2］1. Rag Mama Rag / 2. All Our Past Times - with Eric Clapton / 3. Further On Up The Road - with Eric Clapton / 4. Ophelia / 5. Helpless - with Neil Young / 6. Four Strong Winds - with Neil Young / 7. Coyote - with Joni Mitchell / 8. Shadows And Light - with Joni Mitchell / 9. Furry Sings The Blues - with Joni Mitchell / 10. Acadian Driftwood / 11. Dry Your Eyes - with Neil Diamond / 12. The W.S. Walcott Medicine Show / 13. Tura Lura Lura (That's An Irish Lullaby) - with Van Morrison / 14. Caravan - with Van Morrison
［3］1. The Night They Drove Old Dixie Down / 2. The Genetic Method/Chest Fever / 3. Baby Let Me Follow You Down - with Bob Dylan / 4. Hazel - with Bob Dylan / 5. I Don't Believe You (She Acts Live We Never Have Met) - with Bob Dylan / 6. Forever Young - with Bob Dylan / 7. Baby Let Me Follow You Down (Reprise) - with Bob Dylan / 8. I Shall Be Released / 9. Jam #1 / 10. Jam #2 / 11. Don't Do It / 12. Greensleeves (From Movie Soundtrack)
［4］**The Last Waltz Suite**: 1. The Well / 2. Evangeline - with Emmylou Harris / 3. Out Of The Blue / 4. The Weight - with The Staples / 5. The Last Waltz Refrain / **Concert Rehearsal**: 6. King Harvest (Has Surely Come) / 7. Tura Lura Lura (That's An Irish Lullaby) / 8. Caravan / 9. Such A Night / 10. Rag Mama Rag / 11. Mad Waltz – Sketch track for "The Well" / 12. The Last Waltz - Instrumental / 13. The Last Waltz - Sketch
［**Blu-ray**］**"The Last Waltz" Feature Length Film** (5.1 Surround Sound Mix)

ラスト・ワルツ〈特別編〉

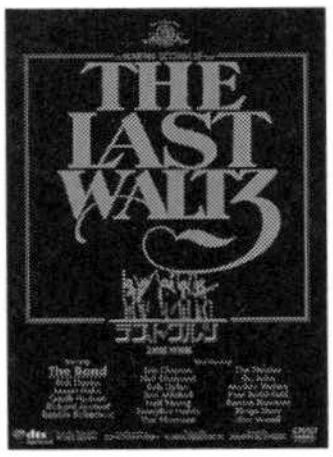

20世紀フォックスホームエンターテイメントジャパン［DVD］2017年

２０１６年に《ラスト・ワルツ》開催40周年を記念して発売されたこのボックスは、02年に発売されたサウンドトラックの〝完全盤〟ＣＤ４枚組54曲に、映画特別編のブルーレイ・ディスクがつけられたもの。１９７８年のオリジナル盤には未収録で、〝完全盤〟に追加されたのは、マディ・ウォーターズ、エリック・クラプトン、ニール・ヤング、ジョニ・ミッチェル、ヴァン・モリソン、そしてボブ・ディランのパフォーマンスを含む24曲で、コンサートの全体像が再現されている。ヴァン・モリソンがアイルランドの子守唄〝Tura Lura Lura〟で登場するシーンが、ザ・バンドの音楽において重要なアイリッシュ・ルーツを象徴しているところなど、実に素晴らしい。

また、特別扱いだったことがわかったのはジョニ・ミッチエル。「シャドウ・アンド・ザ・ライト」と「ファリー・シングス・ザ・ブルース」を合わせて合計３曲を歌っている。ジョニと同じくカナダ勢のニール・ヤングもコーラスに加わり、ザ・バンドがカナダに捧げた名曲「アケイディアの流木」を演奏しているのも感動的だ。

また、〝完全盤〟にはリハーサルの模様も収録されているが、こちらも聴き逃すことができない。ヴァン・モリソンの〝Tura Lura Lura〟と「キャラヴァン」、ドクター・ジョンの「サッチ・ア・ナイト」はどれも、テンポが落とされ、情感たっぷりで、なおかつリラックスした歌を堪能することができる。全く違うヴァージョンと言っていいだろう。ロビー・ロバートソンによるスケッチ「マッド・ワルツ」は、ジャジーでエキセントリックな感覚をたたえたデモ録音。〈ラスト・ワルツ組曲〉の「ザ・ウェル」になる曲だ。

映画特別編の白眉は、特典として収録された12分におよぶ「ジャム#2」。謎に包まれた参加ミュージシャンの実態と、その演奏風景が分かるヨダレものの映像だ。ガース・ハドソンがマッド・サイエンティストのように髪の毛を振り乱しながら、シンセサイザーでヨーロッパの海軍歌調の風変わりなイントロダクションを奏でる。ロビーがギターを抱えずに全身で合図を送ると、リンゴ・スターが思い切りエイトビートを叩き始めた。BPM70程度の遅いブルーズだ。控えていたクラプトンがブルージィな基本ラインを作り出していくと、ポール・バターフィールドがすかさずハーモニカで呼応する。すると、ニール・ヤングが身を乗り出すようにしながら激しいリフを決めまくる。ベースはカール・レイドルだ。ピアノにはドクター・ジョンが座っているが、途中でオルガンに移っていく。リンゴの強いビートにリヴォンが絡む。激しいニールと、それに穏やかに応えるクラプトンのコントラストに、ロニー・ウッドが流暢なスライドで切り込んでくる。しばらくすると、上手からロビーがスティーヴン・スティルスを引っ張り出してきた。『4ウェイ・ストリート』よろしく、ギター・バトルが始まる。しかし、ここでいきなり暗転してテロップが流された。6時間以上の収録にカメラが耐えられなかったのだ。CDには、ほぼ同じのメンバーによるテンポの早い「ジャム#1」も収録されている。

2種類のオーディオ・コメンタリーも映画特別編に収録された。ひとつはロビーとマーティン・スコセッシ監督による詳細な解説。注目すべきはもう一方で、ザ・バンドの残りのメンバーや、ドクター・ジョンなどの出演者、製作総指揮のジョナサン・タプリンといった裏方たちの興味深い話が次々と挿入されていく。

ジョン・サイモンは、ジョニ・ミッチェルの「コヨーテ」などで、コードを細かく書いたカンニング・ペーパーをメンバーに見せていたという。ガースは「自分が入る前のホークスは『スターダスト』を弾くのに3つしかコードを使わなかったが、自分が17個もコードを加えた」と証言している。ロニー・ホーキンスは「自分は出世の足がかりだ。一生懸命練習して上手くなれば、きっとだれかが引き立ててくれる、と言った」という想い出話をする。ここには書物を超えた情報量が詰まっているのだ。

(サエキ)

ザ・バンドの編集アルバム

犬伏 功

76年発売の①は、同年6月にスタートした最後の米国ツアーに合わせてリリースされた初のベスト・アルバムで、デビュー作から『南十字星』まで、『ムーンドッグ・マチネー』を除く6枚のアルバムから選ばれた10曲に、未発表曲「たそがれの流れ者」を加えたもの。「たそがれ〜」は本ベスト発売後に米英日でシングル・カットされている。

②は映画『ラスト・ワルツ』の公開に合わせ、78年に発売されたロビー・ロバートソン選曲による2枚組ベスト。『アイランド』までの8枚のアルバムからチョイスされており、82年以降はそれぞれ『Vol.1』、『同2』として分売されるようになった。

③は89年に英国で企画された初の懐古的編集盤で、ロブ・ボウマンがロビーの協力を受けて選曲、マスタリングを名手ボブ・ラドウィグが手がけている。英国ではアナログ盤とCD、カセットの3フォーマット(米はCDのみ)で発売され、当時は音の良さが高く評価された。73年にシングルB面のみでリリースされた「ゲット・アップ・ジェイク」が初LP/CD化、録音日は不明ながら3曲の未発表ライヴ、チャック・ベリーの「バック・トゥ・メンフィス」、フォー・トップスの「ラヴィング・ユー・イズ・スウィーター・ザン・エヴァー」、『偉大なる復活』収録のものとは別日の「エンドレス・ハイウェイ」が発掘されたことも大きな話題となった。

④はCDボックスのブーム真っ只中の94年にリリースされた、ザ・バンド初の〝箱もの〟で、ホークス時代から続く彼らの全キャリアを俯瞰した初の作品となった。全58曲中10曲が本作で初登場となっており、3枚のCDのうち2枚にオリジナル・スタジオ・アルバム7作からの曲を収め、3枚目にレア・トラックを集約している。のちに問題となるワトキンス・グレンのライヴも本作が初出である。

その問題となったライヴ・アルバムが95年発売の⑤。73年7月28日にニューヨークで行

①The Band
The Best of The Band
Capitol/ST-11553 1976年

②The Band
Anthology
Capitol/SKBO-11856
1978年

③The Band
To Kingdom Come
英Capitol/EN 5010
1989年

④The Band
Across the Great Divide
Capitol/895652[CD]
1994年

われた《ワトキンス・グレン・サマー・ジャム》でのライヴ録音を、〝完全なテープより収録〟したとの触れ込みで米キャピトルがリリースしたものだが、実際のワトキンス・グレンでの録音は僅か2曲のみ。そのほかは71年12月のアカデミー・オブ・ミュージックから4曲、69年8月のウッドストック・フェスティヴァルから1曲、残る2曲はなんとスタジオ・アウトテイクに歓声を被せたものだった。実はこのアルバム、ザ・バンド自身が73年に編集したもので、〝Is Everybody Wet?〟のタイトルで74年にリリースされる予定だったらしい。それはそれで貴重な作品だが、ワトキンス・グレンのライヴだと中身を偽ってリリースしてしまったことに関しては問題と言わざるを得ない。本書においてこのアルバムを編集盤のひとつとして取り上げたのはそのためだ。

⑥は00年に発売されたCDフォーマットのみの編集盤で特に珍しい録音は含まれていないが、同年に発売された各アルバムの24Bitリマスター盤からチョイスされたCD時代を代表するベスト・アルバム。

一方の⑦はオランダのみで発売されたユニークな企画盤で、CD3枚のうち2枚はリヴォン&ザ・ホークスの曲から始まるザ・バンドの歴史を追ったベスト、3枚目はメンバーのソロと90年代にリリースされた〝新生〟ザ・バンドによる3枚のアルバムに焦点を当てている。本作にはさらにDVDが付属しており、ここには蘭の音楽ジャーナリストで音楽家、テレビ司会者でもあるレオ・ブロホイスによるザ・バンドの音楽解説と同地のトリビュート・バンドによる演奏が収められている。

⑧はフィジカル・リリースがなく、配信およびサブスクリプション・サービスでのみ聴くことができる編集盤だが、重要と思われるので最後に紹介しておきたい。これは00年にリリースされたアルバムのリマスター盤に収められたボーナス・トラックのみを集めた米キャピトルによる公式なリリースで、初登場のトラックこそないものの、タイトル通り当時未発表だったスタジオ・デモやアウトテイクが一気に聴ける便利な編集盤となっている。

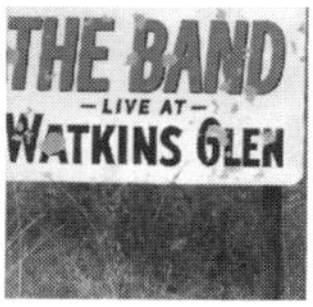

⑤The Band
Live At Watkins Glen
Capitol／CDP724383174225［CD］1995

⑥The Band
Greatest Hits
Capitol／724352494125［CD］2000年

⑦The Band
Collected
蘭Universal／534265-8［CD］2013年

⑧The Band
Capitol Rarities 1968–1977
Capitol／番号なし（配信のみ）2015年

The Band
A Musical History

Capitol／724357740906［CD + DVD］
発売:2005年9月27日

［1］1. Who Do You Love - Ronnie Hawkins & The Hawks / 2. You Know I Love You - Ronnie Hawkins & The Hawks / 3. Further On Up The Road - Ronnie Hawkins & The Hawks / 4. Nineteen Years Old - Ronnie Hawkins & The Hawks / 5. Honky Tonk - Levon & The Hawks / 6. Bacon Fat - Levon & The Hawks / 7. Robbie's Blues - Levon & The Hawks / 8. Leave Me alone - Canadian Squires / 9. Uh Uh Uh - Canadian Squires / 10. He Don't Love You - Levon & The Hawks / 11. (I Want To Be) The Rainmaker (Song Sketch) - Levon & The Hawks / 11. The Stones I Throw (Song Sketch) - Levon & The Hawks / 12. The Stones I Throw (Song Sketch) - Levon & The Hawks / 13. The Stones I Throw - Levon & The Hawks / 14. Go Go Liza Jane - Levon & The Hawks / 15. Can You Please Crawl Out Your Window - Bob Dylan / 16. Tell Me Mama - Bob Dylan / 17. Just Like Tom Thumb's Blues - Bob Dylan / 18. Words And Numbers (Song Sketch) / 19. You Don't Come Through (Song Sketch) / 20. Beautiful Thing (Song Sketch) / 21. Caledonia Mission (Song Sketch) / 22. Odds And Ends / 23. Ferdinand The Imposter / 24. Ruben Remus / 25. Will The Circle Be Unbroken ［2］1. Katie's Been Gone / 2. Ain't No More Cane / 3. Don't Ya Tell Henry / 4. Tears Of Rage / 5. To Kingdom Come / 6. In A Station / 7. The Weight / 8. We Can Talk / 9. Long Black Veil / 10. Chest Fever / 11. Lonesome Suzie / 12. This Wheel's On Fire / 13. I Shall Be Released / 14. Yazoo Street Scandal / 15. I Ain't Got No Home / 16. Orange Juice Blues / 17. Baby Lou / 18. Long Distance Operator / 19. Key To The Highway / 20. Bessie Smith ［3］1. Across The Great Divide / 2. Rag Mama Rag / 3. The Night They Drove Old Dixie Down / 4. When You Awake / 5. Up On Cripple Creek / 6. Whispering Pines / 7. King Harvest (Has Surely Come) / 8. Get Up Jake / 9. Jemima Surrender / 10. Daniel & The Sacred Harp / 11. Time To Kill / 12. All La Glory / 13. The Shape I'm In / 14. Stage Fright / 15. The Rumor / 16. Slippin' & Slidin' (Live) / 17. Don't Do It (Live) / 18. Strawberry Wine (Live) / 19. Rockin' Chair (Live) / 20. Look Out Cleveland (Live) / 21. 4% Pantomime ［4］1. Life Is A Carnival / 2. When I Paint My Masterpiece / 3. The Moon Struck One / 4. The River Hymn / 5. Don't Do It (Live) / 6. Caledonia Mission (Live) / 7. Smoke Signal (Live) / 8. Unfaithful Servant (Live) / 9. W.S. Walcott Medicine Show (Live) / 10. Genetic Method (Live) / 11. Chest Fever (Live) / 12. (I Don't Want To Hang Up My) Rock 'N' Roll Shoes (Live) / 13. Loving You (Is Sweeter Than Ever) (Live) / 14. Endless Highway / 15. Move Me (Song Sketch) / 16. Two Piano Song / 17. Mystery Train ［5］1. Ain't Got No Home / 2. Share Your Love / 3. Didn't It Rain / 4. Forever Young - Bob Dylan / 5. Rainy Day Women #12 & 35 (Live) - Bob Dylan / 6. Highway 61 Revisited - Bob Dylan / 7. Ophelia / 8. Acadian Driftwood / 9. It Makes No Difference / 10. Twilight (Song Sketch) / 11. Christmas Must Be Tonight / 12. The Saga Of Pepote Rouge / 13. Livin' In A Dream / 14. Forbidden Fruit (Live) / 15. Home Cookin' / 16. Out Of The Blue / 17. Evangeline - Emmylou Harris / 18. The Night They Drove Old Dixie Down (Live) / 19. The Weight - with The Staples ［DVD］1. Jam/King Harvest / 2. Long Black Veil / 3. Rockin' Chair / 4. Don't Do It / 5. Hard Times (The Slop) ~ Just Another Whistle Stop / 6. Genetic Method ~ Chest Fever / 7. Life Is A Carnival / 8. Stage Fright / 9. Georgia On My Mind

ロビー・ロバートソンが00年に始まったアルバム・リマスターの監修者、シェリル・ポーレスとアンドリュー・サンドヴァルとともに完成させたタイトルに偽りなし、ザ・バンドの音楽的集大成にして究極のボックス・セット。A4サイズを超える大判のハード・カヴァー仕様の装丁には6枚のディスクとともに美しい写真やロブ・ボウマンの解説を記した108ページのブックが綴じられている。

ここでは94年の『グレイト・ディヴァイド・ボックス』のようにレア・トラックを巻末に纏めたりはせず、ホークス時代を皮切りにあらゆる録音を時系列に並べ、彼らの音楽的変遷がしっかり俯瞰できるよう配慮している。先の『グレイト〜』で甘さが指摘されていた録音データの類も、綿密なリサーチによりアップデイトされており、資料性の高さも充分だ。アルバム再発のボーナス・トラックとして、アウトテイクなど多数の貴重な録音が既に発掘済みながら、本ボックスに収録された102曲中、実に37曲が初登場の未発表録音（初音盤化の映像音源も含む）というのが驚きだが、ボブ・ディランとの接点についてもスペースが割かれ、〝地下室〟の未発表テイクなど重要なトラックの発掘も抜かりない。本ボックスには5枚のCDに加えDVDが付属しており、9曲（メドレーの2曲を含む）のライヴ映像を収録、「キング・ハーヴェスト」のプロモーション用ライヴ・フィルムをはじめ、映画『フェスティヴァル・エクスプレス』未収録の2曲や76年の米TV『サタデイ・ナイト・ライヴ』出演時のスタジオ・ライヴ全曲など、これまで存在が知られながらも公式に観ることができなかった映像が、考えうる最良の状態で収められている。

（犬伏）

ザ・バンドの映像作品

納富廉邦

ザ・バンドが公式に発表した映像作品は、とても少ない。とくに1978年までのザ・バンドが演奏しているライヴとなると、マーティン・スコセッシ監督の『ラスト・ワルツ』(78年)だけだ。もちろんリックの事故や人前にあまり出なかったというザ・バンド側の事情もあるが、そもそもライヴ映像が商品として流通し、ミュージック・ヴィデオが一般的になるのは80年代以降のこと。だから、時代を先取りしていた『ラスト・ワルツ』は日本でもロードショー公開されると大ヒット作品となったし、ダニエル・ロアー監督の『ザ・バンド　かつて僕らは兄弟だった』(19年)がとても貴重に見えるのだ。

とはいえ、映像作品が全くない訳ではなく、96年と97年にザ・バンドの活動を振り返る形のドキュメンタリーが発売されている。ひとつは、再結成したザ・バンドが95年から96年にかけて行ったツアーに合わせて発売された、『ザ・バンド　オーサライズド・バイオグラフィ』(95年/日本未発売)。主に写真を使って、ホークスから再結成以降までを横断的に紹介している。エリック・クラプトン、ジョン・ハモンド、エミルー・ハリス、ジョージ・ハリスン、アル・クーパー、カール・パーキンス、フィル・ラモーン、トッド・ラングレン、リンゴ・スター、ボブ・ウィアーらによるコメントも収録された。

もうひとつは97年に発売された、セカンド・アルバムの製作過程をメンバー自身が振り返る形で構成した『メイキング・オブ・ザ・バンド』。こちらには、レコーディング当時の5人揃ったセッション風景だけでなく、ビデオが製作された97年の時点での、リヴォン、ロビー、リック、ガース、それぞれの演奏シーンも見ることができる。中心となるコンテンツは、リヴォンやロビーが、ミキサーの前に座り、セカンド・アルバムのマルチ音源から、トラック単位で音を抜き出したり重ねたりしながら、それぞれの曲のアレンジやコー

Classic Albums: The Band
メイキング・オブ・ザ・バンド
日本コロムビア［DVD］
発売：2003年

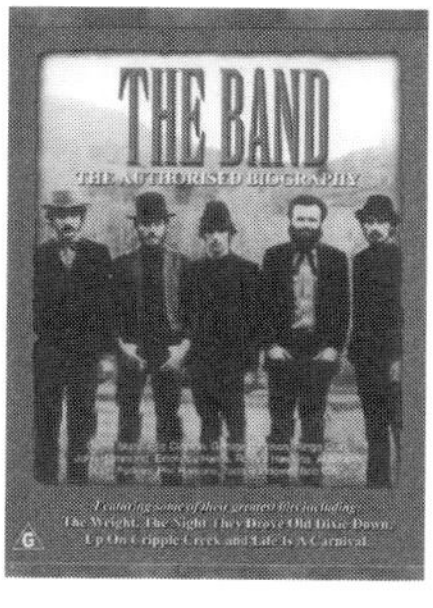

The Band: The Authorized Biography
Universal［DVD］
発売：2001年

ラスの特徴を解説していくもの。もちろん、リヴォンとロビーは別の場所、別の卓の前にいる。リヴォンは細かく曲の構造を解説するのに、一切ロビーの話もギターの話もしない。しかし、彼の曲と歌詞の良さは嬉しげに語るし、ロビーもリヴォンの功績を語る。そして、どちらのコメントからもザ・バンドの曲が大好きであるという感情が溢れている。

ピアノで「オールド・ディキシー・ダウン」を弾き語るロビー。スネアを引っ掻いて、独特な音を作る方法を実演して見せるリヴォン。クラヴィネットを効果的に使うテクニックを見せるガース。当時の演奏に重ねるようにギターを弾き、歌うリック。この作品のために撮り下ろされた映像には、時間を経たからこそ映し出される音楽家としての姿がある。また、ジョージ・ハリスンやエリック・クラプトンが、ロビーのギター・プレイについて解説したり、ジム・ケルトナーがリヴォンのドラミングを称賛したりと、ゲストのコメントが個人的かつ具体的なことも興味深い。

単独作品以外では、04年に発売された『フェスティバル・エクスプレス』がある。70年当時のザ・バンドによるライヴ、「スリッピン・アンド・スライディン」「ザ・ウェイト」「アイ・シャル・ビー・リリースト」を見ることができる。エッジの効いた硬めの音と、速めのテンポが新鮮だ。移動中の列車では、リックのギターに合わせて隣に座ったジャニス・ジョプリンが歌い、ジェリー・ガルシアがソロを取る「エイント・ノー・モア・ケイン」が聴ける。酔っぱらいミュージシャン達の笑顔は見飽きることがない。

また、マーティン・スコセッシ監督によるボブ・ディランのドキュメンタリー『ノー・ディレクション・ホーム』（05年）の後半、66年年5月のロイヤル・アルバート・ホールでのライヴシーンで、ホークスとしてリヴォン以外の4人が登場。ディランと共に「テル・ミー・ママ」を演奏中、「ゴミだよ」「フォークを見に来たのにバンドなんて」と話す客の映像が挟まれる。終演後の楽屋でうつむいて爪を弄るロビーの姿に、メンバーの焦燥が現れているように見えた。

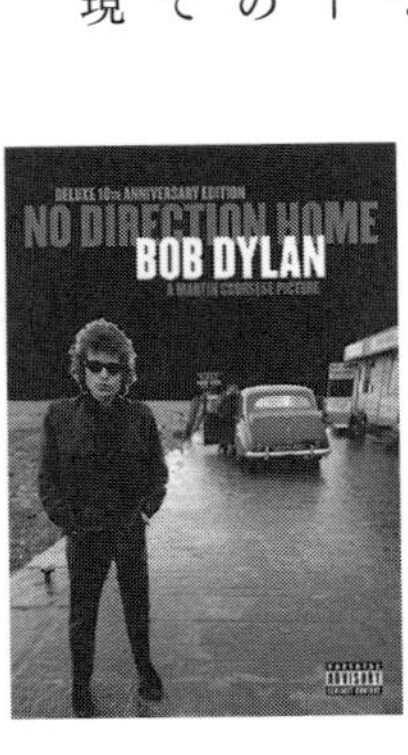

No Direction Home
ノー・ディレクション・ホーム
ユニバーサル［Blu-ray］
発売：2016年

Festival Express
フェスティバル・エクスプレス
キングレコード［Blu-ray］
発売：2020年

Robbie Robertson And The Band
Once Were Brother

ザ・バンド かつて僕らは兄弟だった
TCエンタテインメント［DVD］2021年

監督：Daniel Roher
プロデューサー：Lana Belle Mauro, Stephen Paniccia, Andrew Munger, Sam Sutherland
配給：United Artists
公開：2019年9月5日

ダニエル・ロアー監督の映画『ザ・バンド かつて僕らは兄弟だった』は、原案こそ『ロビー・ロバートソン自伝 ザ・バンドの青春』とクレジットされているが、その目指すところは大きく違っている。ロビー自ら執筆したという自伝の大部分を占める個人的な回想はほとんど採用せず、映画の素材のひとつとして他の資料と同列に扱っているのだ。劇中でロビー自身のコメントは多用されるものの、それぞれのエピソードを短く刈り込み、なるべく当時の映像や写真、メンバー以外の人々の発言によって構成されている。こうして必要以上に情緒的になることを回避し、〝ザ・バンドが兄弟だったというのは、どういうことなのか〟という、映画のテーマをクッキリと浮かび上がらせているのだ。ザ・バンドをリアルタイムで聴いていない、後追いの世代である監督の慧眼だろう。

親はロニー・ホーキンスで、血は音楽。アイディアを思いつけば、すぐに集まって曲を作り、レコーディングする姿を描く。それは、新しいゲームを買ったらまず、いつもそばにいる連中と遊ぶのが当たり前だという、よくある兄弟の姿と重なるのだ。音楽で繋がっている間は、凄いことができる。目指す音楽が違ってしまったら、もう兄弟ではいられない。だから《ラスト・ワルツ》には、あれだけ沢山の他人が必要だった。大勢の仲間に紛れて兄弟でいる必要がなくなったから、みんな楽しそうに演奏できたのだ。不良でもマッチョでもない、革ジャンも着ないし反抗的でもない。しかし、それまでになかった新しいロックを作り出す奇跡がなぜ起こったのか。この映画は、仲間や絆といった抽象的な関係ではない〝兄弟〟についての寓話なのだ。（納富）

『ローリング・ストーン』1968年16号（8月24日付）の表紙。
初めてザ・バンドを特集したこの記事が時代を変え、ロックに“ルーツ”という目線を追加させたのだ。

WANTED

DEAD OR ALIVE

Chapter 3
70's Rock Albums Under The Influece Of The Band

SHINICHI OGAWA
KOJI WAKUI

REWARD

のちのちまで活かされたザ・バンドの語法といまも北米の音楽シーンにたゆたう残像

小川真一

ザ・バンドの登場が、アメリカのロックにいかなる影響を与えたかを考えてみる。結論から先に書けば、アメリカ国内では英国ほどその影響が顕著ではない。言わば〝ザ・バンド・ショック〟と言えるものが、あまり見当たらないのだ。

英国の場合は、わかりやすい。『ビッグ・ピンク』の発売以降、ブルース・ロックをやっていたグループが突然ザ・バンドの影響をもろに受けたアルバムを作った、という事例が多数ある。方向転換を迫られるだけの衝撃を与えられたことは確かなのだろうが、これではまるで答えを急がされた生徒のようではないか。

ある意味〝ねじれた〟現象は、英米の憧憬の度合いの違いによるものだろう。英国には、遠く離れたアメリカに対する強い憧れがある。その対象はフォークであり、ブルーズであり、カントリー・ミュージックだった。ただ憧れていただけではない。なんとかロックに取り込もうとして試行錯誤していたものだから、ザ・バンドが先に成しえてしまったことに驚いたのだ。もちろん、ロック／ポップスの本場に対するコンプレックスもあった。そんなあれやこれやが渾然一体となって、彼らを突き動かしていったのだと思う。

アメリカ国内の場合は、もう少し冷静にザ・バンドの音楽を受け止めていたのではないだろうか。もしかしたら、あんなアプローチならいつでもできる、といった根拠のない自信があったのかもしれない。だから、ザ・バンドの登場によって大きく進路を変えていったグループは、英国ほど見受けられないのだ。

それよりも、ザ・バンドが米国ロックに与えた大きな影響がある。ルーツに基づいた音楽を、自分たちの解釈でロックにとりこんでいく。この方法論を具現化したザ・バンドが、目の前に現れた。間接的だけど、途轍もなく大きな影響だったと思う。だから、有効性を確信した数多くのグループが大空へと羽ばたいていったのだ。裏を返せば、ザ・バンドの登場がなかったら、ボニー・レイットも、ライ・クーダーも、リトル・フィートも、ニッティ・グリッティ・ダート・バンドも、世に出てこなかったかもしれない。

この方法論は、新しいバンドやミュージシャンに対してだけでなく、レコード会社にも大きく作用した。土臭く、都会的ではない音楽が、セールスの対象になることを指し示したのだ。ザ・バンドの成功は、レコード業界が新たな鉱脈として第二の彼らを探し求める動きへとつながった。もちろんその前から、ボブ・ディランという存在があったのだが、彼のキャリアはあくまでロックではなく、フォークのカテゴリーからスタートしている。サイケデリック・ムーヴメントのような危なっかしい流行を追うよりも、地に足のついた音楽のほうが、安定性がありそうだ。レコード会社のA&Rたちは、そんな風に考えたのではないだろうか。

さらなる影響は、〝ザ・バンドという語法〟が確立したことに起因している。荒涼感をもった歌声や、男たちのダミ声によるコーラスは、ザ・バンドの登場以前にはなかった。カントリー・ミュージックの定形にあるマッチョさとは、まるで違っている。男らしさの中にある情けなさと言おうか、泣きはらしたあとの清々しさと言おうか、より個人的で、より内省的だ。この〝語法〟は、シンガー・ソングライターに受け継がれていった。

例えば、1969年にポリドールからソロ・アルバムを出したフーヴァー（ウィリス・デイヴィッド・フーヴァー）などは、〝ひとり〟ザ・バンドとでも言いたくなるような佇まいをみせている。ほかにも、ジェシ・ウィンチェスターの同名ソロ・アルバム（70年）や、カレン・ダルトンのセカンド・アルバム『イン・マイ・オウン・タウン』（71年）などで、ザ・バンド的な〝語法〟が聞かれる。こんな枯れきった歌唱スタイルが定着していったのも、ザ・バンドが与えた影響のひとつだろう。

この〝語法〟は、白人が南部のソウル・ミュージックやゴスペルを、コピーではない方法で自分たちのものにしていった結果だといえる。ゴスペルの転用は、以前からあったブルー・アイド・ソウルを進化させたもので、スワンプ・ロックとも共通している。重要なのはロックとしての立脚点が明確であることだ。

逆に、ザ・バンドからゴスペル・ミュージックへの影響もあったはずだ。ザ・ステイプル・シンガーズが68年に出したアルバム『ソウル・フォーク・イン・アクション』で、ザ・バンドの「ザ・ウェイト」がカヴァーされていることに注目したい。このアルバムは、ステイプルズがスタックス・レコードと契約して、ゴスペルのフィールドからソウル・ミュージックの世界へと歩み始めた、ターニング・ポイントとなる作品だ。環境が変化していく中で、ザ・バンドの楽曲にも深い関心を示していたのだろう。演奏自体も、素晴らしい解釈の結果だ。そこから8年が経った76年に、ステイプル・シンガーズとバンドは『ラスト・ワルツ』のスタジオ・セッションで共演することになる。

ゴスペルと並んで、カントリー・ミュージックもザ・バンドの大きな滋養となっている。ただし、南部の快活さとは無縁で、どこか湿り気を帯びているけれど。当時の進行形だったカントリー・ミュージックではなく、ひと世代もふた世代も前のジミー・ロジャースやハンク・ウィリアムスがもっていた、ロンサムな感覚に近いのだ。ザ・バンドとは違った行程で真新しいカントリー・ミュージック＝カントリー・ロックを摑みとっていったのが、グラム・パーソンズであり、彼が率いたザ・フライング・ブリトー・ブラザーズだ。

ザ・バンドを経由し、ブリトー・ブラザーズを横目で見ながら自分たちの音楽を作り出していったグループも多い。ＡＢＣレーベルからデビューしたチェロキーや、のちにザ・ドゥービー・ブラザーズに合流するジョン・マクフィーが在籍していたクローヴァーなど、ザ・バンド的な要素とカントリー・ロックとが入り混じったグループも多く存在していたのだ。

とはいえ、異様なほどザ・バンドと似通ったグループも登場してきた。その最初のグループが、カナダ出身のジェリコだ。ウッドストックのベアズヴィル・スタジオで録音、プロデュースはハウス・エンジニアでもあったトッド・ラングレンが務めた。ジャケットの裏には、ガース・ハドソンへの謝辞も記されている。メンバーの風

この無骨な男たちはザ・バンドにしかみえない。
75年にカプリコーンからデビューした奇跡のようなバンドが、ブルー・ジャグだ。

体までザ・バンドに似ていたので、彼らのローディーだったのではないかと噂されたほどだ。

70年にヴァンガード・レコードからデビューしたトライアルズ・アンド・トリビュレーションズも、とてもザ・バンドと似通った雰囲気をもっていた。リヴォン&ザ・ホークス時代のロビー・ロバートソンの曲をカヴァーしていたので、ザ・バンドの大ファンであったのだろうか。そのストイックな態度も、そっくりだった。

ザ・バンド・フォロワーの決定打が、75年にカプリコーンからアルバムを出したブルー・ジャグだ。ジャケットに写る無骨な風貌もそっくり。ザ・バンドがつくりそうな曲を、ザ・バンドのような声で歌う。しかし、彼らは単なるイミテーションではなかった。

その後のザ・バンドの系譜を簡単に追ってみよう。80年代に登場したザ・コールやボディーンズに彼らの隔世遺伝が感じられる。2000年に『ファームハウス』を発表したフィッシュも、この頃はザ・バンドの音楽に急接近していたと言っていいだろう。また、オルタナ・カントリーのザ・ジェイホークスも、ザ・バンドの遺伝子を受け継いだグループだ。

英国やアイルランドのグループには真似できなかったザ・バンドの高度な〝フィクション〟

和久井光司

英国やアイルランドに限って言えば、ボブ・ディランとザ・バンドの共演は、ミュージシャンや音楽業界人にとっての最大の関心事だった。なぜなら66年5月の英国ツアーにおけるディラン&ザ・ホークスが、フォーク・ロックを経て本格的に始まった〝ロック〟の手本と受け取られていたからだ。

音楽産業の中心地であるニューヨークとロサンゼルスに加え、ナッシュヴィルやメンフィスといった場所にも〝制作の拠点〟があるアメリカとは違って、ヨーロッパの音楽界はロンドンを中心にまわっている。60年代に入ってアメリカの大衆には受けなくなったロックンロールや黒人層にしか人気がなかったブルーズやR&Bは、英国のビート・バンドによって改変され、モッドな若者たちの必須アイテムとなった。62年、カリフォルニアではサーフィン／ホット・ロッドのブームが始まり、(ニューヨークの) ブリル・ビルディング産のアメリカン・ポップスに対抗するLAサウンド（ソフト・ロックやAORもビーチ・ボーイズ以後のカリフォルニア・ポップの流れに属すると言っていい）がつくられ始めるのだが、〝周回遅れ〟となった50年代組や黒人ブルーズマンは英国に活路を求めた。それは、ビートルズをはじめとするビート・バンドがアメリカに侵略する〝下地づくり〟に大いに貢献することにはなったが、ディキシーランド・ジャズを勝手にエンタテインメント化した〝トラッド・ジャズ〟と〝ポップス〟の境がほとんどなかった英国では、ロックンロールもポップスの中に取り込まれていたと言っていい。ビートルズが新しかったのは、そういう英国のゴッタ煮感、もしくは〝誤解〟の極致とも思えるロックンロールやR&B、ソウルのノー天気な模倣で、最先端の〝ポップ〟（ルーツ無視だからできたことだ）を提示したことだ。つまり、「ロックとは」という意識は、

60年代前半のバンドにはなかったのである。

　ミュージシャンもリスナーも、売れる・売れないという認識しかなく、芸術性や文化的価値にはまったく無自覚だった時代に、「ロックとは」を突きつけたのはボブ・ディランの〝フォーク・ロック〟だった。65年5月の英国ツアーを記録した映画『ドント・ルック・バック』には、弾き語り時代のディランが執拗に「フォークとは」の答えを求められるさまが記録されている。意識的には〝フォーク・シンガー〟でありながら、ウディ・ガスリーやピート・シーガーのスタイルを守ろうとはしなかったディランは、商業的な成果に左右されないアーティストの立場を音楽産業の中で確立するために、ビートルズ以後の〝ポップ〟に生き続けていたロックンロールやR&Bの要素を使って〝フォーク・ロック〟に踏み込んだのだ。65年3月の『ブリンギング・イット・オール・バック・ホーム』でロックのバンド・サウンドを取り入れたディランは、(5月の英国ツアーまでは弾き語りを続けたものの)7月のニューポート・フォーク・フェスティヴァルにはバターフィールド・ブルース・バンドを伴って登場し、〝ポップ〟の中に音楽的な要素としてロックンロールを置いていたジョン・レノンに〝文化的意識の高さ〟を見せつけるように〝フォーク・ロック〟を具現化したのである。

　エレキを持ったディランにニューポートの観客はブーイングで応えたが、『追憶のハイウェイ61』からの先行シングルとしてその直前に発売された「ライク・ア・ローリン

Bob Dylan
The Great White Wonder

Trademark Of Quality／
番号なし：1969年9月

[A]
1. Candy Man A Bonnie Beecher's apartment 12-22-61
2. (As I Go) Ramblin' 'Round A
3. Black Cross A
4. I Ain't Got No Home A
5. The Death of Emmett Till B WBAI-FM NYC 5-62
6. Poor Lazarus A

[B]
1. Baby Please Don't Go A
2. Interview by Pete Seeger B
3. Dink's Song A
4. See That My Grave Is Kept Clean A
5. East Orange New Jersey A
6. Man of Constant Sorrow A

[C]
1. Bob Dylan's New Orleans Rag C Studio Outtake
2. If You Gotta Go, Go Now (Or Else You Got to Stay All Night) C
3. Only a Hobo C
4. Sitting On a Barbed Wire Fence C
5. Mighty Quinn - take 1 D Basement Tapes 10-67
6. This Wheel's on Fire D

[D]
1. I Shall Be Released D
2. Open the Door, Homer - take 1 D
3. Too Much of Nothing - take 2 D
4. Nothing Was Delivered -take 1 D
5. Tears of Rage -take 2 D
6. Living the Blues E The Johnny Cash TV Show 5-1-69

グ・ストーン」は全米2位まで上がる（ディラン自身のシングルとしては初の）大ヒットとなり、〝ロックの時代〟が始まったのだ。

英国勢が初めて〝ディランのロック〟を目撃したのが66年5月のディラン&ザ・ホークスによる英国ツアーで、ロンドンのロイヤル・アルバート・ホール公演にはビートルズ、ストーンズはもちろん、デイヴィッド・ボウイやマーク・ボランから、のちにパンク・ロックを始める連中まで、「みんないた」と話してくれたのはジ・オンリー・ワンズのピーター・ペレットだった。「痙攣しながら唄ったのはあのときのディランが最初だし、ホークスの演奏はザ・バンドになってからとは違って、グラム・ロックやパンクに繋がる鋭角的なものだった。のちのロックのすべてがあそこにあった」と、66年のディランにいまもそっくりなペレットは言った。

ところがその2か月後にディランはバイク事故を起こし、『ブロンド・オン・ブロンド』のみが残されることになったのだ。67年春から約半年かけてウッドストックのビッグ・ピンクで行われたディランとザ・バンドのセッションから、ディランの新曲を収録したアセテート盤やテープが出回ったことから、68年になってそういうデモ録音が行われていたことが知られるようになったのだが、67年12月27日に突然リリースされたディランの新作『ジョン・ウェズリー・ハーディング』にザ・バンドの影はなく、デモからカヴァーしたマンフレッド・マンの「マイティ・クイン」などがヒットした。そして68年7月にはザ・バンドが予想以上にカントリー・ロック的な『ミュージック・フロム・ビッグ・ピンク』でデビューしたことで、リスナーは煙に巻かれるのである。

英国/アイルランド勢の〝ザ・バンド的なもの〟に色濃いのは、戸惑いの中で彼らが手にしたであろうロック界初の海賊盤 "The Great White Wonder" からの影響だ。デビュー前のミネアポリス・テープや、のちに『ブートレッグ・シリーズ』に収められるアウトテイクを経て、ビッグ・ピンクで録音されたデモと、『ジョニー・キャッシュ・ショウ』でのライヴまで収めた海賊盤はディランの謎を埋めるものではあったが、『ビッグ・ピンク』〜『ブラウン・アルバム』というザ・バンドの収穫を分析する足しにはならず、〝肩の力の抜けたラフな演奏〟を〝ザ・バンド的〟と誤解させる結果もまねいてしまう。〝雰囲気〟は認めるけれど、そこにはザ・バンドが描いた〝フィクション〟に匹敵するものはない。だからか、妙にカントリーっぽいものより、私はプロコル・ハルムの『ア・ソルティ・ドッグ』や『グランド・ホテル』に〝ザ・バンド〟を感じるのだ。

ザ・バンドを起点とする1970年代ロック・アルバム102選

小川真一、和久井光司

The Bear
Greetings, Children Of Paradise

Verve Forecast／FTS-3059：1968年

元ブルース・マグースのメンバーでソングライターとして活躍するエリック・カズ、ハッピー&アーティーのアーティー・トラウム、ボブ・ディランのローリング・サンダー・レヴューに参加するスティーヴン・ソールズ。この三人が組んだ、早すぎたスーパー・グループ。フォーク畑出身ながら、ザ・バンドのデビューと同じ時期に、このようなロックへのアプローチがおこなわれたのが興味深い。おなじ東海岸出身であるし互いに影響しあったのだろう。（小川）

Bodine
Bodine

MGM／SE-4652：1969年

このようなアーシーで南部系の音をもつバンドがデビューできたことも、ザ・バンドの効用であった。前身はシアトルで活躍していたローカル・バンドのザ・ポップコーン。ロスに出てきてボディーンと名前を変え、MGMレコードからデビューした。カントリー・ロック的な曲調にソウル・フィールのこもったヴォーカルをブレンドしていくのは、ザ・バンドから受け継いたスタイル。プロデュースが元カウシルズのビル・カウシルだというのが面白い。（小川）

The Corporate Body
Prospectus '69

MGM／SE-4624：1969年

ジャケットを見ていただいたとおり、ザ・バンドの連中とは風体がまるで違っているのだが、ゴスペルをロック的に解釈するところや、気骨のあるヴォーカルなど、意外なほど共通項が多い。男気グループの系譜としてみると、彼らの存在感が光りだす。その後とりたてて活躍したメンバーもいないのだが、ギタリストのウォルター・メスケルはロサンゼルスに出てレッキング・クルーの面々と共演、マイケル・マッギニスのアルバムなどにも参加している。（小川）

Country Joe & The Fish
Here We Are Again

Vanguard／VSD-79299：1969年

ザ・バンドも思想の違いがあったのなら、カントリー・ジョー&ザ・フィッシュになったかもしれない。彼らにあってザ・バンドにないものは、諧謔と皮肉と痛烈な体制批判。それはアメリカそのものをどのように捉えるかの違いでもあったのだ。米国のルーツ・ミュージックを自分たちのアイデンティティに据えたところ、それをロックのイディオムに変えていったことなど、ザ・バンドとの共通項が多く、再評価の待たれるグループだといえるだろう。（小川）

Great Speckled Bird
Great Speckled Bird

Ampex／A10103：1969年

カナダのフォーク・デュオ、イアンとシルヴィアが69年に結成したのが、このグレイト・スペクルド・バード。本格的なカントリー・ロックのフォーマットにしたのは、ザ・バンドからの影響があったからだろう。ベン・キースのペダル・スティールと、若き日のエイモス・ギャレットのギターとの壮絶な掛け合いが聞きどころだった。フェスティヴァル・エクスプレスにも参加し、ステージではザ・バンド／ボブ・ディランの「怒りの涙」を歌っている。（小川）

Hoover
Hoover

Epic／BN 26537：1969年

グループのようなネーミングだが、ウィリス・デイヴィッド・フーヴァーのひとりプロジェクト。ミズーリ州で生まれ、若い頃からコーヒー・ハウスで歌っていた。ここまでは凡庸なプロフィールなのだが、なぜ彼がこうした枯れきったサウンドに至ったのかは不明だ。荒涼としたバッキングで、落ち着いたヴォーカルを聞かせている。ザ・バンドと見紛うような世界観だ。音楽を引退した彼は、小説家としてもうひとつの人生をスタートさせていく。（小川）

Jolliver Arkansaw
Home

Bell／6031：1969年

メンバーをみていくと、シンガー・ソングライターとして大成するエディ・モトウ、ハングリー・チャックに参加するジム・コルグローヴ、ボ・グランパスの時代からカナダのロックを牽引していたジョー・ハッチンソンの名が並んでいる。試行錯誤の部分もあるのだが、メイド・イン・カナダのバンドとして名乗りをあげたアルバムだ。プロデュースはフェリックス・パパラルディで、1曲だけだがレスリー・ウエストがリード・ギターを弾いている。（小川）

Mad River
Paradise Bar And Grill

Capitol／ST-185：1969年

サイケデリックなグループとして紹介されることが多いマッド・リヴァーだが、後にシンガー・ソングライターとしてソロ・デビューするロウレンス・ハモンドがバンドの舵を握っていたこともあり、サイケな装いはその一部分でしかない。トラディショナルな音楽をいかに自分たちのロックへと昇華させていくか、その工夫が随所にうかがえる。エレクトリックなブルーグラスを試みたり、変則チューニングを用いたり、さまざまな角度で模索している。（小川）

Motherlode
When I Die

Buddah／BDS 5046：1969年

カナダ出身のバンドで、69年にシングル・カットされた「ホエン・アイ・ダイ」がカナダでは1位を獲得、米国でも18位を記録する大ヒットとなった。この曲のオルガンの使いかた、ゴスペル風のコーラスなどは「ウエイト」を多分に意識したもの。それだけザ・バンドの浸透力があったという証拠でもある。中心メンバーでヴォーカル／キーボードのウィリアム・スミスは、後の76年にアラン・トゥーサンのプロデュースでソロ・デビューを果たしている。（小川）

Reason
The Age Of Reason

Georgetowne／TRS-1002：1969年

アルバムの1曲目がボブ・ディラン／リック・ダンコ作の「火の車」。ザ・バンドに追従するのではなく、自分たちの色合いを加えながら演奏している。ワシントンDCを拠点とするバンドで、トミー・ディドリーのハモンド・オルガンとビリー・ウィンザーのワイルドなギターが、グループの売り物であった。面白いことにこのグループには、ギターの超絶テクニックで知られるダニー・ガットンがゲスト参加。ギターとペダル・スティールを弾いている。（小川）

The Staple Singers
Soul Folk In Action

Stax／STS-2004：1968年

映画『ラスト・ワルツ』のスタジオ・セッションで素晴らしい歌声を聞かせたステイプル・シンガーズだが、彼らが初めて「ウェイト」を演奏したのが、この68年のアルバムだ。ステイプルズとしてもスタックス・レコードと契約し、ゴスペルからソウル・ミュージックの世界へと足を踏み出した記念すべき一枚。ザ・バンドをカヴァーすることは、彼らにとっても大きな冒険だったはず。スタックス・リズムをバックに力強いコーラスを聞かせている。（小川）

Stone Country
Stone Country

RCA Victor／LSP-3958：1968年

「セヴン・ブリッジズ・ロード」の作者として知られるシンガー・ソングライターのスティーヴ・ヤングが在籍していたのが、このストーン・カントリーだ。分類すれば初期のカントリー・ロックになるが、そこにソウル・ミュージックのエレメントが加えられているのがスティーヴ・ヤングならではの流儀。同じ年に彼らは、ザ・バンドの「火の車」とボブ・ディランの「ミリオン・ダラー・バッシュ」をカップリングでシングル・リリースしている。（小川）

The Youngbloods
Elephant Mountain

RCA Victor／LSP-4150：1969年

ジェシ・コリン・ヤング率いるザ・ヤング・ブラッズを、ザ・バンドの系譜の上に置いてみるのはどうだろうか。ブルーズやカントリー・ソングなどのトラディショナルな音楽をバックグラウンドに、ロック・バンドの様式で消化していく。ザ・バンドの発想をさらに自由気ままに発展させていったと解釈できるのだ。ジャケットに描かれているような架空の土地、エレファント・マウンテンで元気に演奏を続けるバンド。そんなイメージが浮かんでくる。（小川）

Brethren
Brethren

Tiffany／TFS 0013：1970年

アメリカを代表するセッション・ドラマーのひとり、リック・マロッタが在籍していたことで知られるグループだ。ドクター・ジョンや、ポコのペダル・スティール奏者、ラスティ・ヤングがゲスト参加するなど、レコード会社もそれなりに力を入れていたのだろう。男気を感じさせるヴォーカルやオルガンの使い方などが、ザ・バンドとの近似値を感じさせる。なによりも、曲の作り方がロビー・ロバートソンととても似通っているのが興味深い。（小川）

Brinsley Schwarz
Brinsley Schwarz

英・United Artists／UAS 29111：1970年

UAに6枚のアルバムを残したブリンズリー・シュウォーツは、ニック・ロウやイアン・ゴム、のちにルーモアを結成するメンバーが在籍したことで知られるパブ・ロックの代表格だが、70年4月の初アルバムではポップ指向よりもザ・バンドからの影響が色濃く出て、一枚だけ異色だ。この路線はさすがに渋すぎると感じたのか、半年後の“Despite It All”でバンドは方向転換するのだが、ここを通過したか・しなかったは非常に大きかったと思う。（和久井）

Carp
Carp

Epic／E 30212：1970年

ヴォーカルのゲイリー・ビジーは、80年にロビー・ロバートソンが映画音楽を手がけるだけでなく自らも俳優として出演して話題となった映画『カーニー』で主役を演じた。ほかにも彼は『ビッグ・ウェンズデー』『バディ・ホリー・ストーリー』など多くの作品に出ている。そのゲイリーが在籍していたのがザ・カープだ。しわがれたハスキーな声、ゴスペルのフィールを伴ったコーラス、重苦しいビートと、ザ・バンド的要素の強いグループだった。（小川）

Cherokee
Cherokee

ABC／ABCS-719：1970年

前身はソフト・ロックのグループとして再評価されたザ・ロブス。その後カントリー・ロック色を強め、チェロキーと改名し再デビューした。土臭いサウンドがトレンドとなったのも、ザ・バンド効果なのだと思う。カントリー・ロック一辺倒ではなく、南部ソウルをロック的に解釈した曲もあり、このあたりはザ・バンドの方向性と繋がっていく。その後彼らはロスに移り住みレコーディング・スタジオを設立、有名なチェロキー・スタジオとなるのだ。（小川）

Clover
Clover

Fantasy／8395：1970年

英国のパブ・ロック・シーンに多大なる影響を与えたアメリカのバンドが、エッグス・オーヴァー・イージーと、このクローヴァーだ。76年にニック・ロウに誘われて渡英、エルヴィス・コステロのデビュー・アルバムのレコーディングに参加した。多少雑食性もあるが、ルーツ・ミュージックとロックとを結びつけていくのが上手かった。メンバーには現ドゥービー・ブラザーズのジョン・マクフィーがいるが、後期にはヒューイ・ルイスも在籍していた。（小川）

Goose Creek Symphony
Goose Creek Symphony

Capitol／ST-444：1970年

第二のザ・バンドとなるべく期待されていたのが、このグース・クリーク・シンフォニーだ。レーベルは同じキャピトル、ジャケットの写真もザ・バンドの雰囲気を継承していた。レコード会社もそのような形でプッシュしたのだが、ザ・バンドのような華がなく、商業的な成功は得られなかった。トラディショナルな要素が強く、米国版のスティーライ・スパンのような感じすらあった。レコード会社の思惑は外れたが、いいバンドに成長し佳作を残した。（小川）

Grinder's Switch
Grinder's Switch

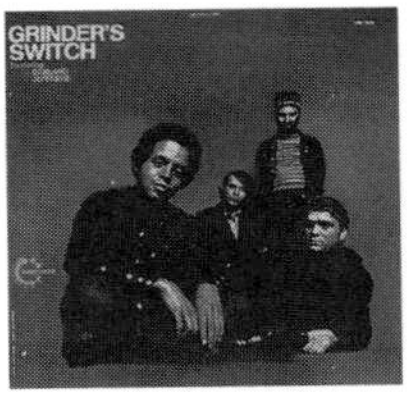

Vanguard／VSD 6550：1970年

おなじような名前のバンドがサザン・ロックにもいるが、こちらはシンガー・ソングライターのガーランド・ジェフリーズが在籍していたグループ。落ち着いた語り口、ハモンド・オルガンの音色、東部らしい抑制の効いたサウンド・ワークなど、ザ・バンドのフォロワーの名に恥じない見事な出来栄えだ。ガーランド・ジェフリーズは3年後にアトランティック・レコードからソロ・デビューし、大活躍を続ける。その第一歩となった重要なアルバムだ。（小川）

John & Beverley Martyn
Stormbringer

英・Island／ILPS 9113：1970年

のちにクラプトンやシャーディのカヴァーで有名になる「メイ・ユー・ネヴァー」の作者として知られるマーティンは、フォーキーな2作のあと当時の妻ビヴァリーとウッドストックで本作と次の"The Road To Ruin"を録音した。リヴォン・ヘルムとハーヴィー・ブルックスのリズム隊、ポール・ハリスのピアノのおかげでウッドストック産の名作と謳われるようになったが、米国ロック基準の人はマーティンのその後の傑作を知らないのが難点。（和久井）

Mason Proffit
Wanted

Happy Tiger／HT-1009：1970年

テリーとジョン・マイケルのタルボット兄弟を中心としたグループで、69年の『ウォンテッド』でアルバム・デビュー。三作目からワーナー・ブラザースと契約し、合計5枚のアルバムを残している。南部ロック的な装いだが繊細で、カントリーとロック・サウンドとの折り合いをつけるのが上手かった。ジョン・マイケル・タルボットは、かのアール・スクラッグスをして「今まで聞いた中で最高のバンジョー奏者」と言わしめたほどの腕前を持っていた。（小川）

Little Feat
Little Feat

Warner Bros.／WS 1890：1970年

ザ・バンドという先駆者がいなければ、リトル・フィートは世に出てこなかったかもしれない。南部的なサウンドに憧れ、それをロック・バンドの中に定着させていく。手法は同じで、ロウエル・ジョージもまた、幻想のアメリカを見つけ出した一人であった。リトル・フィートの志向はザ・バンドと同じように南部の深淵を目指し、ニューオーリンズのファンクにまで到着する。両者は熱さのベクトルが微妙に違うのだが、行き着こうとした所は同じだ。（小川）

The Nitty Gritty Dirt Band
Uncle Charlie & His Dog Teddy

Liberty／LST-7642：1970年

西海岸出身のジャグ・バンドとしてスタートしたニッティ・グリッティ・ダート・バンドだが、70年を境にカントリー・ロック／ルーツ・ミュージックのバンドへと大きく舵をきっていく。その最初のアルバムとなったのが『アンクル・チャーリーと愛犬テディ』。その背景にザ・バンドの成功があったのは言うまでもないだろう。頑なに伝承音楽に固執するのではなく、その姿勢はどこか軽妙。この自由な感覚は、三枚組の『永遠の絆』でも発揮されている。（小川）

Podiṕto
Podiṕto

GRT／GRT 30002：1970年

ザ・バンドの成功以降、アメリカ中から雨後の筍のように数多くのグループが登場してきた。このミネソタ州出身のポディプトもそのひとつ。まるで無名のグループなのだが、「カレンの恋唄」が日本盤のシングルとして発売されていたことがある。男性ヴォーカル2人と女性ヴォーカルを据えた編成で、実に牧歌的で朴訥としている。ジェイムズ・テイラーやリンダ・ロンシュタットなどのオープニング・アクトに出演するなど、実力があったようだ。（小川）

Savage Grace
Savage Grace

Reprise／RS 6399：1970年

ジョン・シーナーとロン・コスによる『シーナー＆コス』は、スワンプ・ロックのファンに人気の高いアルバムだが、この二人が在籍していたのがサヴェージ・グレイスだ。ミシガン州デトロイト出身で、70年のデビュー当時は泥臭いロックを得意としていた。ボブ・ディランの「見張塔からずっと」をヘヴィーなタッチにアレンジするなど、野心も存分に持っていたところが伺える。90年代後半に再結成するがプログレ色の強いグループに移り変わっていた。（小川）

Smith
Minus-Plus

Dunhill／DS 50081：1970年

映画『イージー・ライダー』のサウンドトラック盤で、権利の関係で許諾がおりなかったザ・バンドに代わって「ウェイト」を演奏したのがザ・スミスだ。代役に抜擢されただけあり、音楽性に似通ったところがある。アラン・パーカーとゲイル・マコーミックという男女のヴォーカリストを有したグループで、デラニー&ボニーを思わせるようなスワンプ風味も持ち合わせていた。「ウェイト」はアルバム未収録で、73年にシングルのみでリリースされた。（小川）

The Souls Of Inspyration
The Souls Of Inspyration

Columbia／ES 90061：1970年

まったく無名のカナディアン・バンドなのだが、気鋭の再発レーベルのライト・イン・ジ・アティックが目をつけ、ヴァイナル盤でリイシューした。大胆なハモンド・オルガンの使い方からプログレッシヴ・ロックもしくはサイケデリックに分類されることが多いが、彼らの本来の資質はザ・バンドに繋がっていると思う。なお、このソウルズ・オブ・インスピレーションだが、70年の大阪万博で来日しているそうだ。たぶん誰も覚えちゃいないだろうが。（小川）

Trials And Tribulation
Trials And Tribulation

Vanguard／VSD-6565：1970年

《試練と苦難》と名付けられたこのバンドは、出身地すらろくすっぽ判っていない。ただ一点注目されるべきはロビー・ロバートソンの曲をカヴァーしていること。それが、リヴォン&ザ・ホークスの時代に書かれた曲だから驚かされた。オリジナルの65年のシングル曲は、ザ・バンドの『ア・ミュージカル・ヒストリー』に収録されている。他にもボブ・ディランを2曲とりあげるなど、ザ・バンド・フォロワーとしても非常に密度が高いバンドだ。（小川）

Andwella
People's People

英・Reflection／REF 1010：1971年

アンドウェラズ・ドリーム時代はサイケなポップをやっていたデイヴ・ルイスは、名前を縮めて方向転換。ファースト・アルバム "World's End" では的が絞れなかった印象だが、本作はソングライターとしての才が爆発した傑作になった。日本ではジャケ違いの米国盤で知られたが、英国では注目されず、デイヴはAOR路線に移行するのだ。私は02年に彼とアンドウェラを再現するグループをやったが、当時は本当にザ・バンドが好きだったそうだ。（和久井）

Boondoggle & Balderdash
Boondoggle & Balderdash

UNI／UNI 73121：1971年

ロブ・マクレランとジョン・ヘロンの二人によるブーンドグル&ボールダーダッシュは、スワンプ・ロックとしても人気が高いが、このドタドタとした無骨なバスドラの音や、粘り気のあるハモンドのサウンドなどは、まさにザ・バンドの語法だ。物語を語るための語り口と言い換えてもいいのだが、そこから芳醇なストーリーが流れ出ていく。ボールダーダッシュことロブ・マクレランは翌年ソロ・アルバムを発表するが、こちらも聞き応えがある。（小川）

Karen Dalton
In My Own Time

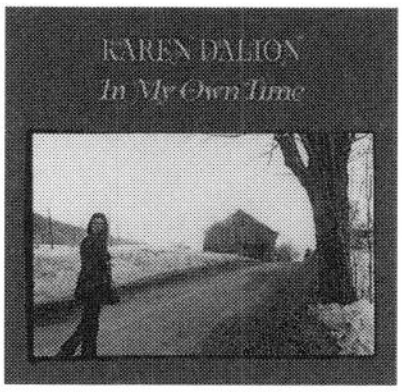

Paramount／PAS 6008：1971年

ザ・バンド的な世界感といえば男性中心になってしまうが、女性シンガーでひとり挙げろといわれれば、このカレン・ダルトンを推したい。彼女の71年のアルバムは、何かとボブ・ディラン／ザ・バンドと関わりが深い。プロデュースはかつてのディランのベーシスト、ハーヴィー・ブルックスだし、再結成ザ・バンドに参加するリチャード・ベルがピアノで加わっている。やはりリチャード・マニュエル作の「イン・ア・ステーション」が素晴らしい。（小川）

Rod Demick & Harbie Armstrong
Little Willie Ramble

英・MAM／AS-1001：1971年

北アイルランドはベルファスト生まれのふたりがロンドンで組んだデュオは、味わい深い2作を残した。とくに人気が高いのがこのファーストで、ザ・バンドのファンなら一度を通っておきたい。デミックはセッションマンとなったが、ギタリストのアームストロングはヌーシャ・フォックスのフォックス、イエロー・ドッグを経てソロ作を出し（個人的にはイエロー・ドッグ時代が好き）、ヴァン・モリソンのバンドで近年も活躍している。（和久井）

Steve Gibbons
Short Stories

英・Wuzard／SWZA 5501：1971年

22年に80歳になったギボンズはバーモンガム出身。60年代はジ・アグリーズで活躍し、同郷のザ・ムーヴ周辺で次なるキャリアを模索していた人だ。71年のソロ第1作は、ジミー・ミラーとゲイリー・ライトがプロデュースし、アルバート・リー、トレヴァー・バートンらが参加した知られざる傑作。80年代末に〝ディラン・プロジェクト〟なるカヴァー企画をスタートさせた人らしく、本作も「ザ・バンドへの英国からの答え」といった味わいがある。（和久井）

Ernie Graham
Ernie Graham

英・LIberty／LBS 83485：1971年

北アイルランドはベルファスト出身のグレアムは、その後クランシーのヴォーカストとなったことでも知られるが、唯一のフル・アルバムは生涯がこのためにあったかのような傑作だ。ブリンズリー・シュウォーツとヘルプ・ユアセルフのメンバーがバックを務め、ロックのルーツの学習会を開いたかのような肩の力の抜けた演奏をしている。これが71年というところからザ・バンドの影響の大きさを探ると、英米の違いも見えてきていっそう面白いのだ。（和久井）

Jericho
Jericho

Ampex／A10112：1971年

71年の段階で、もっともザ・バンドに近づいていたのが、トロント出身のジェリコだったと思う。録音はウッドストックのベアズヴィル・スタジオ、プロデュースはトッド・ラングレン。ジャケットの裏には、レズリー・スピーカーとクラヴィネットを貸してくれたガース・ハドソンへの謝辞が記されている。なによりも曲調そのものがザ・バンドに近く、「メイク・イット・ベター」などはリック・ダンコの未発表曲だと信じてしまいそうになるほどだ。（小川）

Ken Lauber
Ken Lauber

Decca／DL 75288：1971年

この落ち着いた語り口、味わいの深い歌いっぷりなどは、まさにザ・バンドと共通するものだ。ジャケットの雰囲気もウッドストックを想起させる。ところがこのケン・ローバーは、まったく異なるフィールドから登場してきた。ニューヨーク出身の作編曲家で、ジュリアード音楽学院で作曲法とピアノを学んでいる。転機が訪れたのは69年。ポリドール・レコードと作家契約を結んだことから、素晴らしいシンガー・ソングライターが誕生したのだ。（小川）

McGuinness Flint
Happy Birthday, Lucy Baby

英・Capitol／ST 22794：1971年

ジョン・メイオールのところにいたトム・マッギネスとヒューイ・フリントのバンド。5作を残したが、デュオで活躍するギャラガー&ライルが在籍した初期がいい。全英9位まで上がったファーストはよく知られているけれど、〝オールド・タイミィ〟をフィクションとしたこの2作目は、ザ・バンドの音楽を分析した結果とも言える知能犯。ジャケまで一貫させた〝ルーツ・ロックの演出〟にプロのワザが窺えるし、G&Lの曲づくりは素晴らしい。（和久井）

Ralph McTell
You Well Meaning Brought Me Here

英・Famous／SMFA 5753：1971年

フォーク系のシンガー・ソングライターとして68年にデビュー、3枚のアルバムがあったマクテルが、EMI傘下のレーベルでガス・ダッジョンにプロデュースを任せた傑作。トニー・ヴィスコンティやエルトン・ジョン・バンドの面々が参加している。このポップ路線でワーナーに移籍し、人気曲「ストリーツ・オブ・ロンドン」を再録したら全英2位の大ヒットになったわけだが、グラム・ロックの要人が参加してこれ、というのがとても興味深い。（和久井）

Bonnie Raitt
Bonnie Raitt

Warner Bros.／WS 1953：1971年

ザ・バンドの存在がなければ、ボニー・レイットはただのブルーズ好きの少女で終わったかもしれない。アメリカにおけるルーツ・ミュージックへの関心の高まりが、彼女をメジャーへと押し上げた。デビュー作で、トミー・ジョンソンやシッピー・ウォーレスに交えて、バッファロー・スプリングフィールドの「ブルーバード」をレパートリーに加えたのは、ボニーのセンスの良さ。また、ポール・シーベルの才能を見出したのも彼女の功績のひとつだ。（小川）

Rio Grande
Rio Grande

RCA Victor／LSP-4454：1971年

70年代には数多くのカントリー・ロック・バンドが登場してきた。このリオ・グランデもそのひとつ。興味深いことに、「スージーQ」のヒットをもつデイル・ホーキンスが手がけたグループだ。フォーキーな部分と土臭さの配分が見事で、ザ・バンドのような重さも備えている。随分と手練れたバンドだなと思ったら、その前身はテキサス出身のガレージ・バンド、マウス&ザ・トラップス。リオ・グランデとして録音したあと、再結成して活動を続けた。（小川）

John Simon
John Simon's Album

Warner Bros.／WS1849：1971年

ザ・バンドと出会わなければ、ジョン・サイモンはこんなソロ・アルバムを作らなかっただろう。『ミュージック・フロム・ビッグ・ピンク』などの仕事で知られる彼だが、もともとはコロンビア・レコーズのハウス・プロデューサーだった。社員時代には、ビッグ・ブラザー&ザ・ホールディング・カンパニーを手がけている。本作は飄々として掴みどころがないが、密やかにジャズとロックとを結びつけているのだ。その音楽性は意外なほど幅広い。（小川）

Simpson
Simpson

Columbia／C 30476：1971年

ザ・バンドよりもジェントルで繊細ではあるが、このシンプソンもフォロワーの一群に入るだろう。ノースカロライナ州出身のブランド・シンプソンを中心とする4人組。メンバーが興味深く、ベーシストはローリング・サンダー・レビューのバンド・リーダーとしてボブ・ディランを支えたロブ・ストーナー。ギタリストのデイヴィッド・オルニーはのちにオースティンに引っ越し、タウンズ・ヴァン・ザントと並んで尊敬される存在となった。（小川）

Swampwater
Swampwater

RCA Victor／LSP-4572：1971年

ルイジアナの湿地帯で始められたケイジャン音楽をロックに持ち込んだのが、スワンプウォーターのフィドル奏者、ギブ・ギルボーだ。ルーツ・ミュージックとケイジャンの折り合いをつけようとしたインスピレーションは、ザ・バンドからの影響が多分にあったはず。さらにハイ・トーンのコーラスをつけ加えることによって、西海岸ロックにも接近していった。本作にはジョン・ベランド、ハーブ・ペダーセン、サド・マクスウェルなどが参加している。（小川）

Thirty Days Out
Thirty Days Out

Reprise／RS 6450：1971年

プロデューサーが、フライング・ブリトー・ブラザーズなどを手掛けたラリー・マークス。キーボードにジム・ディッキンソンとラリー・ネクテルが参加となれば期待が高まってしまうが、残念ながらそこまでのバンドではない。ジャック・マルケンとジョン・ミカレフが組んだグループで、曲がカントリー・タッチになると俄然ザ・バンド色が濃くなる。ベースのモンティ・メルニックはラモーンズのツアー・マネージャーとして、ロック史に名を残した。（小川）

Happy & Artie Traum
Double-Back

Capitol／ST-586：1971年

ウッドストックのミュージック・サークルからザ・バンドへの返答といえるグループが、ハッピー＆アーティー・トラウムだ。トラウム兄弟だけでなく、エイモス・ギャレット、エリック・カズ、トレイシー・ネルソン、ビル・キースら多数が参加。落ち着いてしっかりとした語り口、フォーキーな音楽の再解釈など、どこをとっても完璧なまでに整っている。このアルバムを手本に、日本でも村上律と中川イサトによる名作『律とイサト』が生まれた。（小川）

The Woods Band
The Woods Band

英・Greenwich／GSLP 1004：1971年

ダブリン生まれのテリー・ウッズはスウィーニーズ・メンの一員として英国に渡り、妻ゲイとスティーライ・スパンの結成に参加。早々に脱退して結成したのがこのバンドだった。アイルランドtoアメリカという目線はゲイ&テリー・ウッズで完成されるが、〝ロック・バンドで〟という実験がここで成された意味は大きい。離婚後、ゲイはニュー・ウェイヴに走り、テリーはポーグスのマルチ・ストリングス奏者として復帰するのだから人生は面白い。（和久井）

J. Henry Burnett
The B-52 Band & The Fabulous Skylarks

Uni／73125：1972年

T・ボーン・バーネットことジョン・ヘンリー・バーネットの初めてのソロ作。のちにプロデューサーとして大成するまでの音楽性には至っていないが、熱いパッションが伝わってくる。自分なりの方法論で南部ソウルやゴスペルを再構築しているので、当然のようにザ・バンドの手法にも似てくるのだが、それよりも初々しい躍動感が心地よい。女性コーラスを使ったスワンプ・アレンジが聞きもので、プロデューサーのダニエル・ムーアの手腕が光る。（小川）

The Cates Gang
Come Back Home

Metromedia／KMD 1052：1972年

アールとアーニーのケイト兄弟が、ケイツ・ギャングのグループ名で活動した72年のアルバム。のちにケイト・ブラザーズ名義でアサイラム・レコードから再デビューするが、その時期よりもワイルドで、ブルー・アイド・ソウル色が濃い。双生児であることを活かしたデュオ・スタイルなど、南部ソウルへの憧憬が詰まっている。ケイト兄弟が若き日に影響を受けたのがロニー・ホーキンスだという。それが自然にザ・バンドの音楽へと繋がっていった。（小川）

Bobby Charles
Bobby Charles

Bearsville／BR-2104：1972年

ボビー・チャールズは、このソロ・アルバムを制作した当時、「シー・ユー・レイター・アリゲイター」や「ウォーキング・トゥ・ニューオーリンズ」などのヒット曲を書き、ソングライターとして地位を築いていた。その彼が、こんなにも心温まるソロ・アルバムを作ることができたのは、ウッドストックの土地柄であり、ザ・バンドの面々を始めとした音楽仲間だ。「スモール・タウン・トーク」の優しい歌い口は、心の隅々にまで染み入ってくる。（小川）

Chilli Willi & The Red Hot Peppers
King Of The Robot Rhythm

英・Revelation／REV 002：1972年

のちに渡米してレジデンツの一派に加わるスネイクフィンガーが、マーティン・ストーンと組んでいたデュオの第一作。セカンド〝Bongos Over Balham〟は遅れて日本でも出たが、イナタさにザ・バンドからの影響が窺える本作が再評価されたのはCD化された03年以降。それが〝逆手にとってのやり口〟だったのはスネイクフィンガーのソロまで聴かないとわからないから、フツーにパブ・ロックとして受け止めてる人も多いが、そうではないのだよ。（和久井）

Clean Living
Clean Living

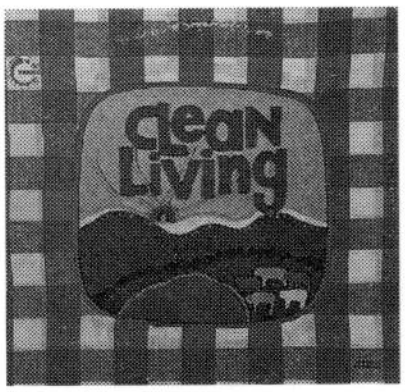

Vanguard／VSD 79318：1972年

パッチ・ワークを模した朴訥としたジャケットが印象的だが、出てくるサウンドもそれ以上にルーラルで土の香りがする。ボストン出身で、72年にシングルでリリースしたポルカ・チューンの「天国にゃビールがねえ」が小ヒット。音楽界にはその程度の痕跡しかとどめなかったが、2枚のアルバムを残してくれた。どちらも素晴らしく、なぜCD化されないのか不思議でならない。ボブ・ディラン「悲しみは果てしなく」のカヴァーも悪くないのだが。（小川）

Ry Cooder
Boomer's Story

Reprise／MS 2117：1972年

ザ・バンドとライ・クーダーの方程式は、基本的に似通っている。アメリカの歴史の暗部を抽出して、そこに新たな視線を加えていく。その細部にこそ真実が横たわっているのだ。ライ・クーダーのアルバムの中で、最もモノクロの世界観が感じられるのが72年の『流れ者の物語』だ。オールド・チューンをコピーするのではなく、自身がその内部へと忍び込んでいく。架空ではあるものの、歴史の目撃者になることで、あらたな物語を紐解いてくれるのだ。（小川）

Eggs Over Easy
Good 'N' Cheap

A&M／SP-4366：1972年

英国に渡り、名門オリンピック・スタジオでレコーディングしたが、トラブルに巻き込まれて作業は中断。そのままロンドンにとどまることになった彼らは、宿泊場所の近くにあったクラブ《タリー・ホ》に出演することになり、それがやがて英国パブ・ロック・ムーヴメントに火をつける結果となる。本作は米国に戻って再録音された。B級バンドの最高峰というべき器用さと、人懐っこさを持ち備えたバンドで、随所に随所に味わいどころがあるのだ。（小川）

Hans Staymer Band
Hans Staymer Band

GSF／9208-1004：1972年

ザ・バンドの「W.S.ウォルコット・メディシン・ショー」を、本家よりもさらにファンキーにカヴァーしたのが、ハンス・スタイマー・バンドだ。カナダで結成されたが、リーダーでヴォーカリストのハンス・スタイマーはドイツ生まれ。62年にカナダに移住してバンド活動を開始した。迫力のあるダミ声が持ち味で、当然のようにスワンプ・ロック色が強い。ビートルズの「カム・トゥゲザー」も見事にハードで泥臭いチューンに仕上げている。（小川）

Help Yourself
Strange Affair

英・United Artists／UAS 29287：1972年

ブリンズリーズよりもルーツ志向が強いのは、リーダーのマルコム・モーリーがアメリカ音楽をこよなく愛しているからだろう。それがマネに終わらないのは英国人らしいメロディのおかげで〝乾ききらない〟から。71年の第1作にあったアマチュアっぽさが解消された本作以降は甲乙つけがたいし、最近出たコンプリート・レコーディング集（6枚組CDボックス）は簡単に入手できるのでオススメ。モーリーの近年のソロ作はディランよりいいかも。（和久井）

Hungry Chuck
Hungry Chuck

Bearsville／BR 2071：1972年

ザ・バンドをさらに皮肉屋にしたら、ハングリー・チャックになるのかもしれない。グレイト・スペックルド・バードを抜けたエイモス・ギャレットがベン・キースを誘い、カナダ出身で元ジョリヴァー・アーカンソーのジム・コルグローヴ、ジェフ・グッチョンらと組んだグループ。ザ・バンドとおなじく幻想のアメリカを描きながらも諧謔性が強く、どこまでが本気でどこまでが冗談なのか判らなくなるところが、彼らの最大の魅力となるのだ。（小川）

Jubal
Jubal

Elektra／EKS-75033：1972年

ほとんど知られていないが、意外なほどのスーパー・グループ。70年にスワンプ／ブルーアイド・ソウルの名作を残すロブ・ガルブレイス、エルヴィス・プレスリー「バーニング・ラヴ」の作者として知られるデニス・リンデ、ベアフット・ジェリーに合流するテリー・ディアモアなどが在籍していた。歌詞の内容もクリスチャン・ミュージックの要素が強いのだが、それだけにゴスペル・フィールの曲が多く、ザ・バンドのファンには聞きごたえがある。（小川）

The Lee Riders
The Lee Riders

United Artists／UAS 29312：1972年

ウッドストックで結成されたカントリー・ロック系のバンド。ボブ・ディランのマネージャーだったアルバート・グロスマンに面倒をみてもらおうと思っていたそうだが、その目論見は外れる。しかし縁あって、元コチーズのB. J.コールが参加し、英国でレコーディングすることになった。さらにデイヴィッド・ボウイのサポートとしてツアーに加わるのだが、さすがにミスマッチだったのか、数回のギグののちに解雇に。そんな数奇な運命をたどった。（小川）

Roger Morris
First Album

英・Regal Zonophone／SRZA 8509：1972年

72年に発売されたこの一枚で伝説になった人だが、高い声の男性シンガーを好まない私はCDで充分だと思っている（オリジナル盤は10万以上だからね）。ブルース・ローランド、ジョニー・アーモンドらがスタジオ仕事をいいことにザ・バンドごっこをしているようなものだから、ファンキーなリズムにホーンやペダル・スティールが絡む演奏はかなり面白い。そっち系が好きな人がリトル・フィートに向かうのを音で解説しているようでもある。（和久井）

Geoff & Maria Muldaur
Sweet Potatoes

Reprise／MS2073：1972年

ジェフ・マルダーとロビー・ロバートソンは同学年。デビューこそジェフのほうが早かったのだが、おなじような音楽歴をたどっている。彼はザ・バンドの登場をどのように見ていたのだろうか。そのひとつの答えが、当時の妻、マリア・マルダーと一緒に作った72年の『スウィート・ポテトス』だ。ジャズやブルーズ、チャック・ベリーからホーギー・カーマイケル、さらにはビリー・ホリデイまで、ルーツ・ミュージックを縦横無尽に噛み砕いている。（小川）

Ocean
Give Tomorrow's Children One More Chance

Kama Sutra／KSBS 2064：1972年

71年に「プット・ユア・ハンド・イン・ザ・ハンド」を大ヒットさせた、カナダのオーシャン。日本でも「サインはピース」の邦題をご存知の方が多いと思う。ただし、彼らの志向はもっとロック寄りにあったようで、カーマ・スートラと契約を結んで出したアルバムでは、ザ・バンドの「ジャスト・アナザー・ホイッスル・ストップ」をカヴアーした。ほかにもキャロル・キング「ナチュラル・ウーマン」をとりあげるなど、意欲をみせている。（小川）

Plainsong
In Search Of Amelia Earhart

英・Electra／K 42120：1972年

マシューズ・サザン・コムフォートを一年半で解散させたイアン・マシューズが、元リヴァプール・シーンのアンディ・ロバーツらと組んだバンドの（当時）唯一の作。アメリカに渡りたかったマシューズは、ここでのライトなカントリー・ロックをソロで発展させていくが、サウンドのキーマンはロバーツと言える。ここでの雰囲気は抜群だしマシューズのヴォーカルもいいが、バンドのオリジナリティが感じられるようになるのは92年の再結成以後。（和久井）

Quiver
Gone InThe Morning

英・Warner Bros.／K 46153：1972年

2枚目である本作のあとサザーランド・ブラザーズと合体して成功、80年にはソロ・アルバムも出してピンク・フロイドのサポート・メンバーにもなるティム・レンウィックは、ロビー・ロバートソン・タイプのギタリストだ。安直に〝ザ・バンド的〟を目指さなかったせいでどこにも属さず、再評価もされないのが残念だが、職人的な音楽づくりこそがザ・バンドから得たものなのだろう。地味だが愛すべき存在だし、懐の深さを感じられるのだ。（和久井）

Chris Smither
Don't It Drag On

Poppy／PYS 5704：1972年

この時期のクリス・スミザーの歌への執念は凄まじい。歌わねば生きていけない、そんな死にものぐるいの気迫が感じられる。これはザ・バンドのとある瞬間とも共通していた。ウッドストックのベアズヴィル・スタジオでレコーディングされ、ボニー・レイット、ビル・キース、エリック・カズなどが参加している。それだけで、これほどまでに緊張感に溢れたサウンドが生まれるわけではなく、やはりこの時期のクリス・スミザーには何かがあったのだ。（小川）

Lal & Mike Waterson
Bright Phoebus

英・Trailer／LES 2076：1972年

伝承歌を唄うファミリー・グループ、ウォーターソンズのラルとマイクが、バンド・サウンドに挑戦した唯一のアルバム。ファアポートやスティーライのメンバーが集結して姉弟を支えるさまは、ウッドストック一派のようでもあるし、ルーツ探索がトレンドだった時代が生んだ豊かな一枚だ。誰よりもザ・バンド的なのがドラムのデイヴ・マタックスだったりするところが面白いし、リチャード・トンプソンがロビーを意識しているのもよくわかる。（和久井）

Widsith
Maker Of Song

Alithia／9101：1972年

70年代のアメリカのロックは、インディーズの時代でもあった。各地の小さなレーベルから信じられないほどの傑作が生まれている。このウィドシスのアルバムも、ニュージャージーのローカルなレコード会社から発売されたものだ。アコースティックでカントリー・フレイヴァーがあり、ザ・バンドの音楽も愛していたと思われる。ウィドシスはアルバム1枚で終了、ボブ・テアーとエド・マキャフリーがそのあと何をしたのか、ほとんど伝わってこない。（小川）

Bearfoot
Bearfoot

Columbia／ES 90134：1973年

リック・ダンコの実弟であるテリー・ダンコが在籍していたカナダのバンド。ただし、それだけで話題になったわけではない。彼らの作り出す曲が素晴らしく、中でも「マーク・トウェイン」は、歌い方も演奏もザ・バンドに匹敵するほどの出来栄えだ。このベアフットの結成にも、ロニー・ホーキンスが関わっている。とあるホテルのラウンジで、テリーとジム・アトキンソンが演奏しているのを聞いて、ロニーはすぐに自分のバンドに誘ったという。（小川）

Blue
Blue

英・RSO／2394 105：1973年

ザ・バンドをソフト・ロック化したようなグラスゴウ出身のトリオだが、売れ線を目指したのが仇となってどこにも引っかからなかった。セッション仕事もこなしたティミー・ドナルドのドラムはいいのだが、ヴォーカル／ギターのヒュー・ニコルソンが軽いんだよね。それでもこのファースト・アルバムには（「名前のない馬」の）アメリカのハーモニーに、意外と骨太なリズムをつけたような風情もあって、研究の跡が見えるから侮れないのである。（和久井）

Borderline
Sweet Dreams And Quiet Desires

Avalanche／LA016-F：1973年

ジョンとデイヴのガーシェン兄弟に、ジム・ルーニーが加わった三人組がボーダーラインだ。ゲストには、ジョン・サイモン、リチャード・マニュエルとガース・ハドソン、ハングリー・チャックのベン・キース、ライノセラスのビル・マンディとウッドストック／ザ・バンド周辺のミュージシャンが大集結している。フォーキーでジェントルでインテリジェンスがある、つまりは東海岸の理想的なロック・バンドが、このボーダーラインだったのだ。（小川）

Paul Butterfield's Better Day
Paul Butterfield's Better Day

Bearsville／BR2119：1973年

バターフィールド・ブルーズ・バンドのポール・バターフィールドを中心に、ジェフ・マルダー、エイモス・ギャレット、ロニー・バロン、クリス・パーカー、ビル・リッチと、まさしくスーパー・グループの名に恥じないメンバーが並んでいる。この強力な布陣で、白人にしか出来ない最上のブルーズを聞かせてくれた。南部の音を自身の内側にまで引き寄せ、それを完璧に咀嚼して発散する。その存在感はザ・バンドに匹敵していると言っていい。（小川）

Hookfoot
Poaring

英・DJM／DJLPS 435：1973年

初期エルトン・ジョンのバックなどDJMでいい仕事をしたカレブ・クエイらのバンドで、4枚のアルバムに刻まれた職人気質の演奏はザ・バンドに通じる。ブルーズをハード・ロック化したようなリフがレーナード・スキナードやウェット・ウィリーみたいだったりする国籍の不明さが妙にひっかかるのだ。これで曲がザ・バンドぐらいポップならよかったのに、と思う。バンドの技量に合ったソングライターがいなかったということだろうね。（和久井）

Mt. Airy
Mt. Airy

Thimble／TLP-2：1973年

東海岸屈指のマルチ・プレイヤー、エリック・ワイズバーグを中心に、シンガー・ソングライターのボブ・ヒンクル、ハリー・チェイピンの弟のトム・チェイピン、ラッセル・ジョージらが一同に会したセッション・ユニット。自分たちの好きな曲ばかりを演奏しよう、そんな企てがあったのだろうか、ザ・バンドの「ラグ・ママ・ラグ」、ジェシ・ウィンチェスターの「スノウ」、ヤングブラッズの「グリズリー・ベア」などを楽しそうに演奏している。（小川）

Dinsmore Payne
Dinsmore Payne

UA／UA-LA076-F：1973年

リック・ディンスモアとアーニー・ペインの二人組。どのようにして彼らが出会ったのか、いかにしてデュオ・チームを組んだのか、判っていることはほとんどない。ともにパーマネントなミュージシャンではなかったという話も伝わってきている。しかし、こうした事情とは無関係に、二人の音楽は素晴らしい。肝の座った歌声、抑制の効いたバッキングは、ザ・バンドのもつ世界観と共通している。ニコラス・ヴェネットのナイス・ワークのひとつだ。（小川）

Quacky Duck And His Barnyard Friend
Media Push

Warner Bros.／BS 2756：1974年

ローリング・サンダー・レヴューでボブ・ディランを支えたのは、ベースのロブ・ストーナーと、マルチ・インストゥルメンタリストのデイヴィッド・マンスフィールド。ギター、マンドリン、フィドル、ペダル・スティールと大活躍だった。そのマンスフィールドが在籍していたのが、このクワッキー・ダック&ヒズ・バーンヤード・フレンズ。その後、彼はT・ボーン・バーネット、スティーヴン・ソールズらとともに、アルファ・バンドを結成した。（小川）

Bluestone
Bluestone

Bootleg／BLA 045：1974年

ザ・バンドの影響力は世界中に波及していった。その実例としてオーストラリアのバンドをひとつ紹介しておこう。このブルーストーンは、テリー・ディーンを中心として72年に結成された。マンドリンをフィーチャーした「ホーム・エイント・ホーム」は、ザ・バンド濃度がかなり高い。カントリー・ロックも得意としていて、オーストラリアで最初にペダル・スティールが入ったバンドとなった。そのサウンドを効かせた「カントリー・フェア」は名曲。（小川）

Michael Chapman
Deal Gone Down

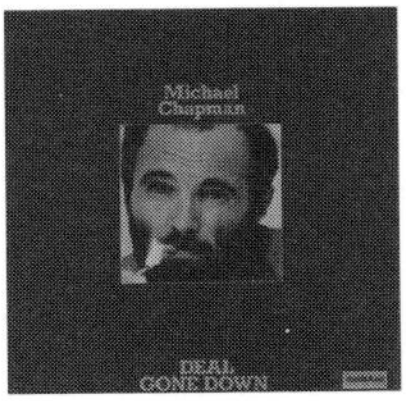

英・Deram／SML 1114：1974年

ブルーズにもフォークにも通じたギタリストで、シンガー・ソングライターとしての力量もあった人。いま知ったが21年9月10日に亡くなってたんだね。ギター・アルバムもオルタナ路線の作品も出していたが、人気の高いハーヴェスト時代よりも70年代中期の方が曲がいい。ザ・バンド的なリズムの弾みにトラッドっぽいギターを乗せたのも独特だから、誰かから繋がって聴くということがないのが残念だが、ルーツのプログレ化は一聴の価値あり。（和久井）

Mike Cooper
Life And Death In Paradise

英・Flesh Air／6370 500：1974年

基本はフォーク／ブルーズだが、レゲエやカリプソからアンビエントまで何でもあり。70～74年にドーンで出した4枚は日本でも発売されたが、その後の紆余曲折の方が面白い。ロビー・ロバートソンとダニエル・ラノワが一緒になったようなギター親父だから非常に全体像がつかみにくいが、ロビーだって〝ギターから考える〟という姿勢が強かったら、こんな人になっていたかもしれないのだ。私は唄っているときのこの人のポップな一面が好き。（和久井）

Ducks Deluxe
Taxi To Terminal Zone

英・RCA 8402：1974年

ヘルプ・ユアセルフの分派にシーン・タイラが乗っかって結成されたバンドの2枚目。ウッドストック時代のヴァン・モリソンがパブ・ロックをやってるようなところもあるのだが、その後のバンド、タイラ・ギャングもソロも、どこまでもB級。ソウルはあるけど詩魂がないんだからザ・バンドにはなれないよね。しかし、リック・ダンコもこういう〝町の定食屋〟みたいな在り方を目指せばよかったのに、とも思えてくるんだから、これでいーのだ。（和久井）

Ronnie Lane's Slim Chance
Anymore For Anymore

英・GM／GML 1013：1974年

ロニー・レインはスモール・フェイシズ時代からダウン・トゥ・アースな志向があった人だが、どれだけザ・バンドが好きやねん、とツッコミたくなったのがスリム・チャンスだった。とくにこの第一作は、ギャラガー&ライルがいて、ギターがケヴィン・ウエストレイクで、プロデュースは一部グリン・ジョンズという布陣だから、英国の田園風景のような音だ。ゆるいばかりではないところにポップな資質が見えるのもザ・バンドに通じる。（和久井）

Orphan
More Orphan Than Not

London／XPS 645：1974年

ボストンで結成されたオーファンの名前が取り沙汰されるようになったのは、シンガー・ソングライターのジョナサン・エドワーズのバック・バンドになってからだ。この74年の『モア・オーファン・ザン・ノット』は、彼らの3枚目のアルバムで、泥臭いサウンドが板についてきた時期にあたる。ヴァン・モリソンの「アイヴ・ビーン・ワーキング」を軽くキメるあたりは流石だ。他にも、ザ・ビートルズの「消えた恋」をカヴァーするセンスも持っていた。（小川）

The Ozark Mountain Daredevils
It'll Shine When It Shines

A&M／SP-3654：1974年

レコード会社各社が〝第二のザ・バンド〟を目指して策を講じていたが、A&Mレコードの推しがこのオザーク・マウンテン・デアデヴィルズだった。髭面で頑強そうな男たちが並ぶ姿は、いかにもザ・バンド風だ。その風貌のわりに繊細だったり、コーラス・ワークが巧みだったりするところが面白い。メンバーのラリー・リーは、82年にソロ・アルバムをリリースする。日本ではジャケットのデザインが変えられ、AORとして売り出されたのだ。（小川）

Richard & Linda Thompson
I Want See The Bright Lights Tonight

英・Island／ILPS 9266：1974年

ファアポート・コンヴェンションを脱退してソロ第一作“Henry The Human Fly”を出したあと、妻リンダとデュオを組んだリチャードは、ソングライターとしてもギタリストとしてもここで最初の到達点を自覚したはずだ。ロビー・ロバートソンのギターが曲をどう支えているかを研究した成果と、バグパイプのドローンにまで注目した英国フォークからの影響が混ざりあって、独特なロックが確立された様はプログレッシヴでもある。（和久井）

The Amazing Rhythm Aces
Stacked Deck

ABC／ABCD-913：1975年

ブルーズ、カントリー、ソウルなど、南部のルーツ・ミュージックを最良の形でブレンドしたのが、アメイジング・リズム・エイシズだ。ソウルフルでありながら繊細で、カントリー・ミュージックの乾いた感覚も忘れない。これは簡単に出来そうで出来ないことだ。ジェシ・ウィンチェスターのバック・バンドとしてスタートし、ラッセル・スミスをヴォーカリストに据えて本格的に活動を開始。「サード・レイト・ロマンス」は何度聞いても名曲だと思う。（小川）

Blue Jug
Blue Jug

Capricorn／CP 0158：1975年

ザ・バンド・フォロワーの中でも最右翼とされるのが、このブルー・ジャグだ。何しろ声がリヴォン・ヘルムに似ている。曲調もバンドが作りそうなメロディーが多く、無骨そうな髭面ばかりと風体までもがそっくりなのだ。ただし、これは物真似ではない。偶然にも彼らがもつ資質が、ザ・バンドに近づいていった結果なのだ。リード・ヴォーカリストのエド・ラッロフのソングライティングが素晴らしく、その才能はソロ・アルバムへと続いていく。（小川）

Calico
Calico

United Artists／UA-LA454-G：1975年

ブルー・ジャグと並んで、ザ・バンド・フォロワーとして人気が高いのがキャリコだ。爽やかな男気が感じられるグループで、シンガー・ソングライターのデイヴィッド・カービィが参加していたことくらいしか判っていない。レジー・ヤング、ボビー・ウッド、ボビー・トンプソンなど、メンフィスのアメリカン・サウンド・スタジオ縁りの凄腕連中がゲストで参加。ボブ・ウィルスのバックでスティールを弾いていたトミー・モレルも手を貸した。（小川）

Catfish Hodge
Soap Opera's

Westbound／W-202：1975年

キャットフィッシュ（なまず）のあだ名をもつボビー・ホッジはデトロイト出身で、若い頃からボブ・シーガーのオープニング・アクトなどをつとめていた。75年の『ソープ・オペラ』は、ボニー・レイット、ドクター・ジョン、スヌーキー・ピート・クレイナウ、ローズマリー・バトラーといった豪華なゲストに支えられている。基本的にはブルーズ・ロックのスタイルなのだが、ゲストの演奏に乗せられたのか、スワンプ風味の効いた傑作に仕上がった。（小川）

Murray McLauchlan
Only The Silence Remains

True North／GTN-19：1975年

カナダのシンガー・ソングライターの第1世代を代表するひとり、マレー・マクロクランがリリースした75年のライヴ・アルバム。ノバスコシア州のレベッカ・コーン・シアターなど、カナダ各地の録音だ。早くからロック志向をみせていた彼だが、ここでは自身が弾くギター、ハーモニカ、ピアノ以外はデニス・ペンドリスのベースのみ。シンプルな構成はマレーの自信の表れだと思う。それまでに歌いこんできた曲を、じっくりと聞かせている。（小川）

Spud
The Happy Handful

英・Philipsls／9108 003：1975年

U2を売り、リヴァーダンスを世界的ヒットにしたポール・マッギネスが最初に手掛けたバンドがスパドだった。当時、アイルランド在住のアーティストを世界に売り出すのは大変だったそうだが、フェアポート・コンヴェンションのサイモン・ニコルにプロデュースを頼み、フォーク・バンドにプログレ風味を加えているのだが、ザ・バンドが見ていたアメリカと似たような英国が横たわっているのが妙。逆説的にザ・バンドの凄みを物語っている。（和久井）

Timbercreek
Hellbound Highway

Radioactive／RRCD130：1975年

荒野のど真ん中でガソリンが尽きたのだろうか、5人の男たちが車の周りでぐったりとしている。こんなジャケットが作れるのもインディーズならでは、当初のプレスは１００枚だけだったとか。彼らの音楽を説明する際に、よくグレイトフル・デッドの名前が挙げられるが、乾いた土煙のようなサウンドはザ・バンド経由だろう。実力もあって、西海岸カントリー・ロックの一群に入ってもよさそうだが、その後の彼らの消息はまるで伝わってこない。（小川）

Back Pocket
Buzzard Bait

Joyce／JJ-7601：1976年

バック・ポケットは、ギターとヴォーカルのパット・ロビンソンと、ドラムスとヴォーカルのパット・マロシェックの二人組。バックにはギブ・ギルボー、ジョン・ベランド、サド・マクスウェルといったスワンプウォーターのメンバーが参加している。サウンド的にはカントリー・ロックになるが、語り口は意外なほどビターで重みがある。パット・ロビンソンはのちにソングライターとなり、ジョー・コッカーやジーン・クラークらに曲を提供している。（小川）

Paul Butterfield
Put It In Your Ear

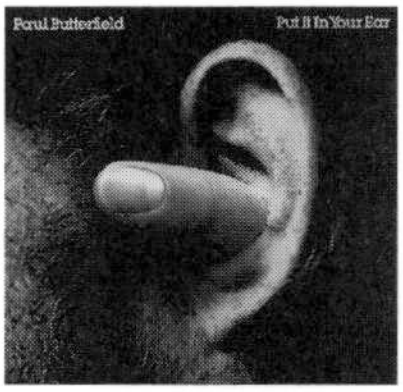

Bearsville／BR 6960：1976年

ベターデイズ解散後のポール・バターフィールドは、リヴォン・ヘルムのRCOオールスターズに参加していた。76年に出た初めてのソロ・アルバムでもその流れを汲んで、リヴォンとガース・ハドソンが参加している。ブルーズ一辺倒から離れ、独自のリズム&ブルーズを模索していた時期だが、当然のようにそのサウンドはザ・バンドにも近くなっている。ほかに再結成ザ・バンドに合流することになる、ピアニストのリチャード・ベルの顔も見える。（小川）

The Cate Brothers Band
In One Eye And Out The Other

Asylum／7E-1080：1976年

再結成ザ・バンドの日本公演で小気味のいい演奏を聞かせたアールとアーニーのケイト兄弟は、ケイツ・ギャングからケイト・ブラザーズ・バンドに名前を変え、76年にアサイラム・レコードから再デビューしていた。スティーヴ・クロッパーにプロデュースを任せた本作は、よりファンキーでソリッドなサウンド・アプローチだ。しかし、メロディー・ラインはザ・バンド的でもあり、まるでその進化型を聞いているような気分になってくる。（小川）

Lawrence Hammond
Coyote's Dream

Takoma／C-1047：1976年

マッド・リヴァーを抜けたロウレンス・ハモンドは、76年にタコマ・レコードと契約してソロ・アルバムを発表した。過去の迷いを一蹴したような、素直なシンガー・ソングライターの作品に仕上がっている。その落ち着いた語り口は、実に魅力的だ。バックには、マッド・リヴァー時代からの盟友デイヴィッド・ロビンソン、フライング・ブリトー・ブラザーズにも加わっていた、フィドルのバイロン・バーライン、ル・ルーのアル・マクシェーンが参加。（小川）

Deke O'Brien
Nightbus

愛・Mulligan／LUN 003：1976年

パブ・ロック・バンド、ビーズ・メイク・ハニーの一員とダブリンに戻ったデク・オブライエンが残した唯一のアルバム。ドーナル・ラニーがブズーキで参加しているのも〝らしい〟が、ロックフィールド・スタジオで録音しているのに音が悪いのが残念。人なつこい曲と、アメリカ産のアルバムにはない贋アメリカ感は一聴の価値ありだが、ほとんど語られたことのないアルバムだし、中古市場でも人気はないから入手は困難か。あれば安いのだが。（和久井）

Side Of The Road Gang
Side Of The Road Gang

Capitol／ST-11526：1976年

テキサス州ダラス出身のバンドで、フォーキーさと土臭さがほどよく混じり合ったグループ。ガイ・クラークの「ブロークン・ハーテッド・ピープル」や、マイケル・マーフィーの曲をバンド・アレンジで演奏するセンスもなかなかのものだ。メンバーの中のフィドル／バンジョー奏者はマイク伊藤という日本人。東京の成城生まれでアール・スクラッグスに憧れて単身渡米。このサイド・オブ・ザ・ロード・ギャングに加入し、世界中をツアーして回った。（小川）

Bronco
Bronco

Earthwood／EW-131：1977年

英国にも同名のグループがいるが、こちらはアメリカのバンドで、インディアナ州の小さなレーベルにアルバムを1枚残して解散した。基本的にはカントリー・ロックのサウンドなのだが、その中に独特の憂いがあるのが面白い。メンバーの全員がこのアルバムを作っただけで音楽界を去っているが、曲作りも声も光るものを持っていただけに残念な限りだ。バックには同じくインディアナ出身のペダル・スティール奏者レックス・トーマスが参加。（小川）

Willie P. Bennett
Hobo's Taunt

Woodshed／WS-007：1977年

カナダのシンガー・ソングライターの第二世代、ウィリー・P・ベネットが77年に出した傑作アルバム。全編バンド・スタイルの演奏で、聞き応え十分だ。ドラムスの重たいビートを自身の歌声と重ねて効果的に使うところなど、ザ・バンド的な感触も味わえる。そして何よりも、自信に溢れたヴォーカルが頼もしい。録音はオンタリオ州ハミルトンにあるグラント・アヴェニュー・スタジオで、エンジニアは若き日のダニエル・ラノワだ。（小川）

Timberline
The Great Timber Rush

Epic／FPE 34681：1977年

80年代にはシンガー・ソングライターとして数多くのアルバムを発表することになる、ジム・セルストロームが在籍していたのがティンバーラインだ。ネブラスカ州オマハ出身で、71年にバンドを結成した。アルバムはハリウッドのウォーリー・ヘイダーのスタジオで録られ、プロデュースはジ・アソシエーションやローラ・ニーロを手掛けたボーンズ・ハウ。随分とウエルメイドなプロダクションだが、出てくる音は素朴で、初々しい響きに満ちている。（小川）

Bowles Bros.
Roger Buys A Fridge

英・Decca／TXS 127：1978年

アメリカならアコースティック・スウィングに分類されるであろう作品が、英国のメジャー・レーベルから78年に発売されたというのが面白い。パンクの全盛期にコレというのが英国の不思議でもあるが、一般大衆の日常にはそれほど〝ロック〟がないのも英国の真実である。こういうアメリカ感はアメリカにもないだろうが、だからザ・バンドは永遠に受ける、とも思えるわけだ。〝音楽も実はフィクション〟というのを教えてくれる一枚。（和久井）

Red Willow Band
Note For Note

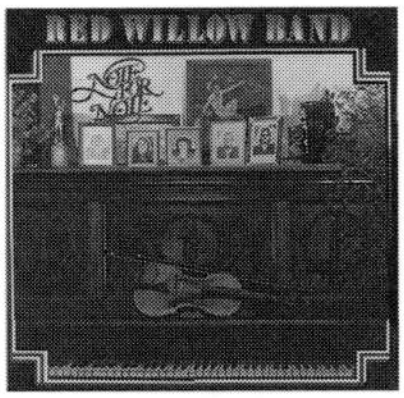

Lost／RWB-1287：1978年

サウス・ダコタのマイナーなレーベルから発表されたアルバムだが、ロックの感覚が存分に染み込んだカントリー・ミュージック、つまりはカントリー・ロックとして内容の濃い作品に仕上がっている。これも、ザ・バンドのような音楽がアメリカ全土に広がっていった結果なのではないだろうか。プロデュースは、アメイジング・リズム・エースのリーダーだったバリー・バド・バートン。彼自身もペダル・スティール・ギターで演奏に参加している。（小川）

The North Star Band
Tonight The North Star Band

Adelphi／AD2014：1979年

バックワーズ・サム・ファークやホーリー・モーダル・ラウンダーズのアルバムをリリースしているメリーランド州のレーベル、アデルフィから発表されたアルバム。カントリー・ロック・バンドとしてのバランスが見事で、ロックのスピリットもしっかりと備えている。70年代後半のディスコとパンクの嵐が吹き荒れる中、よくぞ踏みとどまったと思う。地元に根づいたバンドであり、何度も再結成を繰り返している。２０２１年には新録音を発表した。（小川）

WANTED

DEAD OR ALIVE

Chapter 4
All Singles Of
The Band ~ Solo Years

ISAO INUBUSHI
SHOJI UMEMURA

REWARD

シングルから見える〝現場感覚〟と〝実験精神〟

犬伏 功

ザ・バンドがレコード・デビューを果たしたのが68年7月。この頃から、ポップ・ミュージックの世界ではアルバムを重視する傾向が強くなり、シングルよりアルバムの方が作家性の高い音楽形態であるとして、〝アルバム・アーティスト〟という言葉も聞かれるようになった。シングルを作品発表の形態としないレッド・ツェッペリンのようなバンドがもてはやされるようになるのもこの頃からである。

ザ・バンドはシングルという音楽フォーマットに対して意外に積極的で、アルバムが発売されるたびにリード・トラックを選び、78年に活動を閉じるまで計14枚（ボブ・ディランとの連名作等は除く）ものシングルを残している。しかし、今や彼らは〝アルバム・アーティスト〟として評価され、特に米国で彼らのシングルが振り返られる機会は皆無と言っていい。

そこで忘れてはならないのが、米英におけるシングルのあり方の違いである。英国では元々アルバムにヒット曲を加える習慣がなく（ビートルズがその先例をつくったという誤った見方があるが、英国では一部の例外を除き50年代からアルバムにシングルを加える習慣はない）、一方の米国ではアルバムに目玉となるヒット・シングルを加えることは必須だった。これがないと米国ではアルバムが売れなかったのだ。

そんな違いも70年代に楽曲がヘヴィかつ長尺化するに伴い、シングルはその受け皿としての機能を失っていく。つまり、猫も杓子も〝アルバム〟で勝負する時代が一時は訪れたのだが、そんな状況を一変するムーヴメント・〝パンク〟が英国で現れる。彼らはかつてのシングルにあった〝即効性〟を武器に、時代を簡単にひっくり返してしまうのである。

〝パンク〟の登場以降も音楽界にはさまざまな動きがあったが、米国ではアナログ・レコードの死滅（数十年後に復活を遂げるが）とともに、かつてのシングルがショップを再び席巻することはなかった。殆どがアルバム収録曲だったザ・バンドのシングルが世間から忘れられたとしても、そんな時間の流れを思うと仕方がないのかもしれない。そうやって、多くのビッグ・ネームはシングルというフォーマットを捨て、名実ともに〝アルバム・アーティスト〟となったが、こと英国に限ってみると、シングルというフォーマットがショップから消えたことなど、実は一度もなかった。80年代のニュー・ウェイヴや90年代のブリット・ポップ・ブームを支えたのも、ほかでもない、シングルだったのだ。

では、ザ・バンドの5人はどうだったのか。彼らは78年にグループとしての活動を休止、ソロ・アーティストとして各々の活動を開始したが、〝シングル〟に正面から向き合ったのはたったひとり、ロビー・ロバートソンだけである。彼はグループ解散後、長らくプロデュースやセッション参加等でさまざまなアーティストに関わっていたこともあり、87年まで純粋なソロ作品をリリースすることはなかった。しかしその間、彼は制作者として音楽界の〝最前線〟で勝負を続けている。ロビーはザ・バンド時代から計算高く〝仕掛ける〟ひとだったが、そんな彼が外部の現場でさまざまな刺激を受けたことは容易に想像がつく。本項に続くシングル紹介のページをご覧いただきたい。彼がアルバムを売るためのシングルの役割をしっかり理解しつつ、アルバムの本編ではやりきれない実験的な創作の場としても、シングルというフォーマットを上手く活用していることがよくわかると思う。あえて、欧州限定でリミックス・ヴァージョンなどひとひねりあるリリースを展開し、リスナーを飽きさせないところもさすがである。こうした活動を続けた元ザ・バンドは、ロビーただひとりなのである。

例えば、デイヴィッド・ボウイのディスコグラフィにはアルバムとともに膨大なシングルのリストがあるが、それは彼が繰り返した音楽的〝挑戦〟の記録でもある。ボウイに通じる〝実験精神〟を、ロビーには強く感じるのである。

ザ・バンド〜ソロ／シングルズ

犬伏 功

本項ではザ・バンドおよびメンバーがリリースしたシングルについて振り返ってみたい。米国では70年代よりプロモーション用に作られたシングルが多数存在し、CD時代になってもその習慣は変わらず続いている。中には珍しいエディット・ヴァージョンなどもあるがその数は膨大であり、そもそも入手が容易ではないことから、ここでは一般発売されたシングルに絞ることとした。

ザ・バンドの記念すべきデビュー・シングル①はアルバム発売から約1か月後の68年8月8日にリリースされている。つまり、これはシングル・カットされたものだが、この時点でもまだ正式なグループ名はなく、レーベルには5人の名前、ジェイミー・ロビー・ロバートソン、リック・ダンコ、リチャード・マニュエル、ガース・ハドソン、リヴォン・ヘルムがそのまま並んでおり、もちろんザ・バンドの名はどこにも記されていない。用意周到に練られたザ・バンドのデビューに際して〝神秘性を高める〟狙いがあったという見方もあるが、恐らくは本当にグループ名が定まっていなかったのだろう。この頃、米国ではアルバムのモノラル盤発売が終了、ステレオ盤に統一されたが、このシングルは両面ともモノラルで収録されている。当時のラジオを想定したものだと思われるが、ステレオ化が米国より遅れていた英国市場を意識していた可能性もある（本作以降、米国でのシングルはごく一部の例外を除き、ステレオでの発売に切り替えられている）。現在の目で見れば、ボブ・ディランが彼らと〝地下室〟で行なったセッションで生まれたB面の「アイ・シャル・ビー・リリースト」とともに、ザ・バンドを代表する名曲がカップリングされたシングルだが、米で63位、地元カナダでも35位という結果に終わった。一方で、彼らの登場に大きな影響を受けた英国をはじめ欧州での売れ行きは好調で、英21位、オランダでは

①Jaime Robbie Robertson, Rick Danko, Richard Manuel, Garth Hudson, Levon Helm
The Weight / I Shall Be Released
Capito／2269［7″］1968年

②The Band
Up On Cripple Creek / The Night They Drove Old Dixie Down
Capitol/2635［7″］1969年

③The Band
Rag Mama Rag / The Unfaithful Servant
Capitol／2705［7″］1970年

④The Band
Time To Kill/The Shape I'm In
Capitol／2870［7″］1970年

13位のセールスを記録している。
②は69年9月発売のセカンド・アルバム『ザ・バンド』から10月にカットされたもので、米25位、カナダ10位と前作より好セールスを記録している。本アルバムが米でトップ10に入ったことからキャピトルは2枚目のシングル③を70年1月に発売、ピクチャー・スリーヴを付けるという力の入れようだったが（本シングルがザ・バンドにとって米で唯一のピクチャー・スリーヴ付きシングルとなった）前作には及ばず米57位、カナダ46位という結果に終わっている。英では16位と①を上回る好セールスを記録したが、同国でチャート・インした最後のシングルとなった。
71年9月発売の④は、トッド・ラングレンをプロデューサーに迎えた8月発売のサード・アルバム『ステージ・フライト』からカットされたもの。それまでと同様に、アルバム発売から約1か月のインターヴァルでのリリースとなっている。「タイム・トゥ・キル」がA面となったが、米キャピトルは彼らの代表曲となる「ザ・シェイプ・アイム・イン」を両面に収録したプロモーション用シングル（Capitol P-75376）も同時に制作しており、こちらもプッシュしようと考えていたようだ。

71年9月発売のアルバム『カフーツ』の冒頭を飾るナンバーをA面に収めたシングル⑤は、初めてアルバムと同じ月の発売となった。厳しい評価が与えられたアルバムだが、アラン・トゥーサンにホーン・アレンジを委ねた「カーニバル」は傑作と呼ぶに相応しい名曲。米では72位と芳しくなかったものの、カナダで25位、オランダで26位といずれも善戦している。このアルバムからはディランのカヴァーをA面に配した⑥もシングル化される予定だったが、写真の通り現物は存在しているものの、発売は中止された。但し、日本では同じカップリングのシングル「傑作をかく時／ここからどこへ」（日キャピトル CR-2977）が72年にリリースされている。

ザ・バンドがシングル発売に積極的であったことは、初のライヴ・アルバムとなった『ロック・オブ・エイジズ』から両面ライヴ録音の⑦がシングル化（72年9月発売）されたこ

⑤**The Band**
Life Is A Carnival / The Moon Struck One
Capitol／3199［7″］
1971年

⑥**The Band**
When I Paint My Masterpiece / Where Do We Go From Here
Capitol／3249［7″］
1972年

⑦**The Band**
Don't Do It (Live) / Rag Mama Rag (Live)
Capitol／3433［7″］
1972年

⑧**The Band**
(I Don't Want To) Hang Up My Rock And Roll Shoes / Caledonia Mission
Capitol／3500［7″］
1972年

とからも窺える。このシングルは米、カナダのみならず欧州各国でもリリースされ、(仏のみB面に「ハング・アップ・マイ・ロックンロール・シューズ」を収録)、米34位、カナダ11位を記録している。米では同年12月に「ハング〜」をA面にしたシングル⑧もリリースされたが、こちらはどうやらノー・チャートに終わったようである。

73年10月発売の⑨は全曲カヴァーのアルバム『ムーンドッグ・マチネー』からカット(73年10月発売)されたもの。自作曲なしという状況にロビーとほかのメンバーとの対立や、ディランとの大きな仕事を目前とした多忙ぶりが窺えるものの、演奏にはそれらを忘れさせる突き抜けた魅力がある。米で73位、カナダでは35位とそこそこのヒットを記録した。それに味をしめたのか、米キャピトルは映画『第三の男』の主題歌を取り上げたシングル⑩(B面には『ロック・オブ・エイジズ』収録のライヴ録音をカップリング)をリリース(74年2月発売)したが、さすがにこれは不発に終わったようだ。なお、⑨のB面に収められた「ゲット・アップ・ジェイク」のスタジオ・ヴァージョンは、数ある彼らのシングル中、唯一のアルバム未収録曲である。

⑪はディランとザ・バンドによる久々の共演となった、74年のツアーを捉えたライヴ・アルバム、『偉大なる復活』からシングル・カット(74年8月発売)されたもので、B面にはザ・バンド単独の演奏を収録。米66位、カナダでは43位のセールスを記録している。⑫もディラン作品で、75年6月に公式リリースが実現したアルバム『地下室』収録曲をシングル化(同年9月発売)したものだ。

⑬は75年11月にリリースされた『南十字星』からカットされたシングル(76年2月発売)で、既にロビー主導の体制が確立され、かつての強固な一体感が失われながらも、高いプロデュース力による楽曲の完成度に圧倒されるアルバムの中にあって、このシングルは些か"芯"を外した選曲のようにも思える。

76年8月発売のシングル⑭のA面曲「たそがれの流れ者」は同年発売の"The Best Of The Band"に収められた未発表曲だが、彼ら

⑨The Band
Ain't Got No Home / Get Up Jake
Capitol/3758［7″］
1973年

⑩The Band
Third Man Theme / W.S. Walcott Medicine Show
Capitol/3828［7″］
1974年

⑪Bob Dylan
Most Likely You Go Your Way (And I'll Go Mine)
The Band
Stage Fright
Asylum/AS-11043［7″］
1974年

⑫Bob Dylan And The Band
Million Dollar Bash / Tears Of Rage
Columbia/3-10217［7″］
1975年

はこれを〝新曲〟としてシングル発売しており、日本をはじめ各国でも同時にリリースされている。

ザ・バンドにとって最後のステージを捉えたライヴ・アルバム『ラスト・ワルツ』をワーナーからリリースするためには、キャピトルにもう1枚アルバムを残す必要があったため、既にグループを解消した5人が再び集まり録音されたのが、77年3月発売のアルバム『アイランド』。⑮はこのアルバムの収録曲ながら、元々はジミー・カーター大統領を支援するためアルバムより先の76年11月にリリースされていたもの。A面はレイ・チャールズでもお馴染みの名曲のカヴァーだが、リチャード・マニュエルの情感溢れるヴォーカルが堪能できる。

⑯は前出の『ラスト〜』収録曲から選ばれたシングルで、アルバム発売から2か月が経過した78年6月にリリースされている。英国ではA面に「ラスト・ワルツのテーマ」、B面に「ブルースから逃れて」という組み合わせでリリース（Warner Bros. K17187）、日本では英国盤のAB面をひっくり返して（日ワーナーP-312W）発売されている。

ザ・バンドの活動休止後、いち早くソロ活動を始めたのがリヴォン・ヘルムであり、77年には初のアルバム『リヴォン・ヘルム&ザ・RCOオールスターズ』をリリースしたが、シングルはいずれもプロモーション盤だった。ソロ名義による初のシングルとなったのが、78年1月にリリースされたリック・ダンコの⑰で、アルバムの冒頭を飾ったA面にはロン・ウッドがゲスト参加、B面には盟友リチャード・マニュエルが名を連ねている。3月にはロビーが参加した「ジャヴァ・ブルーズ」が⑰と同じB面曲とのカップリングで新たにシングル・カット（Arista AS 0320）されたが、残念ながらいずれも大きなヒットにはならなかったようだ。

78年発売のAin't No Way To Forget You/Standing On A Mountaintop（ABC AB-12416）はリヴォンのセカンド・ソロ『リヴォン・ヘルム』からシングル・カットされたもの。米ABCは彼のプッシュに相当力を入

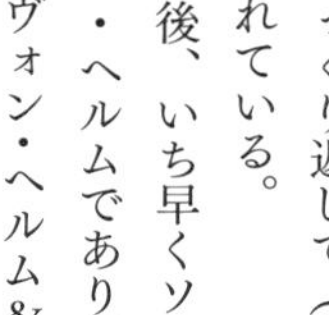

⑬The Band
Ophelia / Hobo Jungle
Capitol／4230［7″］
1976年

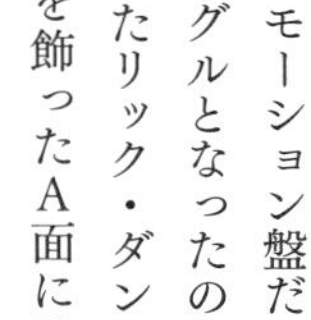

⑭The Band
Twilight / Acadian Driftwood
Capitol／4316［7″］
1976年

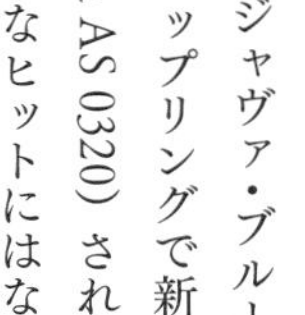

⑮The Band
Georgia On My Mind / The Night They Drove Old Dixie Down
Capitol／4361［7″］
1976年

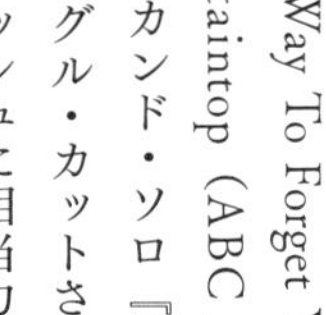

⑯The Band
Out Of The Blue / The Well
Warner Bros.／WBS 8592［7″］1978年

れていたようで、7インチ、12インチのプロモーション盤シングルがつくられ、それぞれに複数のヴァリエーションが存在している。これらは通常リリースこそ実現しなかったが、ザ・バンド関連では初の12インチ・シングルとなるものだ。

⑱は80年に米で発売された“Coal Miner's Daughter: Original Motion Picture Soundtrack”からビル・モンローの名曲をシングル・カットしたもの。B面に収められたアラン・トゥーサンのカヴァーは、このシングルでしか聴くことができないレアな録音だ。

⑲は82年にオランダで発売されたリヴォンのシングルで、同年リリースされた彼のセカンド・アルバムからカットされた。エディ・コクランの有名曲を取り上げたA面は、アルバムの欧州盤のみに追加収録されていたもの。04年の米国盤CDに収録されるまでは、欧州盤アルバムとこのシングルでしか聴くことができなかった。

⑳はそれまでプロデューサーなど、制作側に身を置いていたロビーによる、満を持してのソロ・アルバム『ロビー・ロバートソン』からの第1弾シングル。⑳はストレートなアルバムからのカットだったが、第2弾となる㉑はA面にボブ・クリアマウンテンによるシングル用のリミックス／エディット・ヴァージョンが収められている。これ以降、ロビーは米国でシングル・マーケットが縮小するのを横目に、欧州市場の需要に応え、積極的なシングルのリリースを続けている。

㉒はエミルー・ハリスによる著名なアーティストとの共演作を集めたアルバム『デュエッツ』からシングル・カットされたものだが、B面に収められた「イヴァンジェリン」は78年の『ラスト・ワルツ』から抜き出されたもの。A面にはウィリー・ネルソンとのデュエットが収められている。アルバム『デュエッツ』は88年に一度リリースされたが、ディランとの共演曲「モザンビーク」収録でマネジメントとこじれたため発売中止となり、90年に収録曲を改めて再度リリースされている。そのため、僅かに存在する88年の豪州盤アナログLPはレア・アイテムとなっている。

⑰Rick Danko
What A Town / Shake It
Arista／AS 0306［7″］
1978年

⑱Levon Helm
Blue Moon Of Kentucky / Working In The Coal Mine
MCA／MCA-41202［7″］
1980年

⑲Levon Helm
Summertime Blues / Money
Capitol／86506［7″］
1982年

⑳Robbie Robertson
Showdown At Big Sky / Hell's Half Acre
Geffen／7-28175［7″］
1987年

㉓はロビーの91年作品『ストーリーヴィル』から独でカットされたシングル。B面の「ザ・ファー・ロンリー・クライ・オブ・トレインズ」はアルバム未収録曲だが、『ストーリー〜』の日本盤CDにボーナス・トラックとして収められ、94年には映画『ジミー・ハリウッド』に提供、同映画のサウンドトラック盤にも収録された。なお、独ではこの2曲にファースト・ソロから「クレイジー・リヴァーのどこかで」を加えた3インチCD（Geffen 21674）もリリースされている。

94年のキャピトル移籍第1弾アルバム『ネイティヴ・アメリカン』からは「聖なる鼓動」のリミックス2種に「神に召される日」、未発表曲の"Deneta"を加えたCD（Capitol 724388188326）がオランダのみでリリースされた。翌95年には欧州限定で「バニシング・ブリード」に「ゴースト・ダンス」のリミックス2種、前出の「聖なる鼓動」のリミックスを加えたCD（同724388264020）、オランダではさらに「ゴースト・ダンス」のミックス3種に「聖なる鼓動」のリミックスを加えたCD（同724388202725）もリリースされている。

98年にはアルバム『コンタクト・フロム・アンダーワールド・オブ・レッド・ボーイ』から「イン・ザ・ブラッド」のラジオ・エディットを含む4曲入りCDがリリースされたが、これも欧州限定。米国ではシングルそのものが発売されずに終わっている。

このように、シングル需要が続く欧州に向けて、CDというフォーマットで作品を発表し続けてきたロビーだが、そのシングルもいよいよ"配信"というスタイルが定着しつつある。目下の最新作が20年発売の㉔で、グラミー受賞プロデューサーのマーク・ジョンソンと、映画プロデューサーで慈善家のホイットニー・クロエンケにより共同設立されたチャリティ・プロジェクト〈Playing For Change〉のために、リンゴ・スターら豪華ゲストを迎えて録音されたもの。これは「ザ・ウェイト」発売50周年を兼ねたものだが、常に新しいものに触れ、取り込もうとするロビーの姿勢がよく現れた企画ではないかと思う。

㉑ Robbie Robertson
Somewhere Down The Crazy River (Edit / Remix) /Hell's Half Acre (LP Version)
Geffen／7-28111［7″］
1987年

㉒ Emmylou Harris With Willie Nelson
Gulf Coast Highway
Emmylou Harris With The Band
Evangeline
Reprise／7-19870［7″］
1990年

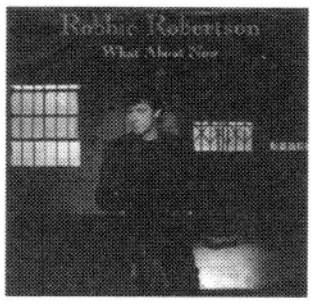

㉓ Robbie Robertson
What About Now / The Far Lonely Cry of Trains
独Geffen／GES 19051［7″］
1991年

㉔ Playing For Change Feat. Robbie Robertson, Ringo Starr, Lukas Nelson & Mermans Mosengo
The Weight
Playing For Change／番号なし（配信のみ）2020年

梅村昇史 *Shoji Umemura*

LIKE A ROLLING STO〜〜NE っと
おーーっ このヨーロッパを思わせる田園風景!! 着いたぜウッドストック!!
CRASH!!
BOKO
イテテッ!!
あっあれは ボブだ!!
自転車にこんがらがってモーターサイコナイトメアのようだ。
なんだロビーにリチャード、リック、ガース、よく来たな。
大丈夫かい?
ちょうどいい 俺はここでバイク事故を起こしたことにしてしばらく姿をくらますか。
例のバイク事故の真相ってこれなのか?

時間はたっぷりある。俺たちはあの家の地下室で音楽をやるんだ。

何かヘンなやつらが来たでチュー
ボブ、何をやるんだい？何か計画があるのかい？

俺たちがするのは学びだ。

俺たちは新しい事をやることに心をとらわれすぎて自分たちのルーツに対して、ちょっと乱暴になりすぎたんじゃないか？

いままで見逃してきたこの国の音楽の深い根っこについて、俺たちはより知るべきだろう。

何か古臭いことやってるでチュー。

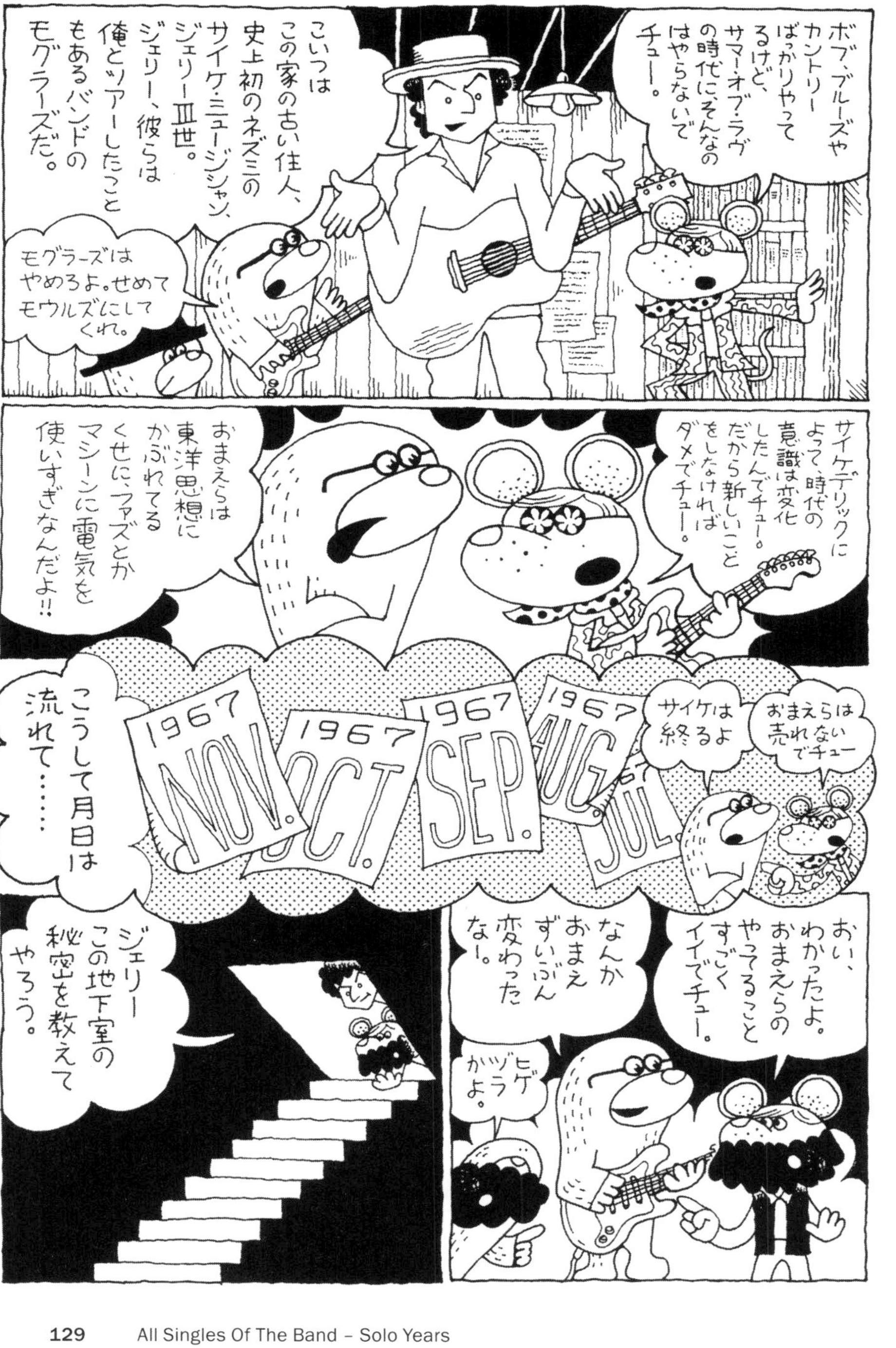
ボブ、ブルーズやカントリーばっかりやってるけど、サマー・オブ・ラヴの時代に、そんなのはやらないでチュー。

こいつはこの家の古い住人、史上初のネズミのサイケ・ミュージシャン、ジェリーIII世。ジェリー、彼らは俺とツアーしたこともあるバンドのモグラーズだ。

モグラーズはやめろよ。せめてモウルズにしてくれ。

サイケデリックによって、時代の意識は変化したんでチュー。だから新しいことをしなければダメでチュー。

おまえらは東洋思想にかぶれてるくせに、ファズとかマシーンに電気を使いすぎなんだよ!!

おまえらは売れないでチュー
サイケは終るよ
67 JUL.
1967 AUG.
1967 SEP.
1967 OCT.
1967 NOV.
こうして月日は流れて……
おい、わかったよ。おまえらのやってることすごくイイでチュー。
なんかおまえずいぶん変わったなー。
ヒゲヅラかよ。
ジェリーこの地下室の秘密を教えてやろう。

ここがアメリカ音楽の歴史の入口だ。
この家の地下室はこの国の音楽の重要な場所につながっているんだ
TO ROOTS OF AMERICAN MUSIC
JAZZ SOUL
NORTH CAROLINA
Old Time
SOUTH CAROLINA
TO THE FUTURE
Amish Music
Native Song
Sacred Harp
OKLAHOMA
Gospel Music
Memphis Blues
Conjunto
Western Swing
MISSISSIPPI
TENNESSEE
Cowboy Music
Delta Blues
Swanp
Blue Grass
Nashville Sound
TEXAS
Brass Band
Celtic Music
Dixieland
Texas Blues
ALABAMA
LOUISIANA
New Orleans Blues
Zydeco
GEORGIA
19th Century
EUROPE
AFRICA
♪私は土の中のモグラになりたい—、土の中のモグラのように、あの山の中へ深く入っていきたい——、私は土の中のモグラになりた——い—
1928年にバズコム・ラマー・ランスフォードが広めた「アイ・ウィッシュ・アイ・ワズ・ア・モール・イン・ザ・グランド」というバラッドをリックが歌います。
誰にも知らせず、見られることなく世界を変えたい俺たちのための歌だね。

ところでアーカンソーからリヴォンを呼んだよ。

おう、ドラムはまかせろ。

アメリカ中からたっぷりとアーカイヴが集まったぜ。

さてこれをどう料理する？

重要なのはブルーズ・フィールだ。プレイして、歴史の中にあるブルーズ・フィールをつかまえるんだ。

まず黒人、白人両方の音楽家に敬意を表わそう。彼らが互いに影響を与えて熟成された文化が南部にはある。

南部から派生した多様なジャンルは全て平等に評価するべきだ。この考え方の重要さは、21世紀になったらみんな気づくぜ。

MOLES
オレ、録音担当こいつを録らない手はないでチュー。

そして'68年がやってくる頃
モウルズの兄弟たち。そろそろ我が道を行く時じゃないかな？

俺たちは本物のバンドになるぜ!!
みんなすでに次の段階が見えているはずだ
どっこいしょ
ZOZOZOZOZOZ
そろそろウッドストックが退屈になってきたところだ。ヴィレッジにもどって活動するか。
俺たちは俺たちだけのアメリカ音楽を作る旅に出るよ。ボブ、また会おう!!
ボブレコードを出す時はジャケットを描いてくれよ。
70年代はどっちだ?
うお〜〜っ!!このテープをどうしてもレコードにしたいでチュー。
GRATE WHITE WONDER
The END
2022.6 Shoji Umemura

WANTED

DEAD OR ALIVE

Chapter 5
Levon Helm, Rick Danko,
Richard Manuel and
Garth Hudson

TAKASHI IKEGAMI
JIRO MORI
KOHICHI MORIYAMA
YASUKUMI NOTOMI
JUNICHI YAMADA

REWARD

リヴォン・ヘルムのザ・バンド――〝正史〟からハミ出した、もうひとつの中心

森山公一

〝ザ・ラスト・ワルツ〟を終えたあとのザ・バンド分裂物語を振り返る、というテーマを与えられたいま、ふと武田泰敦の著作『司馬遷―史記の世界―』の一節が思い浮かんだ。

《項羽が世界の中心となり、その次に高祖が世界の中心になったと云うより、項羽と高祖が二人で〝世界の中心〟をかたちづくっているように見える。縦に時間的に繋がっているのではなく、横に空間的につながっている。重点は項羽個人にあるばかりではない。高祖にばかり負わされているのではない。項羽と高祖という対立する要素の運動に重点があるのである。中心と中心の関係、絶対者と絶対者との関係である。》

お互いに言い分はあるだろう。ロビーにしてみれば、仕事にとりかかろうとしているのにドラッグに明け暮れる同僚には我慢がならないだろうし、ほかのメンバーからすれば、相談もなしにスケジュールを決めたり、曲の権利を独り占めする男は、やっぱり許せないはずだ。〝歴史は勝者によって書かれる〟と言われるが、相手を皆殺しにして口封じができた昔の権力者ならまだしも、現代ではそんな事は不可能なはず。勝ち負けを商業的な成功や社会的地位で判断するのは間違っているが、『ロビー・ロバートソン自伝　ザ・バンドの青春』の出版や、映画『ザ・バンド　かつて僕らは兄弟だった』の公開などを通じて、メンバーの意見を殆ど入れずにバンドを総括しているような流れを見るにつけ、今後は〝ロビー史観〟が浸透して、いろんな事がなかったことにされるのでは？と危惧している。

そこでこの項ではザ・バンドのもうひとつの中心であ

るリヴォン・ヘルムを軸に、それぞれのメンバーの活動やザ・バンドの再編について追いかけていきたい。

1977年にまず行動を起こしたのは、リック・ダンコだった。クライヴ・デイヴィスが興したアリスタ・レコーズとの契約をとりつけ、自作曲中心のソロ・アルバム『リック・ダンコ』の制作を開始する。刺激を受けたリヴォンも旧知のプロデューサー、ヘンリー・グローヴァーの力を借りて、新グループ《RCOオールスターズ》を結成、アルバムも発表した。翌78年にはマッスル・ショールズに赴いてソロ作を録音するが、チャートには入らず、意気消沈していたところに俳優業の依頼が舞い込んだという。初出演作『歌え！ロレッタ愛のために』の演技は高く評価され、その後も音楽活動と並行して、数多くの作品に出演することになる。

コンスタントにアルバムを発表していたリヴォンはライヴ活動にも意欲的になり、同郷のケイト・ブラザーズを従えたツアーや、82年のマッスル・ショールズ勢とのクラブ廻りでは、ザ・バンドの曲も多く演奏されたようだ。そんな折、家を売却するためにマリブからウッドストックに来ていたリックと偶然再会する。共鳴したふたりは83年の初頭から、大学や小さなクラブを会場に、アコースティック・デュオとして活動を開始した。この頃、ディランが飛び入りしたステージ写真が残されているが、大口を開けて絶叫する3人からは、音楽を奏でる喜びと、途轍もない気迫が伝わってくる。

一方で西海岸に残っていたガース・ハドスンは、精力的にアーティストのサポートを続けたほか、若手バンドのザ・コールにデビュー前から力を貸して、アルバムのレコーディングにも参加している。リチャード・マニュエルは、シャングリラ・スタジオにあった離れの一室で酒浸りの日々を送っていたが（シャングリラ立ち退きの際、リキュールの空き瓶が2千本以上出てきた話は有名）、78年からアルコールを抜く治療を受け、数年後には体調も回復して、音楽への情熱を取り戻していた。

83年、いよいよザ・バンドの名のもとに4人が再結集する。当初は拒否していたというガースも、息の合った戦友と演奏する魔力には抗えなかったのだろう。ロビーはリックからの電話で参加を要請されたが、頑なに固辞している。かくして、ケイト・ブラザーズを加えた8人編成でライヴを行う体制が整った。カナダ・ツアー初日のトロントでは、6千人のオーディエンスが熱い声援を送ったという。

しばらくはリユニオンの効力もあったが、音楽業界のトレンドの変化や、昔の悪癖に再び手を染め始めたこともあって、次第に経済的にも息詰まるようになる。ケイト・ブラザーズは解雇、ロビーの代わりを努めるギタリストのジム・ウェイダーを迎えた5人でドサ周りを続けるも、活動の規模は徐々に縮小していった。

そして86年には、小さな会場を長時間かけて渡り歩き、周りからも冷遇される事態が続くようになる。関係者が〝死のツアー〟と呼んでいた演奏旅行中、フロリダのホテルで悲劇が起こった。リチャード・マニュエルが、バスルームで自分のベルトをシャワー・カーテンのレールに巻きつけ、首を吊って死んでいたのだ。残った3人は憔悴しながらも、契約履行のために残りのツアーを続行しなければならなかった。

断続的にザ・バンドとしての活動を続ける中で、89年にはリヴォンとリックがリンゴ・スターの誘いを受けて、第1期オールスター・バンドに加入。久々に大観衆を前にプレイするという、嬉しいニュースもあった。膨大なギャラを受け取ったというが、リヴォンは連日ホテルのルーム・サーヴィスで散財したそうで、結局は赤字になったらしい。こんなどうしようもない計画性のなさが魅力ではあるのだが、いやはやなんとも言いがたい。

ドラムにランディ・シャーランテ、ピアノにホークス時代からの仲間、スタン・セレストを迎えて、リヴォン曰く〝望みどおりのかたち〟となったザ・バンドは、90年にソニーとディールを結び、満を持してニュー・アルバムの制作に取りかかる。しかし、レーベルからの強引な要望に応えられず、契約は解消するが、「好きにやらせてくれた」というインディーのピラミッド・レコードから、復活作『ジェリコ』を93年にリリースした。91年に急逝したセレストの代わりに、またも元ホークスのリチャード・ベルが加入した6人体制で、その後も『ハイ・オン・ザ・ホッグ』(96年)、『ジュビレイション』(98年)と、次々に力作を発表。その後も活動が続くものと思われたが、ここでもまさかの事態が起こる。99年にリック・ダンコが心臓発作により、56歳で突然その生涯に幕を降ろしたのだ。残されたメンバーはザ・バンドの継続を断念、その歴史に終止符が打たれることになった。

最高のパートナーを失った悲しみにくれる中、リヴォンは病魔とも戦っていた。喉頭癌と診断され、声を出せない状態が数年続いた。それでも音楽の神様は、まだ彼を見放さなかった。娘のエイミー・ヘルムや仲間のミュージシャンの支えもあり、04年に自身のスタジオにゲストを招いたライヴ企画《ミッドナイト・ランブル・セッション》をスタートさせる。すぐにウッドストックの名物となり、著名なミュージシャンもこぞって出演したがる人気イベントとなった。立ち上げ当初はドラムに専念していたリヴォンだったが、徐々に声を取り戻し、05年にはリード・ヴォーカルをとるまでになる。ここで得た自信が、奇跡の復活作『ダート・ファーマー』（07年）を産み落とした。エイミーとラリー・キャンベルをプロデューサーに、幼少の頃に親しんだ曲をゼロ年代のアメリカーナ解釈で捉え直したアルバムで、リヴォンはグラミーのベスト・トラディショナル・フォーク・アルバムを受賞。名実ともに音楽界に返り咲いたのだ。09年に続編の『エレクトリック・ダート』、11年には『ランブル・アット・ザ・ライマン』（録音は08年）でベスト・アメリカーナ・アルバムを獲り、三作品連続でグラミーを受賞している。その後も地元で懸命に音楽活動に取り組んでいたリヴォンだったが、12年に癌が再発する。入院生活を余儀なくされ、同年4月19日、惜しまれながら息を引き取った。

ミュージックビジネスのあり方や業界人を嫌悪し、最後まで純粋に音楽と向き合ったリヴォン。《コンサートの規模がどうであろうと、ミュージシャンとして演奏活動を続けているかぎり、ぼくは自分が成功していると感じることができる》という彼の言葉に、ザ・バンドのもうひとつの中心（＝本質）を見る気がするのは、私だけではないだろう。

FIRST TOUR IN 8 YEARS!
THE
BAND
WITH SPECIAL FRIENDS
THE CATE BROS
MARCH 11 & 12
STARRY NIGHT
8 NW 6th AVE.
ADVANCE TICKETS $15.50
21 and over
Tickets Available At: Music Millenium, G.I. Joe's, Meier & Frank Bass Outlets, Galleria Jean Machine

1984年、再結成時のコンサート・ポスター。昔の写真からロビーをカットしたのはプロモーターの仕業だろうが、これにOKを出すマネージメントはなしだと思う。

Levon Helm And The RCO All-Stars
Levon Helm And The RCO All-Stars

ABC／AA1017
録音：1977年
発売：1977年

［A］1. Washer Woman / 2. The Tie That Binds / 3. You Got Me / 4. Blues So Bad / 5. Sing, Sing, Sing (Let's Make A Better World)
［B］1. Milk Cow Boogie / 2. Rain Down Tears / 3. A Mood I Was In / 4. Havana Moon / 5. That's My Home

プロデューサー：Levon Helm, The RCO All-Stars
演奏：Levon Helm (ds, vo, cho), Emmaretta Marks (cho), Jeannette Baker (cho), John Flamingo (cho), Alan Rubin (tp), Tom Malone (tb), Lou Marini (sax), Howard Johnson (sax, tuba), Paul Butterfield (harmonica, cho), Fred Carter Jr. (g), Steve Cropper (g), Booker T. Jones (kbd, per), Mac Rebennack (kbd, cho, g, per), Donald Dunn (b), Charles Miller (sax), Jesse Ehrlich (strings), Louis Kievman (strings), Sid Sharp (strings), William Kurasch (strings), Robbie Robertson (g), Garth Hudson (accordion), Henry Glover ("Band Master")

《ラスト・ワルツ》の翌年、77年にリリースされたRCOオールスターズのファースト・アルバム。メンバーは総勢12名の大所帯。音楽ファンなら面子を眺めるだけで、メンフィス・ソウル＋ニューオーリンズ・サウンド＋シカゴ・ブルーズ＋ブラス・ロック……なアメリカ一大音絵巻を思い浮かべることだろう。その予想を上回る密度で、それぞれの個性が見事に融合した、今なら〝アメリカーナ〟としか呼びようのない独特のルーツ・ミュージックがたっぷりと収録されたのだ。

これだけの濃ゆ～い面子ながら、無駄に泥臭くならずに一定の秩序が保たれてるのは、内袋にサウンド担当メンバーとして写真入りで紹介されているイギリス人エンジニア、エディー・オフォードの手腕によるところが大きい。ELPやイエスなど、プログレッシヴ・ロック勢を手がけて名を上げたオフォードは、この頃アメリカへ移住してきたばかり。注文の多そうな英国人に比べたら、ほぼファースト・テイクでOKな手練れ達の演奏をまとめるぐらい朝飯前だろう。おかげで全体に漂った〝整理された野暮ったさ〟は本作の魅力となったのである。

いつものタマった感じとは違う、リヴォンのジャストなスネア・ドラムが軽快に曲を引っ張る「ウォッシャー・ウーマン」から、ポール・バタフィールドのハープが印象的な「ザ・タイ・ザット・バインズ」へ。作者のドクター・ジョンっぽく、粘っこい歌を聴かせるリヴォンが微笑ましい。続くブッカーTのペンによる「ユー・ガット・ミー」では、単純な8ビートを叩いているだけなのに、完全に16分のフィールを出していて、奏者全員が汲みとった上で合いの手を入れていく。ヘッドアレンジでしか生み出せない極上のグルーヴだ。

本作には、仕掛け人と思われる人物が〝バンド・マスター〟としてひっそりクレジットされている。次の「ブルーズ・ソー・バッド」をリヴォンと共作した、ヘンリー・グローヴァーだ。彼は伝説的な黒人コンポーザー／アレンジャー／プロデューサーで、数々のカントリー・シンガーやR&Bアクトを世に送り出した大物。リヴォンはホークス時代から旧知の仲だった彼をウッドストックに招き、75年に共同でRCOプロダクションを立ち上げる。同年グローヴァーがプロデュースしたマディ・ウォーターズの『ザ・マディ・ウォーターズ・ウッドストック・アルバム』とバタフィールドの『プット・イン・ユア・イヤー』は、どちらもブルーズの枠を気持ちよくハミ出した好盤だが、参加メンバーはもちろん、コンセプトや演奏スタイルもプレ・RCOオールスターズといった形態で、二人がこの頃からアイドリングしつつグループ結成を目論んでいたのではないかと想像させられる。

収録曲に戻ろう。A面最後の「シング・シング・シング」は、ドクター・ジョンもソロ作で取り上げていたニューオーリンズ・スタンダード。「ミルク・カウ・ブギー」は、発掘された77年大晦日のライヴ・ヴァージョン（『ライヴ・アット・ザ・パラディウム・NYC』収録）が凄すぎて見劣りしてしまうが、ここでのダック・ダンのフレーズはやはり発明だと思う。「レイン・ダウン・ティアーズ」のオリジナルは、グローヴァーがキングレコード時代に関わっていたハンク・バラード&ザ・ミッドライナーズ。ソウル然とした原曲よりもスワンピーに仕上げている。そして、フレッド・カーター・ジュニア作の「ア・ムード・ワズ・イン」が最もザ・バンド的に聞こえるのが不思議だ。やはりロビーはルイジアナ音楽からギタープレイ以外にも多くを学んでいたのだろうか。チャック・ベリー作品の中でも異色な「ハバナ・ムーン」では、なんとかトロピカルな雰囲気を出そうと皆が探りながら演奏している様が可笑しい。オーヴァー・ダビングで何とかなった感じではなかろうか。最後はトラッド曲「ザッツ・マイ・ホーム」でまったりと幕を閉じる。

全曲を通してデビュー作とは思えないアンサンブルを成立させたこのスーパー・グループが、スタジオ・アルバム一枚しか残せなかったことが残念でならない。なお、メンバーの大半はブルーズ・ブラザーズ・バンドに加入する。（森山）

The RCO All-Stars
Live At The Palladium NYC - New Year's Eve 1977

Levon Helm Studios／CD-LHS-03［CD］
録音：1977年12月31日
発売：2006年

1. Ain't That A Lotta Love / 2. Washer Woman / 3. A Mood I Was In / 4. Milk Cow Boogie / 5. The Tie That Binds / 6. Going Back To Memphis / 7. Blues So Bad / 8. Born In Chicago / 9. Rain Down Tears / 10. Got My Mojo Working / 11. Sing, Sing, Sing / 12. Ophelia / 13. Good Night Irene

プロデューサー：Levon Helm Studios
演奏：Levon Helm (ds, vo), Donald "Duck" Dunn (b), Steve Cropper (g), Paul Butterfield (harmonica, vo), Mac Rebennack (kbd, vo), Lou Marini (sax), Tom Malone (tb), Alan Rubin (tp), Howard Johnson (tuba, sax)

冒頭の〝ントコトトット〟なフィルイン一発で、「うわぁ、リヴォン・ヘルムや！」と総立ち必至。1977年の大晦日、ニューヨークのパラディウムで行われたROCオールスターズ絶頂期の実況録音盤だ。91年のスタジオ火災で焼け残ったテープからの発掘音源で、リリースは2006年。ブッカーTは不在だが、メンバーはファースト・アルバム制作時とほぼ同じで、満足のいく作品を仕上げたあとの充実感に裏打ちされた最上のパフォーマンスが堪能できる。

「エイント・ザット・ア・ロッタ・ラヴ」はテンポアップされ、スリリングなホーン・アレンジが施されている。スタジオ盤ではヴォーカルが別録音だったのか、グルーヴと歌がかけ離れた印象のあった「ワッシャー・ウーマン」や「ザ・タイ・ザット・バインズ」も、ここでは息もピッタリで、極上のタイム感。中でも「ミルク・カウ・ブギー」でリヴォンとダック・ダンが作り出すビートは特徴的で、ドラムがリフを模した休符で引っ掛けていくのを、パーカッシヴなプレイのベースが先導していく。こんな土台があれば、上物の楽器は楽しくて仕方ないだろう。

ポール・バタフィールドをフィーチャーした「ボーン・イン・シカゴ」や、ドクター・ジョン主導の「ガット・マイ・モジョ・ワーキング」も織り交ぜての全13曲。

　アンコールは、ええ塩梅に力の抜けた「オフィーリア」と、「グッド・ナイト・アイリーン」。原曲のメロディーを崩しまくるのだが、このラインを即座に構築できるのなら、やっぱりリヴォンもザ・バンド時代のメロディをかなり手がけていたのではないか!?と推測してしまうのはエコ贔屓でしょうか。

（森山）

Levon Helm
Levon Helm

ABC／AA-1089
録音：1978年
発売：1978年

［A］1. Ain't No Way To Forget You / 2. Driving At Night / 3. Play Something Sweet / 4. Sweet Johanna / 5. I Came Here To Party
［B］1. Take Me To The River / 2. Standing On A Mountaintop / 3. Let's Do It In Slow Motion / 4. Audience For My Pain

プロデューサー：Donald "Duck" Dunn
演奏：Levon Helm (vo),
Dan Ferguson (g),
Jimmy Johnson (g),
Larry Byrom (g),
Steve Cropper (g, per),
David Hood (b),
Scott Edwards (b),
Barry Beckett (kbd),
Randy McCormick (kbd),
Roger Hawkins (ds),
Willie Hall (ds),
Lou Marini (sax),
Alan Rubin (tp),
Tom Malone (tb, horn arrangements),
Earl Cate (cho),
Ernie Cate (cho),
Mary Berry (cho)

　1978年発表の、初のソロアルバム。プロデュースは気心の知れたドナルド・ダック・ダン。盟友スティーヴ・クロッパー（g）や、RCOオールスターズで一緒にプレイしたホーン陣に加え、ロジャー・ホーキンス（ds）、デイヴィッド・フッド（b）、ジミー・ジョンソン（g）ら、マッスル・ショールズ界隈のミュージシャンも参加した。

　アラン・トゥーサンの「プレイ・サム・トゥナイト」や、アル・グリーンの「テイク・トゥー・ザ・リヴァー」といったニューオーリンズ、サザン・ソウルの名曲や、L.A.スワンプの雄、ダニエル・ムーアのブギー・ナンバー「ドライヴィング・アット・ナイト」、R&Rアレンジの「スウィート・ジョアンナ」（オーリアンズのジョン・ホール作）も取り上げた、ヴァラエティ豊かな意欲作なのだが、エレキギターの歪み具合や各楽器の空間系エフェクター処理に、若干時代を感じる。少し軽いのだ。

　リヴォンはドラムを一切叩かず、ヴォーカルに専念。ダック・ダンもプロデュースに徹しており、ベースの演奏は行っていない。トニー・ジョー・ホワイトの「アイ・ケイム・ヒア・トゥ・パーティー」では、謎のパーカッション類の定位とパッドっぽいエレピが何とも言えないストレンジ感を醸し出していて、これはこれでアリなのだが、普通に御大ふたりがリズムをガツンと録ってたら、抜群に良くなったのでは？とあらぬ想像をしてしまう。

　のちに再編ザ・バンドの折にも帯同したケイト・ブラザーズによるレゲエ風の「スタンディング・オン・ア・マウンテン」など、他の収録曲も粒揃い。一聴をオススメします。（森山）

Levon Helm
American Son

MCA／5120
録音：1979年
発売：1980年

［A］1. Watermelon Time In Georgia / 2. Dance Me Down Easy / 3. Violet Eyes / 4. Stay With Me / 5. America's Farm
［B］1. Hurricane / 2. China Girl / 3. Nashville Wimmin / 4. Blue House Of Broken Hearts / 5. Sweet Peach Georgia Wine

プロデューサー：Fred Carter, Jr.
演奏：Levon Helm (ds, vo, background vo, harmonica), Jerry Shook (g), Buddy Emmons (steel guitar), Kenneth Buttrey (ds), Jerry Carrigan (ds), Hargus "Pig" Robbins (p), Bobby Ogdin (organ, p), Billy Sanford (g), Henry Strzelecki (b, cho), Mitch Humphries (organ, cho), Steve Gibson (g), Steve Schaffer (b), Clifford Robertson (organ), Beegie Adair (p), Todd Cerney (cho), Buzz Cason (cho), Buster Phillips (ds)

リヴォンも父親役で出演したロレッタ・リンの伝記映画『歌え！ロレッタ愛のために』のサウンドトラック盤の成功を受け、MCAレコードで制作されたソロ3作目。プロデュースはホークス時代の同僚で、RCOオールスターズでも一緒にプレイした兄貴分、フレッド・カーター・ジュニアが担当している。前作の反動か、時代に流されることなく自身のルーツを見つめ直し、傑作をモノにした。

全曲ナッシュヴィル録音。ケニス・バトレー（ds）、ハーガス・ピッグ・ロビンス（kbd）、といった腕利きの〝ナッシュヴィル・キャッツ〟の連中が、燻し銀のプレイを聞かせてくれる。

レイ・プライスの「ハートエイク・バイ・ザ・ナンバー」やバック・オウエンスで有名な「アバヴ・アンド・ビヨンド」など、多くのカントリー・クラシックを産み出したハーラン・ハワードの「ウォーターメロン・タイム・イン・ジョージア」からギア全開、続くパーティー・チューン「ダンス・ミー・ダウン・イージー」、スロウな「ヴァイオレット・アイズ」と進む1〜3曲目の流れは最高だ。特にトム・キメルが書いた「ヴァイオレット〜」はメロディーやアレンジに80年代以降主流となるカントリーバラードの萌芽が見えるのが興味深い。ほかにもトム・スカイラーら新進気鋭のソングライターを含む選曲もお見事。

一曲にドラマーが二人参加しているトラックも多い。70年代にエルヴィスのナッシュヴィル録音などで頻繁に行われた方法で、その頃の現場をよく知るフレッド兄さんの指示だと思われる。ロック・ドラムに革命をもたらしたバトレーとリヴォンが同時にプレイする曲では、何度小躍りしたことか。

（森山）

Levon Helm
Levon Helm

Capitol Records／ST-12201
録音：1981年
発売：1982年

［A］1. You Can't Win 'Em All / 2. Lucrecia / 3. Even A Fool Would Let Go / 4. I've Got A Bet With Myself / 5. Money
［B］1. Get Out Your Big Roll Daddy / 2. Willie And The Hand Jive / 3. The Got Song / 4. Give A Little Bit / 5. God Bless 'Em All

プロデューサー：Barry Beckett, Jimmy Johnson
演奏：Levon Helm (vo, ds, per, mandolin), Duncan Cameron (g), Earl Cate (g), Jimmy Johnson (g), Pete Carr (g), Wayne Perkins (g), David Hood (b), Barry Beckett (kbd), Ernest Cate (kbd), Steve Nathan (kbd), Mickey Buckins (ds, per), Owen Hale (ds, per), Roger Hawkins (ds, per), Harvey Thompson (sax), Robert Harwell (sax), Ronald Eades (sax), Ben Cauley (tp), Harrison Calloway (tp), Charles Rose (tb), Jimmy "Doc" Simpson (clarinet), Ava Aldridge (cho), Bonnie Bramlett (cho), Lenny LeBlanc (cho), Mac McAnally (cho), Richard Sup a(cho), Robert Byrne (cho), Ron Eoff (cho), Russell Smith (cho), Terry Cagle (cho), Wayne Perkins (cho), Will McFarlane (cho)

リヴォンには自身の名前を冠したアルバムが二枚あり、紛らわしいのだが、こちらはマッスル・ショールズで制作された82年作。ジミー・ジョンソンとバリー・ベケットのプロデュースで、スワンパーズ系のプレイヤーが脇を固めた。

セルフタイトルのアルバムには名盤が多いという定説を連続で覆し、従来のファンからは評判の悪かった本作だが、今の耳で聞くと、そこまで悪くない。爽やかなギターのストロークで始まる「ユー・キャント・ウィン・ゼム・オール」は一曲目に相応しい華やかさだし、チャーリー・リッチやジョー・コッカーなど、多くのシンガーが取り上げたトム・スノウ作のパワー・バラード「イーヴン・ア・フール・ウッド・レッド・ゴー」も渋い。ビートルズでお馴染みの「マネー」や、ジョニー・オーティスの「ウィリー・アンド・ザ・ハンド・ジョブ」といったR&Bクラシックのアレンジも冒険的だ。前者はおそらく本人のプレイだと思われる独特のドラミングに、ベタ貼りのクラップと加工したクラヴィネットが絡んで、何となくニューウェイヴ的に響いてくる。「ウィリー〜」のコラージュで編んだセカンドライン風ビートも可笑しい。

一般的にイメージされるマッスル・ショールズ・サウンドとは違った硬質なプロダクションやデジタル臭が、低評価の原因なのだろうが、本作はとにかくリヴォンのヴォーカル・アプローチが素晴らしい。当時は40代前半、音楽家として脂の乗り切った年齢で、力を抜くことも覚えたのか、緩急のつけ方が抜群に上手い。特に「アイヴ・ガット・ア・ベット・ウィズ・マイセルフ」の歌唱は、リズムや声のハリとダイナミクス、どこを取っても文句なしの出来だ。（森山）

Levon Helm & The Crowmatix
Souvenir Vol.1

Woodstock／no number［CD］
録音：1996年, 1997年
発売：1998年

1. I Finally Got You / 2. Java Blues / 3. Poor Little Fool / 4. Crazy 'Bout You Baby / 5. Don't Ya Tell Henry / 6. That's Alright / 7. Milk Cow Boogie / 8. Rag Mama Rag / 9. Too Close Chairs / 10. Paramount / 11. 300 Lbs / 12. Great Beyond

プロデューサー：Aaron L. Hurwitz, Levon Helm, The Crowmatix
演奏：Levon Helm (vo, mandolin, harmonica, g),
Aaron "Louie" Hurwitz (p, organ, syn, accordion, vo),
Mike Dunn (b, g, vo),
Jimmy Eppard (g, mandolin, vo),
Randy Ciarlante (ds, per, vo),
Garth Hudson (horns),
Tom Malone (horns),
Amy Helm (cho),
Richard Bell (organ),
Jim Weider (slide guitar)

《スーベニア＝土産物》と題されたリヴォンとザ・クロウマティックス、唯一の共演アルバム。1996〜97年の間に行われたライヴ・テイクとスタジオ音源で構成された。

発売元であるウッドストック・レコードのオーナーで、再編ザ・バンドのアルバム群のエンジニアリングとプロデュースを担った〝プロフェッサー・ルイ〟こと、アーロン・ハーウィッツが本作の首謀者だろう。裏方仕事のほか、鍵盤系はもちろん数曲でリード・ヴォーカルも披露している。

『ハイ・オン・ザ・ホッグ』製作直後の仲睦まじい状態だったのか、ザ・バンド大集合で、ガース・ハドソン、ジム・ウィーダー、ランディ・シアランテ、リチャード・ベルまで、リック・ダンコ以外、当時のメンバー全員が参加している。（リックとアーロンが一番仲良かったはずなのに何故?）。それに気を遣ったのかどうなのか、リックの持ち曲「ジャヴァ・ブルーズ」が収録されていて、これがすこぶるカッコいい！タメの効いたリヴォンの歌にガースのアコーディオンが絶妙なタイミングで呼応していく。本作でリヴォンのドラムは聞けないものの、ハープやマンドリンの演奏はゴキゲンだ。

リヴォンのメイン・ヴォーカルは5曲。残りは前述のアーロンやランディ、女性シンガーのマリー・スピノザがリードを取っているのだが、正直マリーのヴォーカル曲は大阪ミナミのライヴ・バーでブルーズ大好きオバハンの歌を聞かされているようで、あまりいただけない。

21世紀に入ってからもアーロンはバンドを継続、プロフェッサー・ルイ＆＆ザ・クロウマチックス名義で数多くのアルバムを発表している。（森山）

Levon Helm Band Starring Little Sammy Davis
The Midnight Ramble Sessions Volume One

Levon Helm Studios／no number
録音：2004年10月23日［CD+DVD］
発売：2005年

［**CD**］1. Sad Hours / 2. Oh Baby / 3. I'm Ready / 4. Blow, Wind Blow / 5. Blues With A Feeling / 6. The New Scratch My Back / 7. I Ain't Lyin' / 8. I'm Crazy About You Baby / 9. Boom Boom, Out Go The Lights / 10. Forty Days And Forty Nights / 11. Going Down To Main Street / 12. a.)Everything Gonna Be Alright / b.) Wrapped Up In Love Again / 13. California Blues [Bonus Track]
［**DVD**］same as CD

プロデューサー：The Levon Helm Band
演奏：Levon Helm (ds),
Little Sammy Davis (vo, harmonica),
Fred Scribner (g),
Mike Merritt (b),
Garth Hudson (accordion),
Carey Brown (p)

癌の治療費による経済状態の逼迫を解消するため、本拠地であるリヴォン・ヘルム・スタジオ、通称〝ザ・バーン〟で２００４年にスタートしたミッドナイト・ランブル・セッションは、スターを間近で見られる機会とあって、すぐにウッドストックの名物となっていく。

本作は04年10月23日の模様を収めた、同シリーズのリリース第一弾。主役はミシシッピ生まれのブルーズマン、リトル・サミー・デイヴィス。50年代からフロリダやシカゴで活動していた、ハーピスト／ヴォーカリストだ。70年に妻が亡くなって以降、しばらくは音楽から遠ざかっていたそうだが、90年代にアルバム『アイ・エイント・ライイン』をリリースして復帰、その後はニューヨークのシーンで活躍していた。

本作の演奏者はサミーとギタリストのフレッド・スクリブナー、ベースのマイク・メリットにリヴォンを加えた4人編成（ボーナストラックを除く）。取り上げた楽曲はリトル・ウォルター6曲に、マディ・ウォーターズ4曲と殆どシカゴ・ブルーズ祭りといったセットだが、スクリブナーが全編で奏でるガット・ギターによる特異なプレイと、リヴォンの誰にも真似できないシャッフル感が、ただのブルーズ・バンドとは一味違う雰囲気を醸し出している。エルヴィス・コステロがリヴォンのドラムを評して《洪水の部屋の中で急いで隅に移動しているタップ・ダンサーのよう》と語った事があるが、確かに〝跳ね〟からストレート・ビートへ急速に移行するときにそれが実感できる。ミックスも相当大きめだし、リヴォンのドラム・プレイを堪能するという意味では、ひょっとしたら本作がうってつけなのかも知れない。

（森山）

The Levon Helm Band
The Midnight Ramble Sessions Vol.2

Levon Helm Studios／no number［CD+DVD］
録音：2004年1月, 11月, 2005年3月
発売：2005年

［CD］1. Battle Is Over But The War Goes On / 2. What Kind Of Man Are You / 3. Don't Ya Tell Henry / 4. Blue Shadows / 5. All About John / 6. I Want To Know / 7. A Fool In Love / 8. Borrowed Time / 9. When The Battle Is Over
［DVD］1. ～ 9. same as CD / 10. Bonus Track: Don't Ya Tell Henry (Rehearsal)

プロデューサー：Amy Helm, The Levon Helm Band
演奏：Levon Helm (ds, vo),
Amy Helm (mandolin, vo),
Johnnie Johnson (p),
Little Sammy Davis (vo, harmonica),
Dr John (g, vo),
Jon R. Smith (sax),
Sean Costello (g, vo),
Andrew Shober (b, vo),
Julia Smith (vo),
Stephen Bernstein (tp),
Byron Isaacs (b, vo),
Eric Lawrence (sax),
Tony Leone (ds, vo),
Fiona McBain (g, vo),
Glen Patscha (kbd, vo),
Larry Cambell (fiddle, vo),
Jimmy Vivino (g, vo),
Mike Merritt (b)

あの声が戻ってきた！　2005年に届けられたミッドナイト・ランブル・セッションズの第二弾は、04年1月10日と24日、11月27日、05年3月26日のパフォーマンスからのハイライトで構成されたCDとDVDのセットだ。

第一集ではドラムに専念していたリヴォンだったが、ここでは4曲のリード・ヴォーカルを披露して、癌を克服した姿が往年のファンを熱狂させた。これまで何度も取り上げた、ディラン作「ドント・ヤ・テル・ヘンリー」での振り絞った歌唱が泣ける。DVDのボーナスにはバックヤードで録られた同曲のリハーサル・テイクも収録。こちらも必見だ。

愛娘エイミー・ヘルムが歌う「ホワット・カインド・オブ・マン・アー・ユー」と、父娘のアイコンタクトが嬉しい「アイ・ウォント・トゥー・ノウ」は、どちらもレイ・チャールズの曲だ。時期的に、追悼コンサートの意味合いもあったのだろう。

若きブルーズマン、ショーン・コステロが熱いヴォーカルとギターを聞かせる「ブルー・シャドウズ」や、フラッと遊びに来た体で個性炸裂、ドクター・ジョン参加の「ボロウド・タイム」など、ゲスト勢も楽しそうだ。中でも光るのがチャック・ベリーとの共演で知られるピアニストのジョニー・ジョンソン。バッキングはもちろん、ソロ曲「オール・アバウト・ジョン」での、力の抜けた的確な指さばきはまさにレジェンドだ。

なお本作は、コンサートの翌年、天寿を全うしたジョニーの最期の記録となった。残念ながら、ショーンも08年に28歳の若さでオーヴァー・ドーズで亡くなってしまったので、生前の二人の渾身のプレイが聞ける貴重な作品だ。（森山）

The Levon Helm Band
It's Showtime: The Midnight Ramble Vol. 3

Vanguard／78248-2［CD］
録音：2005年～2010年
発売：2014年6月30日

1. The Same Thing / 2. Ain't That Good News / 3. God Don't Never Change / 4. Drivin' Wheel / 5. I'm A Jealous Man / 6. Stagger Lee / 7. Simple Twist Of Fate / 8. One More Shot / 9. Turn Around / 10. The Beautiful Lie / 11. A Certain Girl / 12. Shake Your Money Maker / 13. Take Me To The River

プロデューサー：Brendan McDonough, Larry Campbell, Barbara O'Brien, Levon Helm
演奏：Levon Helm, Amy Helm, Alexis P Suter, Brian Mitchell, Byron Isaacs, Catherine Popper, Clark Gayton, Curt Ramm, Curtis Fawlkes, Erik Lawrence, Fiona McBain, Glenn Turner, Howard Johnson, Jay Collins, Jimmy Weider, JimmY Vivino, Justin Guip, Larry Campbell, Lincoln Schleifer, Sammy Davis, Matt Haviland, Mike Merritt, Paul Ossola, Ray Grapone, Steven Bernstein, Teresa Williams, Tony Leone, Vicki Bell

リヴォンの没後、2014年に突如発表されたミッドナイト・ランブル・セッションの第三弾。04～10年に行われた、数多くのライヴから選ばれた名演集だ。

ハウスバンドの中核を担っていたキーボーディスト、ブライアン・ミッチェルが指揮を取るディラン「運命のひとひねり」のアレンジが面白い。独特のダミ声と軽快なタッチの鍵盤に、思わずお酒が進みそう。アラン・トゥーサンがゲスト出演して、自作曲を披露した07年元日の「ターン・アラウンド」もお見事。余裕綽々な御大のピアノとヴォーカルに、自然と体が動き出す。同曲には一緒にステージに上がったエルヴィス・コステロもクレジットされているが、ギター演奏のみで歌唱はナシ。コステロの自伝によると、当日は全曲参加したそうで、ほかの演目も聞いてみたいところだ。

ブラック・クロウズのクリス・ロビンソンが歌う「シェイク・ユア・マネー・メイカー」も好み。デビュー・アルバムのタイトルにもなったエルモア・ジェイムズのファンキー・ブルーズを情感たっぷりに歌い上げている。ジミー・ペイジとの共演盤や、フィル・レッシュのグループに加わった時など、先輩に囲まれた時のクリスは、調子に乗りすぎなくてシンプルに格好いい。カール・パーキンスのカントリー・ルーツが覗く「ターン・アラウンド」を歌うのは、本作でもプロデューサーを務めたラリー・キャンベルの細君、テレサ・ウィリアムズ。実に的を得た選曲だ。白眉は主役リヴォン入魂の「テイク・ミー・トゥー・ザ・リヴァー」（アル・グリーン作）だろう。78年のソロアルバムに対する30年越しのリヴェンジの如く、痒い所に手が届いた極上のアンサンブルが楽しめる。**（森山）**

Levon Helm
Dirt Farmer

Dirt Farmer/Vanguard／79844-2［CD］
録音：2007年
発売：2007年10月30日

1. False Hearted Lover Blues / 2. Poor Old Dirt Farmer / 3. The Mountain / 4. Little Birds / 5. The Girl I Left Behind / 6. Calvary / 7. Anna Lee / 8. Got Me A Woman / 9. A Train Robbery / 10. Single Girl, Married Girl / 11. The Blind Child / 12. Feelin' Good / 13. Wide River To Cross

プロデューサー：Larry Campbell, Amy Helm
演奏：Levon Helm (g, mandolin, ds, vo), Amy Helm (mandolin, per, p, ds, vo), Larry Campbell (fiddle, mandolin, per, cho, g), Byron Isaacs (b, per, cho), Buddy Miller (cho), Julie Miller (cho), Brian John Mitchell (p, accordion, cho), Glenn Patscha (organ), George Receli (per), Teresa Williams (cho)

２００５年頃のことでしょうか。私事になりますが、一緒に上京してデビューしたメンバーが地元に帰り、やっていたバンドが休止状態に。途方に暮れていたところを当時の事務所社長に拾っていただき、音楽をやりながら月～金でプロダクション業務に勤しんでおりました。デスクワークの傍ら、次のバンド構想を練っていた私が熱心に聞いていたのが、所謂アメリカーナと呼ばれる〝古くて新しい〟音楽でした。ドライヴ・バイ・トラッカーズ、ガーフ・モリックス、BR5－49、シューター・ジェニングス、ジム・ローダーデイル…数え上げればキリがないほど、出会う楽曲やアーティストに夢中になりました。「これだ！」と決めた私は数年かけてルーツを遡り、すっかりカントリーな人になってしまい、今では京都の老舗カントリーバンド「テネシーファイブ」（結成64年目！）にも参加しているのですが、それはまた別の話。

何故こんな事を書き連ねたかと言うと、本稿の主題である『ダート・ファーマー』は、発表当時そう多くなかった周りのアメリカーナ・ファンに、メガトン級の衝撃と感動を与えた作品だからなのです。

１９９８年に喉頭癌の診断を受け、しばらく歌えず話せずの状態で過ごしたリヴォンは、逆境と戦いながら懸命に音楽を続けた。家族や仲間の献身的な支えもあって、徐々に声を取り戻し、恒例となっていたランブル・セッションでも歌唱を再開。娘エイミー・ヘルムの助言もあり、満を持して自らの作品に取りかかる。幼い頃に両親から教わった楽曲を軸に、新旧のマテリアルを厳選、ボブ・ディランとの仕事でも知られるラリー・キャンベルの全面協力を得て、25年ぶりの大傑作ソロ・アルバムが完成した。

本作はスタンレー・ブラザーズに捧げられた「ファルス・ハーテッド・ラヴァー・ブルーズ」で豪快に幕を開ける。ハンパない躍動感は復活の狼煙だ。貧しい小作農の不遇を描いた「プア・オールド・ダート・ファーマー」は、経験してきた苦境を投影しているかのよう。スティーヴ・アールの「ザ・マウンテン」にはバディー&ジュリー・ミラー夫妻が参加して、見事なハーモニーを聞かせている。「リトル・バーズ」「ザ・ガール・アイ・レフト・ビハインド」はトラッド曲。マウンテン・ミュージックを現代に蘇らせる試みは、00年の『オー・ブラザー』のサントラが有名だが、本作のアプローチはさらに一歩進んだものだ。伝統的なアコースティック楽器に、エレキベースやフルセットのドラムが絡む編成は新鮮だった。全編に渡って手堅いプレイを聞かせるバイロン・アイザックス（現在、今をときめくルミニアーズで活動中！）作の「キャルヴァリー」に漂うバイヨー感もいい。フィドルのダブル・ストップ伴奏のみで歌われる「アナ・リー」はゴスペルの趣き。『ジェシー・ジェイムスの伝説』以来の付き合いとなる英国人、ポール・ケナーリーの作品も2曲取り上げている。「ガット・ミー・ア・ウーマン」で聞けるエイミーのドラムは、タイム感、キット・バランス共に父親譲りで思わずニヤリ。珍しくリヴォンが弾く生ギターが聞けるのが「ア・トレイン・ロバリー」。雑だがカントリー・マナーに則った奏法にルーツが感じられる。ハイライトはカーター・ファミリーの「シングル・ガール、マリード・ガール」だ。誰もがザ・バンドを思い起こすリズムの解釈と、コーラスのアレンジが絶品。どカントリーな「ザ・ブラインド・チャイルド」を挾んでの「フィーリング・グッド」では、エイミーとの愛情たっぷりなデュエットに心和む。ラストを飾るのは、前述のミラー夫婦による「ワイド・リヴァー・トゥー・クロス」。〝私は長い道のりを歩いてきたが、まだ何マイルも進むことができる。〟リヴォンの本気が窺える渾身の出来栄えだ。

本作は第50回グラミー賞に於いて、ベスト・トラディショナル・フォーク・アルバムを見事受賞。名実ともに最高の再スタートとなった。

余談ですが、思い込みの激しい私は《ザ・マーム》というアメリカーナ・バンドを結成。本作と同じ07年に再デビューできたのでした（全然売れへんかったけど）。

（森山）

Helm, Hudson & McCoy
Angel Serenade

Green Swamp Records／GSR 11909［CD］
録音：2003年
発売：2004年

1. Ace In The Hole / 2. Sentenced To Love / 3. You're The Only Thing / 4. Angels Serenade / 5. I Stood There Like A Stone / 6. Hey Now / 7. Spanish Moon / 8. Blue Water Runs Deep / 9. Something 'bout The Smokies / 10. Talkin' To Myself / 11. Runaway Train / 12. I'm Your Toy (Hot Burrito #1)

プロデューサー：Tommy McCoy
演奏：Gary McCoy (g, b, mandolin, banjo, dobro, vo),
Doug Thomas (vo),
George Tricomi (p, tp, tb, sax, horn arrangement),
Levon Helm (ds),
Garth Hudson (organ, electronics, accordion)

2008 Reissue:
Helm, Hudson & McCoy
Angels Serenade

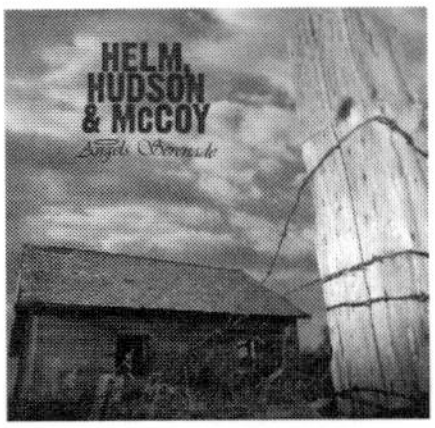

Music Avenue/Blues Boulevard／250227［CD］
発売：2008年

元々は2006年にトーマス・マッコイ・バンド名義でリリースされた作品で、08年にアーティスト表記を変更して再リリースされた。フロリダのブルーズ系シンガー／ギタリストのトーマス（トミー）が地元ミュージシャンを引き連れてリヴォン・ヘルム・スタジオに赴き、憧れのレジェンド2人と録音した12曲が収録されている。その経緯から、リヴォンのディスコグラフィに入れるのは抵抗があるのだが、聞いてびっくり、なかなかの佳作でありました。

オープニングの「エイス・イン・ザ・ホール」からザ・バンド風ナンバーでイラッとさせられたが、〝あれ？やっぱコレ本人だわ〟なドラムの音とプレイに早くも惹きつけられる。

ニール・ヤングを意識したようなマイナー調の「センテンスド・トゥー・ラヴ」や、フォーキーな「サムシング・バウト・ザ・スモーキーズ」など、自作曲がバラエティーに富んでいて飽きさせない。コンテンポラリー・カントリー的な「アイ・ストゥッド・ゼアー・ライク・ア・ストーン」にはシングルヒットも狙えそうなキャッチーさがある。

面白いのが得意技を惜しげもなく披露するガース・ハドソンで、オルガンやアコーディオンでのオブリガートに既視感を覚えるリックを連発している。極めつけは「ランナウェイ・トレイン」で、〝先輩！「チェスト・フィーバー」のヤツ、やってくださいよぉ〜〟と、せがまれたであろう、スタジオでの光景が目に浮かぶ。クロージングはグラム・パーソンズの「アイム・ユア・トイ（ホット・ブリトー＃1）」。私も大好きでライヴでよく歌っていた曲なので、最終的には同志を得た気分です。

（森山）

Levon Helm
Electric Dirt

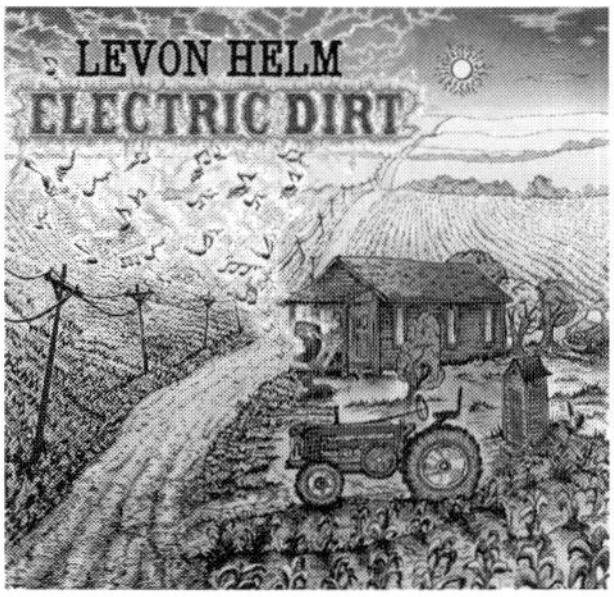

Vanguard／79861-2［CD］
録音：2008年
発売：2009年6月30日

1. Tennesse Jed / 2. Move Along Train / 3. Growin' Trade / 4. Golden Bird / 5. Stuff You Gotta Watch / 6. White Dove / 7. Kingfish / 8. You Can't Lose What You Ain't Ever Had / 9. When I Go Away / 10. Heaven's Pearls

プロデューサー：Larry Campbell
演奏：Levon Helm (ds, vo, mandolin),
Amy Helm (vo, ds),
Larry Campbell (g, vo, fiddle),
George Receli (cho),
Byron Isaacs (b, cho),
Steven Bernstein (sax, cornet, tp),
Jimmy Vivino (organ, g),
Brian Mitchell (p, organ, accordion),
Erik Lawrence (sax, tb, tuba),
Jay Collins (sax, cho),
Clark Gayton (tb, tuba),
Steven Bernstein (tp),
Howard Johnson (tuba),
Catherine Russell (vo),
Teresa Williams (vo, autoharp, ag)

　約2年という短いスパンで発表された、『ダート・ファーマー』の続編。結果的に遺作となってしまったのが本当に悔やまれる、珠玉のアメリカン・ミュージック集だ。プロデュースのラリー・キャンベル以下、ブライアン・ミッチェル（kbd）、バイロン・アイザックス（b）など、主要メンバーも『ダート・ファーマー』とほぼ同じ。違いといえば、両親に捧げられたという性質上、トラッド・ソングが多かった前作に比べ、同時代に活躍したアーティストの作品を積極的に取り上げた点が挙げられる。ハッピー・トラウム作「ゴールデン・バード」は、アコギ主体の原曲をアパラチアン風にアレンジ。ダルシマーやオートハープの響きが心地良い。ランディ・ニューマンのオリジナルとは異なった雰囲気だが、南部ムードたっぷりの「キングフィッシュ」も贅沢な仕上がりだ。やはりアラン・トゥーサンのホーン・アレンジは唯一無二。

　リヴォンが影響された先人達の曲も収録されている。マディ・ウォーターズ作品は「スタッフ・ユー・ゴッタ・ウォッチ」「ユー・キャント・ルーズ・ホワット・ユー・エイント・ネヴァー・ハッド」。後者ではソロを全編マンドリンで弾くなど、真っ当なブルーズに終わらせないキャンベルのユーモア・センスが垣間見えて楽しい。スタンレー・ブラザーズの「ホワイト・ダヴ」もいい。日本のブルーグラッサーは、編成に怒り出すかもしれないが、本国はそんな堅苦しさはないんだよ、とばかりにドカドカとドラムを叩く御大。流石です。ダグ・サックスによる奥行きのあるマスタリングも素晴らしい本作には、グラミーのベスト・アメリカーナ・アルバム賞が与えられた。（森山）

Levon Helm
Ramble At The Ryman

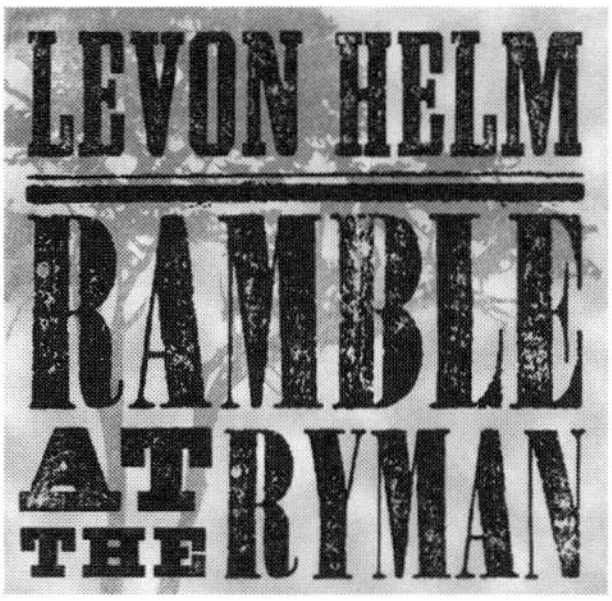

Vanguard／79858-2［CD］
録音：2008年9月17日
発売：2011年5月17日

1. Ophelia / 2. Back To Memphis / 3. Fannie Mae / 4. Baby Scratch My Back / 5. Evangeline / 6. No Depression In Heaven / 7. Wide River To Cross / 8. Deep Elem Blues / 9. Anna Lee / 10. Rag Mama Rag / 1. Time Out For The Blues / 2. A Train Robbery / 3. The Shape I'm In / 4. Chest Fever / 5. The Weight

プロデューサー：Levon Helm, Martin Fischer, Danny Petraitis, Jed Hilly, Barbara O'Brien, John O'Neill
演奏：Levon Helm (vo, ds, mandolin),
Amy Helm (vo, ds, mandolin),
Larry Campbell (vo, g, fiddle, mandolin),
Paul Ossola (b),
Tony Leone (ds),
Erik Lawrence (sax),
Jay Collins (sax),
Clark Gayton (tb, tuba),
Steven Bernstein (tp),
Teresa Williams (vo,ag),
Sammy Davis (vo, harmonica),
Brian Mitchell (vo, p, organ, accordion)
ゲスト：George Receli (per),
Billy Bob Thornton (vo),
John Hiatt (vo, g),
Sheryl Crow (vo, autoharp),
Buddy Miller (vo, g),
Sam Bush (vo, mandolin)

08年にカントリーミュージックの聖地、ナッシュヴィルのライマン・オーディトリアムで行われた〝出張〟ランブル・セッション（以下、ＲＳ）の模様を収めたライヴ盤。私もライマン公会堂を訪れた事があるが、反響の具合も心地よく、音楽と一体になれる素晴らしい会場だ。かくして運良くチケットを手に入れた観客の興奮が伝わる充実の一枚となった。『ダート・ファーマー』の好評と相まって、人気ミュージシャン達もこぞって出演したがるイベントへと成長したＲＳのスペシャル版ということで、ゲスト陣も豪華だ。シェリル・クロウ、ジョン・ハイアット、サム・ブッシュ、バディ・ミラーに加え、俳優のビリー・ボブ・ソーントンも駆けつけている。

どの曲も本当に素晴らしいが、ザ・バンド時代の作品も多くピックアップしているのが特徴で、冒頭の「オフィーリア」やシェリルを迎えた「イヴァンジェリン」、マンドリンで仕掛けてくるリヴォンが愛おしい「ラグ・ママ・ラグ」、キーボードのブライアン・ミッチェルがヴォーカルを取る「ザ・シェイプ・アイム・イン」など、聞きどころがたっぷり。ＲＳには無くてはならない存在のリトル・サミー・ディヴィスをフィーチャーした「ファニー・メイ」、カーター・ファミリーの「ノー・デプレッション・イン・ヘヴン」（シェリル・クロウのオートハープも聞きモノ）、チャック・ベリーの「バック・トゥ・メンフィス」など、カヴァー曲も多岐に渡っている。セットリストも鉄板だ。オーラスは「ザ・ウェイト」。達者なハイアットと、円熟の域に達したリヴォンが歌い分ける。最終ヴァースのエイミーとの父娘ハーモニーも完璧で、見事な大団円だ。

（森山）

Mavis Staples & Levon Helm
Carry Me Home

Anti／87859［CD］
録音：2011年6月3日
発売：2022年5月20日

1. This Is My Country / 2. Trouble in My Mind / 3. Farther Along / 4. Hand Writing on the Wall / 5. I Wish I Knew How It Would Feel to Be Free / 6. Move Along Train / 7. This May Be the Last Time / 8. When I Go Away / 9. Wide River to Cross / 10. You Got to Move / 11. You Got to Serve Somebody / 12. The Weight

プロデューサー：Larry Campbell, Mavis Staples, Levon Helm
演奏：Mavis Staples (vo)
Levon Helm (ds)
Larry Campbell (g)
Rick Holmstrom (g)
Jim Weider (g)
Jeff Turmes (b)
Byron Isaacs (b)
Stephen Hodges (ds)
Brian Mitchell (kbd)
Yvonne Staples (cho)
Donny Gerrard (cho)
Vicki Randle (cho)
Amy Helm (cho)
Teresa Williams (cho)
Steven Bernstein (tp)
Jay Collins (sax)
Erik Lawrence (sax)
Clark Gayton(tb)

また嬉しい贈り物が届いた。リヴォンが亡くなる約一年前、2011年6月3日にメイヴィス・ステイプルズを迎えて行われたミッドナイト・ランブル・セッションの音源が、ついに日の目を見た。

出演者も豪華絢爛。リック・ホルムストロム率いるメイヴィス・バンドのメンバーと、ラリー・キャンベルを中心としたセッションの常連プレイヤーが合流。そこにコーラス5声、ホーン4管、ギターのジム・ウィダーまで加わった大所帯で、稀代のゴスペル・ディーヴァをサポートしている。

イヴォンヌ・ステイプルズも含めた男女混合のハーモニー・ワークも多彩で「ユー・ガット・トゥ・ムーヴ」での掛け合いや、アカペラで披露される「ファーザー・アロング」のセイクレッド感が凄まじい。ステイプルズの曲はもちろん、〝ダート〟シリーズで取り上げたナンバーや、ボブ・ディランの「ユー・ガット・トゥ・サーヴ・サムバディ」といった渋い選曲もあるが、どの曲もメイヴィスにかかれば、一級のソウル・チューンへと変貌を遂げるのだ。

冒頭に据えられたカーティス・メイフィールド作「ディス・イズ・マイ・カントリー」は、元々黒人の権利を訴えた曲だが、《私のプライドを守るために亡くなった人が多すぎる》《我々は不当に滅びるか、国家として平等に生きるかだ》といった言葉に、誰もが現在の世界情勢を思い浮かべるはずだ。ただ、どんなテーマを扱っていても本盤のムードは明るく暖かい。リリースに先立って公開されたMVでは、舞台も客席も終始笑顔で、多幸感たっぷり。「ザ・ウェイト」で少し聞ける、リヴォン最晩年の歌声も、どこか希望に満ちている。 **（森山）**

リヴォン・ヘルムの参加作品

山田順一

歌えるドラマーでマンドリンの名手でもあり、俳優としても活躍したリヴォン・ヘルムの参加作品は多岐に亘る。ウッドストックにある、自宅の納屋に構えたスタジオから拡がった縁もあり、彼は亡くなる直前まで音楽を続けていた。その魂はすべての作品に生き続けているのだ。

ジョン・サイモンが音楽監督を務めた『ラスト・サマー』のサウンドトラックには、ロビー・ロバートソン以外のザ・バンドのメンバーが参加している。リヴォンはインストゥルメンタルの「ラスト・サマー・テーマ」でマンドリンを弾き、「テンプテーション、ラスト・アンド・レイジネス」ではドラムとマンドリンを担当しただけでなく、サイモンと一緒にヴォーカルも務めた。また「マグネティック・ママ」ではドラムとギターを演奏している。

ジョン&ビヴァリーのマーティン夫妻による『ストームブリンガー!』は、音楽監督のポール・ハリス(のちにマナサス)の薦めから、ウッドストックでリハーサルとレコーディングが行なわれている。リヴォンは「スウィート・オネスティ」と「ジョン・ザ・バプティスト」の2曲でドラムを叩いた。今では英国フォークの名盤として知られているが、ザ・バンドの『ミュージック・フロム・ビッグ・ピンク』に魅せられていたジョンからの回答と見れば、より面白味が伝わってくるのではないだろうか。

『ステージ・フライト』の録音とミックスを担当したトッド・ラングレンが、その直後にリリースしたソロ・デビュー作『ラント』に参加。「ワンス・バーンド」でスティックを握っている。この曲ではリック・ダンコがベースを務めた。アルバムに適したリズム・セクションを試していたトッドが、ザ・バンドでの鉄壁なコンビネーションに目をつけて、二人に声をかけたものと思われる。

俳優、コメディアンとして知られるマーテ

John Simon
Last Summer (The Original Motion Picture Soundtrack)
Warner Bros./Seven Arts/WS1791:1969年

John And Beverley Martyn
Stormbringer!
Island/ILPS9113:1970年

Todd Rundgren
Runt
Ampex/A-10105:1970年

Martin Mull
Martin Mull
Capricorn/CP0106:1972年

ィン・マルのファースト・アルバムには、当時のガールフレンドだったリビー・タイタス（二人の間には娘のエイミーが生まれた）とともに協力し、ドラム、コーラス、ホイッスルを演奏している。

リンゴ・スターの3作目『リンゴ』には、リチャード・マニュエルを除くザ・バンドのメンバー4人が参加し、「サンシャイン・ライフ・フォー・ミー」で揃って演奏した。リヴォンはマンドリンを弾いている。リンゴは5作目の『リンゴズ・ロートグラヴィア』でもリヴォンをマンドリンで起用し、のちに第1期リンゴ・スター&ヒズ・オール・スター・バンドにも呼び寄せた。

私生活で苦悩を抱えていたニール・ヤングが絞り出した『オン・ザ・ビーチ』では、「アバウト・トゥ・レイン」と「レヴォリューション・ブリース」の2曲でドラムをプレイした。とくにリック・ダンコがベースを弾いた、「レヴォリューション〜」でのパワフルなドラミングがとてもいい。ヤングとはこのあともセッションを重ね、その成果は『ホークス&ダヴス』で確認することができる。

ブルーズの巨人、マディ・ウォーターズの『マディ・ウォーターズ・ウッドストック・アルバム』は、リヴォン・ヘルム・スタジオでの初レコーディング作品となる記念すべき一枚。アルバムのプロデューサーであるハワード・ジョンソンとリヴォンの発案でスタートしたこのプロジェクトは、マディのツアー・バンドと、リヴォン（ドラム、ベース）やガース・ハドソン（オルガン、アコーディオン、サックス）、ポール・バターフィールド（ハーモニカ）らウッドストックのミュージシャンが一体となり、御大に気持ちよくプレイさせている。マディと息子たちによる名演を聴いておいて損はない。

『ザ・ベースメント・テープス』のジャケットにも写っているフォーク・シンガー、デイヴィッド・ブルーが76年に発表した『キューピッズ・アロウ』にドラマーとして参加。ジェシ・エド・デイヴィス、デイヴィッド・リンドレー、バリー・ゴールドバーグらとバックを固めている。

Ringo Starr
Ringo
Apple／PCTC252：1973年

Neil Young
On The Beach
Reprise／R2180：1974年

Muddy Waters
The Muddy Waters Woodstock Album
Chess／CH 60035：1975年

David Blue
Cupid's Arrow
Asylum／7E-1077：1976年

ボブ・ディランのローリング・サンダー・レヴューに加わったことで知られるキンキー・フリードマンはカントリー・シンガーで、一時は小説家／コラムニストとしても活動し、テキサス州知事選に出たこともある人物。『ロッソ・フロム・エル・パソ』は彼の3作目で、リンゴ・スター、エリック・クラプトン、ロニー・ホーキンス、ロジャー・マッギン、ミック・ロンソン、ロン・ウッド…といった驚くほど豪華なミュージシャンが参加している。ローリング・サンダー・レヴューのコロラド公演からのライヴ音源も収録されているが、リック・ダンコのソロやクラプトンの『ノー・リーズン・トゥ・クライ』が制作されていた時期にシャングリラ・スタジオでレコーディングされているので、片っ端から声をかけたのかもしれない。リヴォンはドラムとコーラスを担当。リックやリチャード・マニュエルもクレジットされている。キワモノに捉えられがちだが、意外と楽しめる。

　のちに再結成ザ・バンドへと合流するアール&アニー兄弟のケイト・ブラザーズ・バンドが79年にリリースした『ファイヤー・オン・ザ・トラックス』には、バッキング・ヴォーカルで参加した。兄弟との関係は古く、リヴォンがボブ・ディランのツアーから離脱した際に、一緒に活動していた時期がある。兄弟はリヴォンのソロにも貢献した。

　久保田麻琴と夕焼け楽団の『セカンド・ライン』への参加は、リヴォンが78年6月にRCOオールスターズを率いて来日した時に、喜納昌吉&チャンプルーズを観たことがきっかけになって実現。細野晴臣作の「リューチュー・ガンボ～フードゥー・チャンコ」（オリジナルは細野の『泰安洋行』に収録）にリヴォン、ボビー・チャールズ、スティーヴ・クロッパーが加わった。当日は細野の到着が遅れたため、クロッパーがリズム・アレンジを考えている。

『レジェンド・オブ・ジェシー・ジェイムズ』は、アメリカ西部開拓時代のガンマン、ジェシ・ジェイムズの物語を描いたカントリー・ミュージックのコンセプト・アルバムで、リヴォンは主役のジェイムズ役を担当。リー

Various
The Legend Of Jesse James
A&M／SP-3718：1980年

久保田麻琴と夕焼け楽団
セカンド・ライン
日本コロムビア/Better Days／YX-5021-N：1979年

Cate Bros. Band
Fire On The Tracks
Atlantic／SD 19240：1979年

Kinky Friedman
Lasso From El Paso
Epic／PE34304：1976年

ド・ヴォーカルとドラム、ハーモニカを演奏した。「ワン・モア・ショット」は、リック・ダンコ／ヨナス・フィエルド／エリック・アンダーセンのファースト・アルバムにも取り上げられた。

元ザ・ナイス～エマーソン・レイク＆パーマーのキース・エマーソンが手がけた『ベスト・リヴェンジ』は、リヴォンが出演した同名サスペンス映画のサウンドトラック。キースらしいポップなプログレ／AOR的な音楽が展開される中、リヴォンは歌ものの「ストレート・ビトウィーン・ジ・アイズ」でリード・ヴォーカルを担当している。ややミスマッチ感はあるものの、そこがかえって面白い。なお、この曲ではガースのアコーディオンも聴くことができる。

チカーノ・ロックのロス・ロボスによる『ザ・ネイバーフッド』では、ファンキーな「エミリー」でマンドリンとコーラスを披露。さらに「リトル・ジョン・オヴ・ゴッド」でリード・ヴォーカルの一部を務めている。ロス・ロボスとリヴォンの相性のよさは言うまでもないだろう。

ブルース・スプリングスティーンを始め、ニルス・ロフグレンの仲間たちが集結してレコーディングされた『シルヴァー・ライニング』にもリヴォンは顔を出している。タイトル・トラックと「トラブルズ・バック」「ガン・アンド・ラン」の3曲で聴けるコーラスとハーモニカはリヴォンによるものだ。

96年に喉頭癌と診断されたリヴォンは、歌うことこそままならなくなったが、プレイヤーとしては気丈に活動を続ける。98年には、マーキュリー・レヴの『ディザーターズ・ソングス』に参加した。ザ・バンドへのオマージュとして書かれ、シングル・カットもされた「オパス40」で彼のドラミングが堪能できる。なお曲は異なるが、ガースやリヴォンの娘エイミー、リヴォン・ヘルム＆ザ・クロウマティックスのマリー・スピノザらもクレジットされている。

アラバマ生まれのダウン・ホーム・ブルーズ・マン、ルイジアナ・レッドの『ア・ディファレント・シェイド・オブ・レッド』は、

Mercury Rev
Deserter's Songs
V2／63881-27027-2［CD］1998年

Nils Lofgren
Silver Lining
Rykodisc／RCD10170［CD］1991年

Los Lobos
The Neighborhood
Slash/ Warner Bros.／W2-26131［CD］1990年

Keith Emerson
Best Revenge
Chord／CHORD1：1985年

サブ・タイトルの《ウッドストック・セッション》から察せられる通り、ウッドストックのリヴォン・ヘルム・スタジオで録音された。セッションにはガースも加わり、かつての『マディ・ウォーターズ・ウッドストック・アルバム』を彷彿とさせるもので、マディの写真もブックレットに掲載されている。リヴォンはドラムとハーモニカで貢献した。

　リヴォンとルーファス・ウェインライトのセッションは、ニューヨークのベアズヴィル・スタジオで行なわれた。3曲のうち「フォーティーンス・ストリート」が『ウォント・ワン』に、「ジ・オンリー・ユー・ラヴ」が次作『ウォント・トゥー』(04年)へと振り分けられている。これは二枚に連なるコンセプト・アルバムなので、ぜひセットで聴いていただきたい。

　アメリカ、カナダ、オーストラリア出身の5人のマルチ・アーティストが集まったオラベルには、リヴォンの娘であるエイミーが在籍している。そんな縁から彼女たちのデビュー・アルバム『オラベル』に参加し、「ソウル・オブ・ア・マン」と「キャント・ノーバディ・ドゥ・ミー・ライク・ジーザス」の2曲でドラムを叩いた。娘への愛情という部分はあるにせよ、ルーツ・ミュージックへの敬愛の念を表わしながら、ザ・バンドの音楽性を受け継ごうとするグループへの応援という意味もあったはずだ。

　ラヴィ・シャンカールの愛娘でジャズ・シンガー、ノラ・ジョーンズのセカンド・アルバム『フィールズ・ライク・ホーム』には、ガースとともに参加した。「ホワット・アム・アイ・トゥ・ユー?」でドラムを叩いている(ガースはオルガンをプレイ)。かねてからステージでザ・バンドの曲をカヴァーしていた彼女は、なかなかうまくいかなかったこの曲に尊敬する二人を招き、新たな命を吹き込んでもらおうとしたという。スタジオにやってきたリヴォンとガースはセカンド・テイクでこの曲を完成させ、ノラを感激させたというエピソードが残っている。

　ハウリン・ウルフ・バンドのギタリスト、ヒューバート・サムリンのソロ『アバウト・

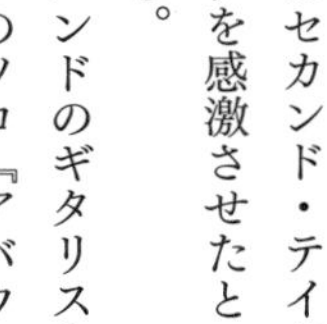

Norah Jones
Feels Like Home
Blue Note/EMI／7243-5-84800-0-9［CD］
2004年

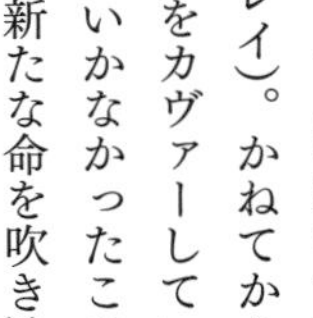

Ollabelle
Ollabelle
Columbia/DMZ／CK90572［CD］2004年

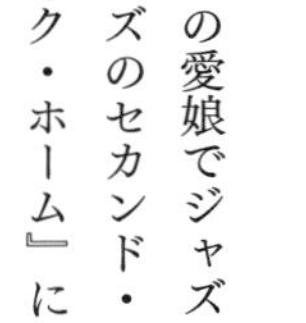

Rufus Wainwright
Want One
DreamWorks／B0000896-12［CD］
2003年

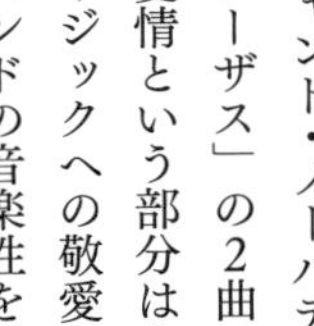

Louisiana Red
A Different Shade Of Red
Severn／CD0016［CD］
2002年

ゼン・シューズ』では8曲でドラムを叩いている。レジェンドのアルバムだけにゲストも豪華で、エリック・クラプトン、キース・リチャーズ、デイヴィッド・ヨハンセン、ジェイムズ・コットンらロック、ブルーズのスターたちが顔を揃えている。ウルフのライバルだったマディ・ウォーターズのレパートリーを多く収録しているのもミソ。なおリヴォンは、サムリンのギター・インストラクション・ヴィデオ『ザ・ブルーズ・ギター・オブ・ヒューバート・サムリン』(リヴォンのスタジオで撮影)でもドラムで共演した。

ブルックリンの若き5人組、クインタスの『ザ・シェイプ・ウィ・アー・イン』はリヴォンのプロデュース。軽快なロック・チューン「ナイト・オウル」でドラムを、カントリー色の強い「ヴァーセズ・トゥ・ア・ソング」ではマンドリンを演奏した。リヴォンの期待の下、彼のスタジオでレコーディングされたこの作品は、レーベルとのトラブルが発生し、広く出回らなかったが、今ではバンドキャンプで手軽に聴くことができる。

ギターの名手、アーレン・ロスの『トゥーリン・アラウンド・ウッドストック』もリヴォン・ヘルム・スタジオ・レコーディング作品。リヴォンは全14曲中12曲でドラムを演奏し、「スウィート・リトル・シックスティーン」と「クライン・タイム」(リヴォンの娘エイミーがコーラスで参加)ではヴォーカルも担当している。初回盤に付属しているDVDにはレコーディングの様子を捉えた映像が収められ、リヴォンの姿を確認することができる。

リヴォン・ヘルム・スタジオで録音されたアルバムはまだある。ジェファーソン・エアプレインやホット・ツナで活躍したヨーマ・カウコネンの『リヴァー・オブ・タイム』もそのうちのひとつだ。ラリー・キャンベルがプロデュースしたこの作品では、「クラックス・イン・ザ・フレッシュ」「トラブル・イン・マインド」「モア・ザン・マイ・オールド・ギター」の3曲でドラムを担当。ヴェテランが繰り出すアコースティック・ブルーズ・サウンドに、タイトなリズムを刻んでいる。「大きな栗の木の下で」も入っているエリザ

Jorma Kaukonen
River Of Tim
Red House／RHDCD217
［CD］2009年

Arlen Roth
Toolin' Around Woodstock
Aquinnah／AQ-5756
［CD+DVD］2008年

Quintus
The Shape We're In
Downtown／DWT70015
［CD］2006年

Hubert Sumlin
About Them Shoes
Tone-Cool/Artemis／TCL-CD-51609［CD］
2005年

ベス・ミッチェルの『サニー・デイ』は童謡集。以前はリサ・ローブやダンカン・シークらとバンドを組んでいたこともある彼女だが、98年のプライヴェート・アルバム『ユー・アー・マイ・フラワー』の制作をきっかけとして、子供向け音楽の分野で活動するようになった。リヴォンは自分のスタジオを使って、カーター・ファミリーの「キープ・オン・ザ・サニー・サイド」、チャック・ベリーの「スクール・デイズ」、エルヴィス・プレスリーのヒットで知られる「ミステリー・トレイン」を録音。ドラムを演奏した。

デイヴィッド・ブロムバーグが、お気に入りのソングライターやミュージシャンを集めて制作した『ユーズ・ミー』にも協力。ウィズ・リヴォンのクレジットで「タン」と「ブリング・イット・ウィズ・ユー・ホエン・ユー・カム」のドラムを務めている。ジャグ・バンド的なアプローチによるリラックスした演奏がとても心地よい。

当初はボブ・ディランの新作プロジェクトとして進められていた『ザ・ロスト・ノートブックス・オブ・ハンク・ウィリアムス』は、ウィリアムスの死後に発見されたノートに遺されていた未完の歌詞に、13組のアーティストが曲をつけて完成させたオマージュ溢れるトリビュート・アルバム。ディラン親子が名を連ねていたことも話題となった。リヴォンは自身が率いるリヴォン・ヘルム・バンドのメンバーを従えて「ユール・ネヴァー・アゲイン・ビー・マイン」に取り組み、復活した歌声とドラムを披露している。

最後に紹介する『ラヴ・フォー・ザ・リヴォン：ア・ベネフィット・トゥ・ザ・バーン』は、12年10月3日にニュージャージーのアイゾット・センターで行なわれた追悼コンサートの模様を収めた作品。収益はリヴォンがウッドストックの自宅スタジオで続けていたコンサート・シリーズ《ミッドナイト・ランブル・セッションズ》を継続する費用に充てられた。リヴォン・ヘルム・バンドとオールスター・バンドがハウス・バンドとなり、観客も含めた全員がリヴォンの人生に心からのリスペクトを捧げている。

Elizabeth Mitchell
Sunny Day
Smithsonian Folkways／SFWCD45064［CD］2010年

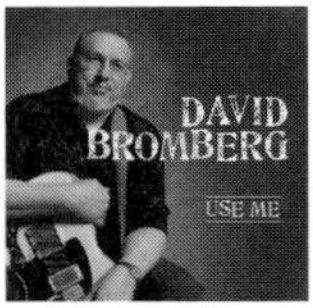

David Bromberg
Use Me
Appleseed／APR-CD-1127［CD］2011年

Various
The Lost Notebooks Of Hank Williams
Egyptian/Third Man/Country Music Foundation/Columbia／C709010［LP+CD］2011年

Various
Love For Levon : A Benefit To Save The Barn
Time Life／30003-D［CD］2013年

 Levon Helm, Rick Danko, Richard Manuel & Garth Hudson

リヴォン・ヘルムの出演映画

納富廉邦

リヴォン・ヘルムの映画俳優デビューは、1980年の『歌え！ロレッタ愛のために』。トミー・リー・ジョーンズの推薦で、シシー・スペイセク演じるロレッタの父親を演じた。いきなりの大役だったが、故郷を離れるロレッタと二人、抱きあう親子と向かってくる列車をワンショットで捉えたシーンは、この映画のハイライトのひとつとなった名演だ。当時40歳のリヴォンを見て感じるのは、ルックスの良さ。ロニー・ホーキンスはバック・バンドに若くてルックスの良い連中を集めていたというだけあって、(忘れられがちだが)実はザ・バンドの面々、ルックスもスタイルも良いのだ。それは多分、重要なこと。サントラには、リヴォンが歌う『ブルームーン・オブ・ケンタッキー』も収録されている。

続いて83年、フィリップ・カウフマンの『ライトスタッフ』では、超音速飛行に挑むパイロット、イエガー（サム・シェパード）の相棒、ジャック・リドリー大佐を演じた。髭を剃って制服に身を包んだリヴォンは若々しい。「ガムあるか？」と訊くイエガーに「一枚なら」と答えるバディ感あふれるやりとりが、冒頭と終盤に繰り返される。

翌84年には、『カナディアン・エクスプレス』との類似によって劇場公開されなかったジョン・トレント監督の『ベスト・リヴェンジ』に出演。この映画は音楽をキース・エマーソンが担当している。続いて、85年には若き日のローラ・ダーンが主演するサイコサスペンス風味の青春映画『スムース・トーク』に出演。家庭に目を向けない父親を演じている。

87年の『ハロー・マイ・トレイン　エンド・オブ・ライン』は、ロビー・ロバートソンが音楽を担当する『炎のメモリアル』のジェイ・ラッセル監督のデビュー作。アーカンソーからシカゴまで盗んだ機関車を走らせて、サウスランド鉄道の存続を訴えに行く主人公（ウィルフォード・ブリムリー）とその親友、リヴォン演じる整備工のレオが印象に残る。

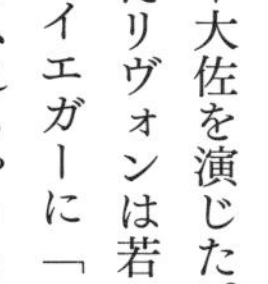

Coal Miner's Daughter
歌え！ロレッタ愛のために
NBCユニバーサル［Blu-ray］
全米公開：1980年

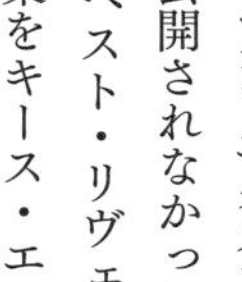

The Right Stuff
ライトスタッフ
ワーナー・ブラザーズ［DVD］
全米公開：1983年

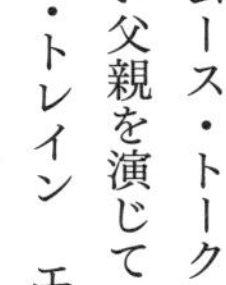

Smooth Talk
Screenbound［DVD］
全米公開：1985年

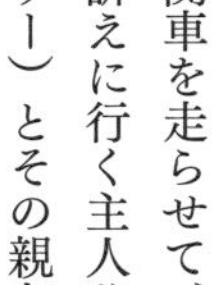

Feeling Minnesota
フィーリング・ミネソタ
ワーナー・ホーム・ビデオ［DVD］
全米公開：1996年

同年の『マン・アウトサイド』には、リヴォンが保安官、ガースが世捨て人、リックが誘拐された少年の父親、リチャードが自警団とロビー以外のメンバーが総出演。苦悩するリック、事件解決に奔走するリヴォンの好演が光る。吊るされた主人公をリックとリヴォンが見ているポスターもつくられた。

89年には家族を巡るコメディ『ステイ・トゥゲザー　青春の絆』、96年には、キアヌ・リーヴス、キャメロン・ディアス主演のコメディ『フィーリング・ミネソタ』に聖書のセールスマン役で出演。若き日のキャメロン・ディアスの極端な蓮っ葉ぶりが見どころ。

翌97年には、スティーヴン・セガールの『沈黙の断崖』に巨大企業に挑むセガールを助けるバディ的な役回りで出演するが、途中で焼き殺されてしまう。98年にはトッド・ウィリアムス監督のデビューとなる自主映画『セバスチャン・コールの冒険』に白髪のお爺さんとして登場。一気に老けていて驚く。05年、トミー・リー・ジョーンズが初監督したルイス・ブニュエル風の西部劇『メルキアデス・エストラーダの三度の埋葬』で、死体を抱えて旅する主人公たちに殺してくれと頼む老人役を好演。強烈なインパクトを残す。DVDや配信もあるので、是非。同年、死んだはずの伝説のカントリー・シンガーを巡るモキュメンタリー『ガイ・テリフィコの生涯と苦難』にロニー・ホーキンスらと本人役で出演。

07年の『ザ・シューター／極大射程』では伝説の銃造りの名人ミスター・レート役。この映画、エンターテインメントとしての完成度はリヴォン出演の中でも出色の出来で、彼のカッコいい爺さんぶりは名優の域にある。

08年、アルバム『ダート・ファーマー』を元にジェイコブ・ハトリーが撮った短編『オンリー・ハーフウェイ・ホーム』に出演。喋るとしゃがれているのに歌うと瑞々しいリヴォンの声に、絶望的な農場の様子を描きながらも希望が見える。小屋に差し込む陽光だけで撮ったような演奏シーンが美しい。

その出演映画のほとんどが、誰かを助け、支える役なのは偶然なのか、リヴォンが、そういう顔をしているということなのか。

Shooter
ザ・シューター／
極大射程
パラマウント［Blu-ray］
全米公開：2007年

The Three Burials of Melquiades Estrada
メルキアデス・エストラーダの３度の埋葬
角川エンタテインメント［DVD］
全米公開：2005年

The Adventures of Sebastian Cole
Paramount［DVD］
全米公開：1998年

Fire Down Below
沈黙の断崖
ワーナー・ホーム・ビデオ
［DVD］
全米公開：1997年

The Band
Jericho

Pyramid/Rhino／R2-71564［CD］
録音：1990〜1991年, 1993年夏（Studio）, 1985年10月（Live）
発売：1993年11月2日

1. Remedy / 2. Blind Willie McTell / 3. The Caves Of Jericho / 4. Atlantic City / 5. Too Soon Gone / 6. Country Boy / 7. Move To Japan / 8. Amazon (River Of Dreams) / 9. Stuff You Gotta Watch / 10. Same Thing / 11. Shine A Light / 12. Blues Stay Away From Me

プロデューサー：Aaron L. Hurwitz, John Simon, Ralph Schuckett, Rick Chertoff, The Band
演奏：Rick Danko (vo, b),
Levon Helm (vo, ds, mandolin),
Garth Hudson (kbd, accordion, sax),
Richard Manuel (vo, p),
Randy Ciarlante (vo, ds),
Rick Bell (kbd),
Jim Weider (g, vo) ,
Champion Jack Dupree (p),
Vassar Clements (fiddle),
Eric Bazilian (mandolin),
Rob Hyman (kbd),
Stan Szelest (p),
Steve Jordan (ds),
Jules Shear (cho),
Tommy Spurlock (g),
Artie Traum (g),
Colin Linden (cho),
Bobby Strickland (sax),
Dave Douglas (tp),
Rob Leon (b)

　リック・ダンコとリヴォン・ヘルムが、アコースティック・デュオとして活動を始めたのは1982年秋のこと。小規模な会場で行われたライヴは、ほどなく《リヴィング・ルーム・セット》と呼ばれるツアーへと発展する。グリニッジ・ヴィレッジ公演ではボブ・ディランも飛び入りするなど、静かな盛り上がりを見せるうちに、ザ・バンド再結成への機運が高まっていった。しかし、同じ頃『キング・オブ・コメディ』のサウンドトラックを手がけるなど、映画音楽の世界で実績を積み重ねていたロビー・ロバートソンとの間に生まれた溝は埋め難く、リック、リヴォンとガース・ハドソン、リチャード・マニュエルに、かねてからリヴォンと交流があったケイト・ブラザーズ・バンドの4人を加えたかたちでバンドが動き始めたのだ。83年に行われた北米ツアーの最中には、来日公演も行われた。メンバーは一時的なリユニオンにするつもりがなかったが、《ザ・ラスト・ワルツ・パート2》と銘打たれたポスターがつくられるなど、周囲の反応は懐古的なものが多かったようだ。

　85年になると、オリジナル・メンバー4人と、その後も活動を共にすることになるギターのジム・ウェイダーによる、かつてと同じ5人編成になり、ツアーを継続していた。このメンバーでレコーディングも行われたが、86年3月4日にリチャード・マニュエルが自ら死を選び、アルバム制作は頓挫する。そのあとはサポート・メンバーを入れ替えながら、ライヴ中心の活動に戻っていた。

ようやく90年にソニーとレコーディング契約を結び、ピアノのスタン・セレストを迎えて録音をすすめたものの、レーベル側は発売を拒否。93年にピラミッド／ライノと新たな契約にこぎつけ、完成したのがこの『ジェリコ』である。

メンバーはリヴォン、リック、ガース、ジム、ドラムのランディ・シアランテとキーボードのリチャード・ベルという布陣。旧知のジョン・サイモンと、各メンバーのソロ活動に協力してきたアーロン・ハーウィッツを共同プロデューサーに据え、曲によってはゲスト・ミュージシャンを起用した、ヴェテランのバンドらしい複合的な体制がとられている。

オリジナルの新曲は少なく、カヴァーを随所に置いたことで、〝なんとかかたちにした〟という見方もできる。なにせリヴォンが詞曲にクレジットされたのが2曲だけ、1曲目のタイトルはジムとコリン・リンデン（カナダのギタリスト／プロデューサー）の共作「レメディ」＝〝療法〟なのである。ライヴは続けていたにせよ、音源の制作においては仕切り直しの〝リハビリ〟といった感が強かったのではないだろうか。メインのソングライターであるロビーを欠き、3人のヴォーカリストの中でもっともナイーヴな表現を引き受けていたリチャードを失っていただけに、〝こうせざるを得なかった〟ことも事実だろう。

その「レメディ」は、現在のジムが率いるザ・ウェイト・バンドもレパートリーにしている、ほどよくポップでルーズなナンバー。メンバー内での歌い分けや鋭いギター・ソロもあって、まさに（当時）最新型のザ・バンドと言える佳曲だ。

ハリー・ベラフォンテがオリジナルの「カントリー・ボーイ」は85年の録音で、ヴォーカルとピアノはリチャード。レコーディング当時は完成に至らなかったことからもわかるように、ヴォーカルにやや不安定なところがある。しかし、このしみじみとした味わいがほかの曲では感じられないところに、大きな不在を感じざるをえない。

日本のファンにはうれしい「ムーヴ・トゥ・ジャパン」は、軽やかなアレンジとは裏腹にアメリカの失業問題をシニカルに扱った歌詞だ。セレストとジュールス・シアーのペンによる「トゥー・スーン・ゴーン」は、90年頃に書かれたものだろう。かつてのザ・バンドっぽいフレーズが散りばめられた、しみじみとしたいい曲だ。

ガースの仕事が目立たないことは気になるが、賛否両論はあるにせよ、この『ジェリコ』に収録された音が、93年時点でのザ・バンドの実像に近いのではないだろうか。　（森）

The Band
High On The Hog

Pyramid/Rhino／R2-72404［CD］
録音：1990年, 1991年, 1995年（Studio）, 1986年1月19日（Live）
発売：1996年2月27日

1. Stand Up / 2. Back To Memphis / 3. Where I Should Always Be / 4. Free Your Mind / 5. Forever Young / 6. The High Price Of Love / 7. Crazy Mama / 8. I Must Love You Too Much / 9. She Knows / 10. Ramble Jungle

プロデューサー：Aaron L. Hurwitz, The Band
演奏：Rick Danko (b, g, vo),
Levon Helm (ds, b, harp, vo),
Garth Hudson (kbd, organ, accordion, ds, sax, tp),
Richard Manuel (p, vo),
Richard Bell (p, kbd, horn),
Randy Ciarlante (ds, per, p, vo),
Jim Weider (g),
Champion Jack Dupree (vo),
Tom Malone (tb, tp, sax),
Howard Johnson (sax),
Blondie Chaplin (g, vo),
Ian Kimmet (vo),
Kenn Lending (g),
Rob Leon (b),
Colin Linden (g),
Larry Packer (violin, viola),
Frank Luther (b),
Ron Finck (fl, sax)

前作『ジェリコ』を発表したあと、再来日公演を果たすなど、活動を継続していたザ・バンドは、96年にこの『ハイ・オン・ザ・ホッグ』をリリースした。メンバーは替わらず、バンドとアーロンが引き続きプロデュースを行っている。

収録曲はやはり外部発注とカヴァーが中心で一抹の寂しさが感じられるが、バンドの一体感が増していることで帳消しになっている。ゲストも少なめで、基本的に6人のメンバーだけで演奏を賄っていることが大きいのだろう。

その傾向が顕著なのが「ザ・ハイ・プライス・オブ・ラヴ」。曲自体は90年頃につくられたようだが、せーので始めて、少しヨレヨレになってもメンバーが呼吸を合わせて演奏を続けているさまが目に浮かぶようだ。

ディランの「フォーエヴァー・ヤング」は、前年に旅立ったグレイトフル・デッドのジェリー・ガルシアに捧げられている。もう1曲カヴァーされたディランの未発表曲「アイ・マスト・ラヴ・ユー・トゥー・マッチ」は、珍しく性急なロックンロール。

また、本作でもリチャードが参加した曲が発掘されている。「シー・ノウズ」は86年1月19日、ニューヨークでのライヴ録音だ。この日はダンコ／マニュエル名義の公演だったため、リヴォンは不在。ガースはいるが、もともとはザ・バンドとしての録音ではないので念のため。胸を締めつけられるようなヴォーカルは、死の直前まで当たり前のようにステージから発せられていたのだ。

最後の「ランブル・ジャングル」は、チャンピオン・ジャック・デュプリーにヴォーカルを任せ、バンドはボ・ディドリーなリズムの解釈に夢中である。（森）

The Band
Jubilation

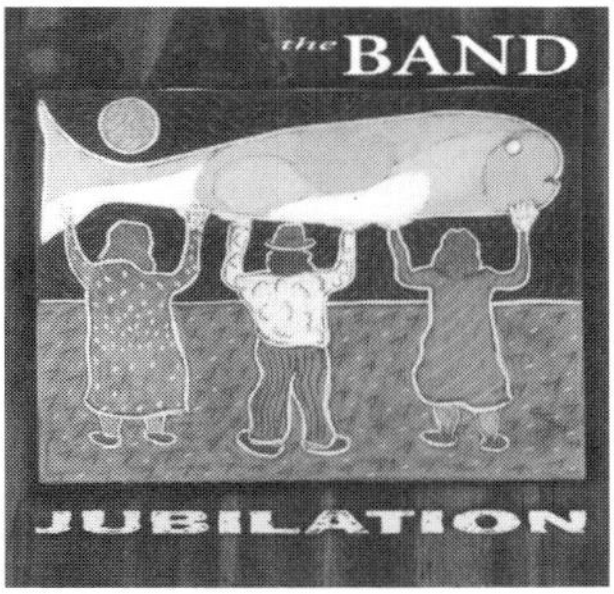

River North/Platinum Entertainment／51416-1420-2［CD］
録音：1998年3月〜5月
発売：1998年9月15日

1. Book Faded Brown / 2. Don't Wait / 3. Last Train To Memphis / 4. High Cotton / 5. Kentucky Downpour / 6. Bound By Love / 7. White Cadillac (Ode To Ronnie Hawkins) / 8. If I Should Fail / 9. Spirit Of The Dance / 10. You See Me / 11. French Girls

プロデューサー：Aaron Hurwitz, The Band
演奏：Rick Danko (vo, g, b), Levon Helm (vo, ds, mandolin, g, per), Garth Hudson (sax, accordion, kbd, per), Randy Ciarlante (vo, ds, per), Jim Weider (dobro, g), Richard Bell (p, kbd, accordion), Aaron Professor Louie Hurwitz (p, organ, accordion, cho), Tom Malone (tb, tp, sax), Eric Clapton (g), John Hiatt (g, vo), Tom Pacheco (g), Bobby Charles (per, cho), Marie Spinosa (per, cho), Marty Grebb (kbd, cho), Jim Eppard (g, mandolin), Mike Dunn (b), Kevin Doherty (cho), Amy Helm (cho), Maud Hudson (cho)

結果的にザ・バンドのラスト・アルバムとなったのが、この『ジュビレイション』だ。本作ではアコースティックなサウンドを中心に据えた、バンドの新機軸と成りうる方向性を示したが、発売の翌年にリックが旅立ってしまい、その歴史に静かに幕を降ろすことになった。

レコーディングはウッドストックにあるリヴォンのスタジオで行われた。プロデュースは引き続き、アーロンとバンド。オリジナルの割合が増え、久しぶりにリックも曲づくりに参加している。

ポール・ヨーストのカヴァー、「ブック・フェイデッド・ブラウン」からアルバムはスタートする。リックが以前から歌っていたナンバーだ。淡々とした立ち上がりになったが、ガースのアコーディオンが効いている。「ラスト・トレイン・トゥ・メンフィス」はボビー・チャールズの曲にリヴォンが詞をつけた、軽快なナンバー。ギター・ソロはエリック・クラプトンだ。「バウンド・バイ・ラヴ」では、作者であるジョン・ハイアットのヴォーカルにバンドの面々がコーラスをつけている。これだけの声が重なると、かつての彼らのセッションを聴いているようにも感じられるのだ。

最後に収められたのは、ガースがシンセサイザーやアコーディオン、サックスなどを重ねた「フレンチ・ガールズ」。「ザ・ジェネティック・メソッド」を発展させたものだ。来たるべきバンドのピリオドのためにつくられた鎮魂曲のように聴こえてしまう。

聴かず嫌いの人も、ぜひ一度耳を傾けて欲しい。ロビーとリチャード抜きのザ・バンドが、ようやく新たなアイデンティティを獲得した瞬間が切りとられているのだから。（森）

再結成ザ・バンドの参加作品

森 次郎

ザ・バンドは再結成されたあとも、さまざまな作品に客演している。

92年に開催されたボブ・ディランのデビュー30周年記念コンサートに、翌年『ジェリコ』を制作することになる6人のメンバーで出演した。ハウス・バンドのドナルド・ダック・ダン、ジム・ケルトナー、G.E.スミスとともに演奏した「マスターピース」は、『ザ・30thアニヴァーサリー・コンサート・セレブレイション』で聴くことができる。映像版では、万雷の拍手を受けて満足げなリックの表情が印象的だ。

95年には、ザ・ドリフターズ「セイヴ・ザ・ラスト・ダンス・フォー・ミー（ラスト・ダンスは私に）」や、エルヴィス・プレスリー「ヴィヴァ・ラスヴェガス（ラスベガス万才）」の作詞で知られる、ドク・ポーマスのトリビュート・アルバム『ティル・ザ・ナイト・イズ・ゴーン／ア・トリビュート・トゥ・ドク・ポーマス』に参加した。バンドはザ・コースターズで知られる「ヤング・ブラッド」をカヴァーしている。ちなみにこのアルバムには、ボブ・ディラン、ジョン・ハイアット、ルー・リード、B.B.キング、ディオン、ブライアン・ウィルソンら錚々たるメンバーが名を連ねているので、興味がある方は一度聴いてみてください。

『ノット・フェイド・アウェイ（リメンバリング・バディ・ホリー）』に参加したのは96年。ザ・バンド&ザ・クリケッツ名義で「ノット・フェイド・アウェイ」をややルーズな雰囲気でカヴァーしている。

エルヴィス・プレスリーのバンド・メンバーとして知られる、ギターのスコッティ・ムーアとドラムのD.J.フォンタナのアルバム『オール・ザ・キングス・メン』では、ランディを除く5人のメンバーがキース・リチャーズとともに「デュース&ア・クォーター」にクレジットされた。ヴォーカルもリヴォンとキースが分け合っている。

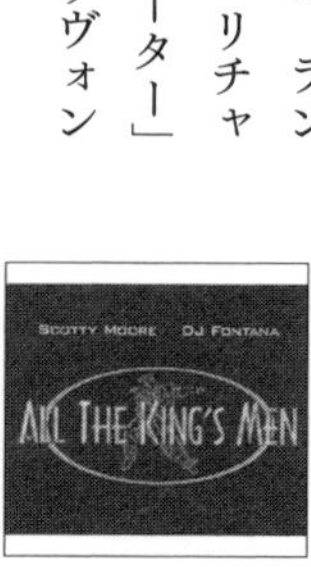

Scotty Moore, D.J. Fontana
All The King's Men
Sweetfish Records／SFR0002-2［CD］1997年

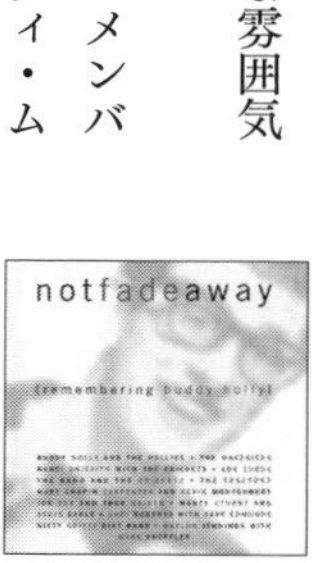

Not Fade Away (Remembering Buddy Holly)
Decca／DRND-11260［CD］1996年

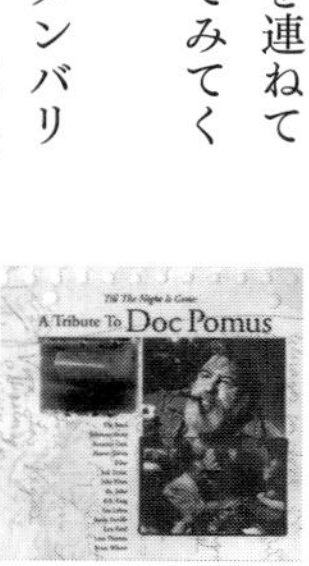

Till The Night Is Gone: A Tribute To Doc Pomus
Forward／R2-71878［CD］1995年

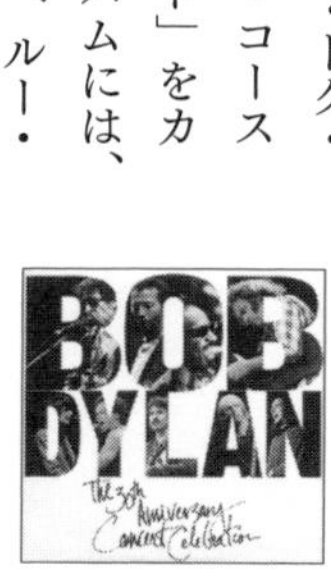

Bob Dylan
The 30th Anniversary Concert Celebration
Columbia／C2K53230［CD］1993年

再結成ザ・バンドの映像作品

納富廉邦

ザ・バンドの再結成は1983年。すでにポピュラー音楽をビデオで販売することが一般的になっていたこともあり、再結成のお披露目となったリユニオン・ツアーの最終日、ヴァンクーヴァーでのライヴを収めた『ザ・バンド・イズ・バック』（83年）が制作されている。カナダ版とアメリカ版で長さが異なり、日本ではカナダと同じインタビュー映像を含む87分の長尺版が発売された。

同じく83年9月2日の新宿厚生年金ホールでのライヴを収録した『ザ・バンド・ジャパン・ツアー』もリリースされている。『〜イズ・バック』とツアーのメンバーもセット・リストもほぼ同じだが、こちらには「ステージ・フライト」と「アイ・シャル・ビー・リリースト」が収録された。『ラスト・ワルツ』から7年、リチャードの歌を中心に据えたこの頃の演奏には、ライヴ・バンドとしての魅力が十分に詰まっている。

96年の『ライヴ・アット・ニュー・オリンズ・ジャズ・フェスティバル』は、日本未発売。リチャード不在の中、ジム・ウェイダーをフィーチャーした「レメディ」などに、現役バンドとしての意地が見える。

同じ年に行われたヨーロッパ・ツアーの最後にライン川のほとりで行われたライヴを収録したのが、01年発売の『ライヴ・アット・ローレライ』。ザ・バンドのほぼ最後の姿を収めた映像には、孤軍奮闘するリヴォンと、どこか必死なリックが捉えられている。

単独作品以外では、ロジャー・ウォーターズの『ザ・ウォール〜ライヴ・イン・ベルリン』（90年）収録の「コンフォータブリー・イナフ」でヴァン・モリソンと共演。『ロニー・ホーキンス'60thバースデイ　コンサート』（05年）ではロニーのバックを務め、ほぼ全曲に参加した。「ウェイト」などのオリジナル曲も披露している。さらに『ボブ・ディラン　30周年記念コンサート』（14年）でも「マスター・ピース」を演奏する姿が見られる。

Let It Rock: The 60th Birthday Concert
ロニー・ホーキンス'60th バースデイ・コンサート
学研［Blu-ray］
発売：2005年

The Band
Live At Loreley
Sanctuary［DVD］
発売：2001年

The Band
Live at the New Orleans Jazz Festival
Pioneer［DVD］
発売：1998年

The Band
The Band Is Back
ザ・バンド・イズ・バック
Umbrella［DVD］
発売：2003年

ザ・ウェイト・バンド

森 次郎

ザ・ウェイト・バンドは、1985年からザ・バンドに参加したジム・ウェイダーが中心となって結成された。リヴォン・ヘルム・バンドの一員としても活動していたジムは、リヴォンが亡くなったあと、ガース・ハドソン、ジミー・ヴィヴィノ、ランディ・シアランテらと《ソングス・オブ・ザ・バンド》と銘打ったステージを行う。そこで演奏した、バンドの曲に対する観客の反応の良さに手応えを感じ、オリジナル曲も混じえてライヴを続けるためにウェイト・バンドを始動させた。

何度かのメンバー・チェンジを経て、2018年にはアルバム『ワールド・ゴーン・マッド』をリリース。オルガンはリヴォン・バンドからブライアン・ミッチェル、キーボードはボニー・レイットと長くコラボレーションを続けたマーティ・グレブ、ドラムはジェイソン・ムラーズのツアー・メンバーを務めたマイケル・ブラム、ベースはジムと旧知のアルバート・ロジャース。

マーティに替わってマット・ザイナーを迎えたウェイト・バンドは、3枚のライヴ・アルバムを発表した。『ライヴ・イズ・ア・カーニヴァル』は19年1月のブルックリン公演、『ライヴ・イン・ジャパン』は同年8月の東京公演を収録したもの。後者には、ライヴでジョイントしたリトル・フィートのポール・バレアとフレッド・タケットも登場する。さらに同年10月にリヴォン・ヘルム・スタジオで行われたライヴと、そのリハーサルの模様(場所はビッグ・ピンクだ)が、日本では『アコースティック・ライヴ・フロム・ビッグ・ピンク&レヴォン・ヘルム・スタジオ』(日Vivid/VSCD3995)として、CD-Rで発売された。3枚ともバンドの代表曲が目白押しである。

22年5月には2枚目のスタジオ・アルバム『シャインズ・ライク・ゴールド』リリース。もはや王道のアメリカン・ロックを体現するバンドとしての風格を備えた一枚だ。

World Gone Mad
The Weight Band／no number［CD］2018年

Live Is A Carnival
蘭・Must Have／MHCD107［CD］2020年

Live In Japan - At Billboard Live Tokyo, Aug. 31, 2019
日・Vivid／VSCD3989［CD］2020年

Shines Like Gold
The Weight Band／WBR003［CD］2022年

ジム・ウェイダー

Rick Danko
Rick Danko

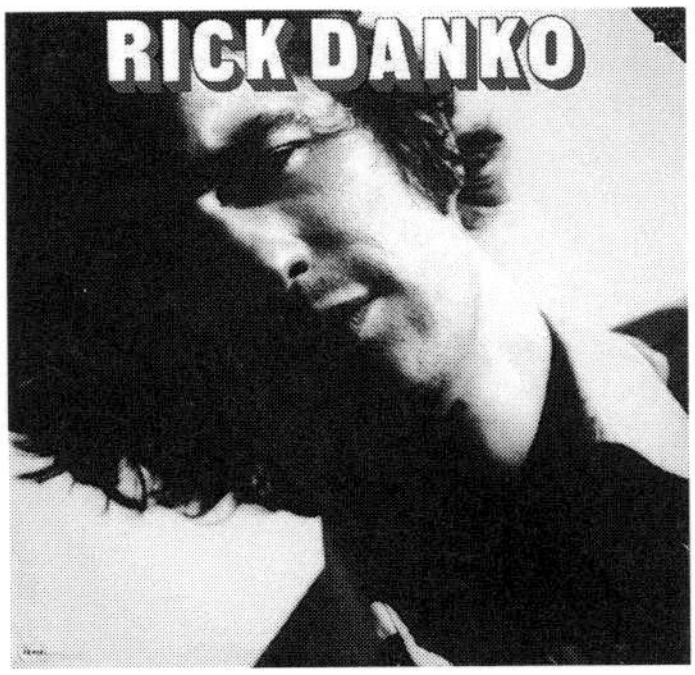

Arista／AB4141
録音：1977年
発売：1977年

［A］1. What A Town / 2. Brainwash / 3. New Mexicoe / 4. Tired Of Waiting / 5. Sip The Wine
［B］1. Java Blues / 2. Sweet Romance / 3. Small Town Talk / 4. Shake It / 5. Once Upon A Time

プロデューサー：Rick Danko, Rob Fraboni
演奏：Rick Danko (b, g, vo), Michael DeTemple (g), Doug Sahm (g), James Atkinson (g), Walt Richmond (p), James Gordon (organ), Denny Seiwell (ds), Terry Danko (ds), Gerry Beckley (cho), Blondie Chaplin (cho), Rob Fraboni (cho), Wayne Neuendorf (cho), Lewis Bustos (horn), Jim Gordon (horn), Charles McBurney (horn), Rocky Morales (horn), Jim Price (horn), Garth Hudson (accordion), Robbie Robertson (g), Richard Manuel (p), Levon Helm (harmony vo), Ronnie Wood (g), Blondie Chaplin (g, b), Tim Drummond (b), Eric Clapton (g), Rob Fraboni (per), Ken Lauber (p), Joe Lala (per), George Weber (organ), Gerry Beckley (g), David Paich (moog)

ザ・バンドのメンバーの中で、最初にソロ・アルバムを発表したのはリック・ダンコだ。契約を結んだアリスタは、1974年に設立された新興のレコード会社ながら、グレイトフル・デッドやキンクス、ルー・リードなど、60年代から活動を続けるバンドやミュージシャンと次々に契約を結んでいた。《ラスト・ワルツ》を終えたリックに声がかけられたのも、クライヴ・デイヴィスが仕掛けた戦略の一環なのだろう。

リックとともにプロデューサーとして名を連ねているのが、ロブ・フラボーニ。当時彼が所有していたシャングリラ・スタジオで、レコーディングの大半が行われた。リックがベースとヴォーカルを担当し、弟のテリー・ダンコ（ドラムス）らを中心としたバンドに、ゲストが加わっている。さらにリックは曲作りにも全面的に参加した。

アルバムは「ホワット・ア・タウン」で幕を開ける。リックとボビー・チャールズの共作だ。ホーンが入った、大人しめのファンキーさがジワジワと効いてくる。リフの延長線上で組み立てられた、簡潔なのに曲のトーンをパシッと決めるギター・ソロはロニー・ウッドだ。歌詞はそのまま受け取るとなんてことはない青春の葛藤を描いているようだが、〝街〟を〝バンド〟と読み替えるとなかなか感慨深いものがある。アウトロはホーンだけになってそのままフェイド・アウト。何かを暗示しているようにも感じられる。

続く「ブレインウォッシュ」はエメット・グローガンとの共作。リック流の性急なロックンロールといったところだ。「ニュー・メキシコ」ではガースがアコーディオンで参加した。ミディアム・テンポでコーラスが多いところがバンド時代を彷彿とさせる。ギター・ソロは〝ザ・バンドに入りたかった〟エリック・クラプトン。ロビーを意識したのか、硬めの音色で細かなフレーズを差し込んでくるが、シンプルで控えめだ。逆に言えば曲にひたすら奉仕しているみたい。そのくらい良いナンバーであることは確かだ。

「タイアード・オブ・ウェイティング」で、ずっと小気味良いギターを弾いているのはダグ・サーム。こちらは曲の邪魔をしないが、しっかり目立っているという職人技だ。アナログA面は、リックが単独で書いた「シップ・ザ・ワイン」で締めくくられる。抑えめのホーンとコーラスがいい味を出しているし、ダグとマイケル・デ・テンプルのややラフなギター・ソロもずっと聴いていたいほどの素晴らしさだ。「ニュー・メキシコ」と同様に、リックはバンド時代に培った楽器や声の重ね方を新たな編成で再構築してみせたのである。

B面に入ると、「ジャヴァ・ブルーズ」でロビーが登場して、パッキパキのギターを弾きまくり、リックもシャウトで応えている。このくらいのシンプルな曲ならお手のもの、といったところ。しかしいいところでカット・アウトされて、哀愁漂う「スウィート・ロマンス」が始まるのだから、音楽性が広いというべきか、天の邪鬼というべきか。

そして、ボビー・チャールズのヴァージョンが72年に発表されていた、ふたりの共作「スモール・タウン・トーク」。ボビーは淡々と歌っていたが、リックは思わず力が入ってしまうところが面白い。ギター・ソロもリック。ぜひ、ふたつのヴァージョンを聴き比べてみてください。

リチャードが鍵盤を弾いているのが「シェイク・イット」。あまり目立たないが良い仕事をしている。実に彼らしい。最後にリヴォンがコーラスをつけた「ワンス・アポン・ア・タイム」が登場する。ザ・バンドを彷彿とさせてしまうのは仕方がないところだが、いい塩梅でかつての要素を散りばめながらアップデイトさせた仕上がりになっている。

本作の発表後、リックはレコーディングに参加したテリーやマイケル、デニー・セイウェル、ウォルト・リッチモンドらとアルバムのプロモーションを兼ねたツアーに出た。翌78年には来日公演も果たし、次作のレコーディングに臨んでいたが、当時リリースされることはなく、アリスタとの契約は終了。リックの生前に発売されたソロ名義のスタジオ・アルバムは、本作のみとなってしまった。

（森）

Danko, Fjeld, Andersen
Danko, Fjeld, Andersen

諾・Mercury／848-834-2［CD］
録音：1991年3月〜4月
発売：3 June 1991年6月3日

1. Driftin' Away / 2. Blue Hotel / 3. One More Shot / 4. Mary I'm Coming Back Home / 5. Blue River / 6. Judgement Day (Slått) / 7. When Morning Comes To America / 8. Wrong Side Of Town / 9. Sick And Tired / 10. Angels In The Snow / 11. Blaze Of Glory / 12. Last Thing On My Mind

プロデューサー：Eric Andersen, Rick Danko, Jonas Fjeld
演奏：Rick Danko (g, b, vo), Jonas Fjeld (g, per, vo), Eric Andersen (g, p, harmonica, vo), Rune Arnesen(ds, per), Hallvard T. Bjørgum (fiddle), Audun Erlien (b), Laase Hafreager (organ), Garth Hudson(accordion), Knut Reiersrud (g, p, harmonica), Kristin Skaare (kbd), Martin Lisland (cho), Solfrid Stene (cho), Hilde Kjeldsen (cho), Kristine Pettersen (cho)

2001 Reissue
Danko, Fjeld, Andersen
One More Shot

諾・BMG Norway／743218559228［CD］
［1］Danko, Fjeld, Andersen
［2］One Mono Microphone Live Recording From Molde Jazzfestival 1991: 1. Mystery Train / 2. It Makes No Difference / 3. Twilight / 4. Blue Hotel / 5. The Bells Are Ringing For You Now / 6. Hey Babe, Have You Been Cheatin' / 7. Sheila / 8. Driftin' Away / 9. Baby I'm Lonesome / 10. Preludium 〜 Skjoldmøyslaget / 11. One More Shot / 12. Blue River / 13. When Morning Comes To America / 14. Lie With Me / 15. Come Runnin' Like A Friend

１９８０年代はリリースの機会に恵まれなかったリックだが、91年に思わぬかたちでアルバムを発表することになる。90年秋にリックとエリック・アンダーセン、ノルウェーのシンガー・ソングライターであるジョナス・フィエルドは、ウッドストックで小さなギグに出演した。手応えを感じた三人は、当時アンダーセンがオスロに居を構えていたこともあって、すぐにノルウェーで短いツアーに出た。ライヴが好評を博したことから、ダンコ／フィエルド／アンダーセン名義のレコーディングに至ったのである。

オスロで録音が行われ、当地のミュージシャンが集められた。基本的に曲は三人が持ち寄っているが、共作もある。各自が楽器を持ち替え、ヴォーカルを分け合い、コーラスをつける。こうなれば、リックの意識はザ・バンド時代とさほど変わらなかったのではないだろうか。

例えば、アンダーセンがつくった「ブルー・リヴァー」のリード・ヴォーカルはリック。アンダーセンとフィエルドがコーラスをつけ、ガース・ハドソンがアコーディオンを弾いたこの曲は、陰影に富んだなんともいえない味わいがある。バンドの延長線上にありながらも、トリオ結成のいちばんの成果になったと言っていいだろう。

01年にはリックの追悼盤のように『ワン・モア・ショット』とタイトルを替えて再発された。ボーナス・ディスクには91年のライヴが収録されているが、これはモノラル録音のＤＡＴがソースとのこと。リックは「メイクス・ノー・ディファレンス」など、バンド時代の曲も取り上げている。本調子ではなさそうだが、三人が補い合うように歌う、当時のステージの様子が窺える貴重な音源だ。**（森）**

Danko, Fjeld, Andersen
Ridin' On The Blinds

Grappa／GRCD4080［CD］
録音：1994年3月, 4月, 8月, 9月,
発売：1994年

1. Ridin' On The Blinds / 2. Twilight / 3. Dimming Of The Day / 4. Ragtop / 5. Come Runnin' Like A Friend / 6. Women 'Cross The River / 7. Lie With Me / 8. All Creation / 9. Outside Track / 10. Every Man Is His Own Hero / 11. Baby I'm Lonesome / 12. Your Eyes / 13. Bottle Of Wine / 14. Keep This Love Alive

プロデューサー：The Trio
演奏：Rick Danko (vo, b, g),
Jonas Fjeld (vo, g),
Eric Andersen (vo, g, organ, key),
Rune Arnesen (ds, per),
Kirsten B. Berg (vo),
Halvard T. Bjørgum (fiddle),
Bent Bredesen (g),
Jørun Bøgeberg (b, mandolin),
Garth Hudson (kbd, accordion),
Tone Hulbækmo (organ),
Hans F. Jakobsen (flu),
Ed Kaercher (g, cho),
Frode Larsen (harmonica),
Lillebjørn Nilsen (banjo, dulcimer),
Knut Reiersrud (g, harmonica),
Kristin Skaare (accordion, kbd, harmonium),
Georgia Slim (p),
Bugge Wesseltoft (kbd),
Marianne Berg (cho),
Audun Erlien (cho),
Ingar Helgesen (cho),
Mariann Lisand (cho),
Per Ø. Sørensen (cho),
Liz T. Vespestad (cho),
Oslo Gospel Choir (cho)

ザ・バンドの『ジェリコ』発売を挟んでダンコ／フィエルド／アンダーセンのセカンド・アルバムが制作された。

オープニングを飾ったのは三人の共作によるタイトル曲。リード・ヴォーカルも歌い分けている。アコースティック・ギターから始まるが、バンド・サウンドともうまく融合しているし、随所でハーモニーがつけられている。このトリオを構成する要素がすべて詰まっているのだ。

続けてザ・バンドの「トワイライト」。リックのアコギとヴォーカルを中心に置いた、落ち着いた仕上がりだ。しかし、リックの声が衰えていることを示してもいる。リックとアンダーセンの共作となった「オール・クリエイション」は、リチャードに捧げられた。ガースがオルガンを弾き、オスロ・ゴスペル・クワイアがコーラスをつけた、美しい曲だ。「エヴリ・マン・イズ・ヒズ・オウン・ヒーロー」はポール・バターフィールドのことを歌っている。三人の共作で、リード・ヴォーカルはアンダーセン。

リックは、最後の「キープ・ディス・ラヴ・アライヴ」でもアンダーセンとヴォーカルを分け合っている。これまたガースのオルガンがいい味を出しているし、シンプルなメロディが胸に染みるのだが、やはりリックの声が弱々しいのが気になってしまう。

このトリオはガースらと97年に来日したが、リックがドラッグ絡みの罪に問われて逮捕、強制送還された。3枚目のアルバムをつくる計画もあったが、99年にリックが亡くなり、実現されることはなかった。のちにアンダーセンとフィエルドは、ガースとともに『ワン・モア・ショット』のリリースに合わせてツアーを行っている。（森）

Rick Danko
In Concert

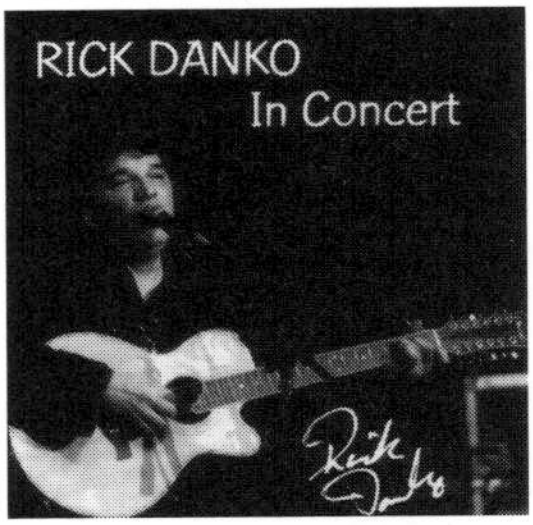

Breeze Hill/Woodstock／no number［CD］
録音：1997年2月22日, 3月6日
発売：1997年

1. Intro / 2. Crazy Mama / 3. Twilight / 4. Stage Fright / 5. It Makes No Difference / 6. Long Black Veil / 7. Good Thing / 8. Blind Willie McTell / 9. Chest Fever / 10. The Shape I'm In

プロデューサー：Aaron Hurwitz, Levon Helm, "The Band"
演奏：Rick Danko (vo, g, b),
Randy Ciarlante (ds, vo),
Aaaron Hurwitz (p, accordion, vo)

ブートかと見紛うようなジャケットだし、録音もあまり良くないが、リヴォンも関与した正規のアルバムとして紹介する。1997年の2月と3月に開かれたコンサートの模様を収録したライヴ・アルバムだ。ランディ・シアランテとアーロン・ハーウィッツを招集したトリオ編成なので、プロデューサーとして〝ザ・バンド〟とクレジットされたのだろう。

曲目を見れば一目瞭然、これでもかという〝ザ・バンド・クラシックス〟のオン・パレード。三人で演奏している分、オリジナルと比べるとどうしても音はスカスカになってしまうが、そこは無理に補完せず、観客のイマジネーションに委ねているようにも聴こえる。

リックの声も持ち直しているし、逆に力を抜いた歌い方が板についてきた。とくに「ブラインド・ウィリー・マクテル」のヴォーカルは、軽く歌っているようだが、うまく声をコントロールさせることで、長い曲なのに観客を飽きさせないことに成功している。（森）

Rick Danko Band
"Live On Breeze Hill"

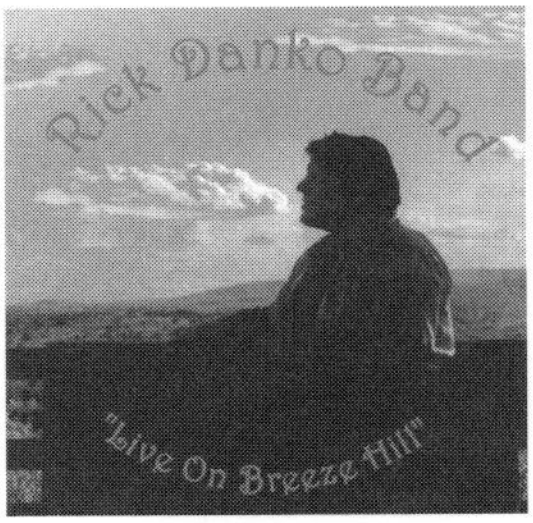

Breeze Hill/Woodstock／no number［CD］
録音：1998年5月23日
発売：2000年

1. Sip The Wine (Studio Bonus Track) / 2. Twilight / 3. Crazy Mama / 4. Stage Fright / 5. Ophelia / 6. Blaze of Glory / 7. Next Time You See Me / 8. Caledonia Mission / 9. Shape I'm In / 10. Chest Fever / 11. It Makes No Difference / 12. Outro

プロデューサー：Aaron "Louie" Hurwitz, Rick Danko
演奏：Rick Danko (vo, g, b),
Garth Hudson (kbd, accordion, sax),
Aaron "Louie" Hurwitz (vo, p, accordion,)

1998年5月のライヴ音源に、スタジオで「シップ・ザ・ワイン」を再録音したボーナス・トラックを加えたアルバム。グリーンピースに協賛したアルバムなので、寄付を呼びかけるカードが封入されている。

リック、ガースとアーロンが〝リック・ダンコ・バンド〟のメンバーということになっているが、ライヴにはランディやジムも参加しているので、〝ほぼ〟ザ・バンドと言ってもいいだろう（リヴォンはいないけど）。『ジュビレイション』と同じ時期なので、アコースティックなアレンジが実に心地いい。セットリストは『イン・コンサート』同様、オリジナル・ザ・バンドのレパートリーが中心で、遅れてきた〝アンプラグド〟とも言える。ホーン・セクションのアレンジが面白く、「ステージ・フライト」「オフィーリア」などが聴きもの。ガースも「チェスト・フィーヴァー」だけでなく、やりたい放題。こうじゃなきゃ。リックも元気だし。この路線が続いていればなあ、という気にさせられる。（森）

Rick Danko Band
"Times Like These"

Breeze Hill/Woodstock／no number［CD］
録音：1993年～1999年
発売：2000年

1. Times Like These / 2. Ripple / 3. All Our Past Times / 4. Book Faded Brown / 5. Chain Gang / 6. Change Is Good / 7. This Wheel's On Fire / 8. You Can Go Home / 9. Let The Four Winds Blow / 10. People Of Conscience

プロデューサー：Aaron L. Hurwitz, Rick Danko
演奏：Rick Danko (b, ag, vo),
Richard Bell (syn),
Gary Burke (ds),
Chris "Hambone" Cameron (organ),
Randy Ciarlante (ds, vo),
Terry Danko (b),
Mike DeMicco (g, mandolin),
Mike Dunn (b),
Jim Eppard (g),
Hank Guaglianoe (ds),
Levon Helm (harmonica, mandolin),
Garth Hudson (accordion, kbd, sax),
Maud Hudson (cho),
Prof. Aaron "Louie" Hurwitz (accordion, b, organ, p, syn, vo),
Bashiri Johnson (per),
Dennis Johnson (b),
Tom Malone (sax, tb, tuba),
Greg Marsh (per),
Tom Pacheco (ag),
Larry Packe r (viola),
Scott Petito (b),
Bill Ruppert (g),
Dean Sharp (ds),
Beth Reineke (cho),
Leslie Ritter (cho),
Marie Spinosa(per, cho),
Jim Tullio (g, cho),
Sredni Vollner (harmonica),
Joe Walsh (g, p, cho),
Jim Weider (g, mandolin),
Eric Weissberg (banjo, g)

リックの没後、2000年に発売された"セカンド"アルバム。90年代のさまざまな時期に録音されている。

タイトル曲は、リックが70年代に書いていたもの。ドラムレスの編成で、マリエ・スピノザとアーロンのハーモニーが美しく響く。グレイトフル・デッド「リップル」のカヴァー・ヴァージョンには、リヴォンがマンドリンで、ガースがアコーディオンで参加している。エリック・クラプトンと共作した「オール・アワ・パスト・タイムズ」も、リックのヴォーカルで再録音された。ジム・ウェイダーのギターが素晴らしい。

99年12月6日、リックの生前最後のライヴからは「ブック・フェイデッド・ブラウン」が選ばれた。モード・ハドソンとのデュエットだ。『ハイ・オン・ザ・ホッグ』のセッションで録音されたのが、サム・クックの「チェイン・ギャング」。キーボードのプリセットの音色と歌声がうまくマッチしている。

93年にはエレクトラでソロ・アルバムのための録音が行われていた。ジョー・ウォルシュと共演した「チェンジ・イズ・グッド」が発掘され、オーヴァー・ダビングしたものが本作で陽の目を見ている。「火の車」は、クロウマティックスとガースによる、フラメンコ調のアレンジに変貌を遂げた。

世界中の難民に向けた「ユー・キャン・ゴー・ホーム」は今こそ聴かれるべきナンバー。シンガー・ソングライターのトム・パチェコとの共作だ。

寄せ集めと言ってしまえばそれまでだし、リックのヴォーカルにも好不調の波がある。しかし、リックがゆっくりと歩みを進めていた、デコボコとした道を感じることができるアルバムだ。（森）

リック・ダンコの参加作品

山田順一

この項ではリック・ダンコの参加作を追っていこう。なお、彼の作品としてソロ・デビュー時のラジオ音源『ライヴ・アット・マイ・ファーザーズ・プレイス1977』や亡くなる直前のライヴ『ライヴ・アット・ザ・ティン・エンジェル1999』、リチャード・マニュエルとのデュオ名義による『ライヴ・アット・オトゥールス・タヴァーン』などが出回っているが、オフィシャル盤とは言い切れないので本書では割愛している。

　ジョン・サイモンが手がけた『ユー・アー・ホワット・ユー・イート』のサウンドトラックは、一時的に脱けていたリヴォン・ヘルムを除くザ・ホークスのメンバーが参加している。元々はボブ・ディランがタイニー・ティムに興味を持ち、ウッドストックの自宅やビッグ・ピンクでザ・ホークスとリハーサルをさせていたところ、映画の音楽を任されたジョン・サイモンが興味を示してレコーディングに誘ったのである。それが縁となって、サイモンがザ・バンドのデビュー作をプロデュースすることになったのだから、ひとつの始まりになった一枚とも言えるだろう。ここではティムのバックで「ビー・マイ・ベイビー」（ザ・ロネッツ）と「アイ・ガット・ユー・ベイブ」（ソニー&シェール）のカヴァーを演奏しているが、どちらもビッグ・ピンクの〝地下室〟で試されていた曲だった。

　また、ジョン・サイモンのアーティスト・デビュー作『ジョン・サイモンズ・アルバム』にもロビー・ロバートソン（楽曲提供のみ）、ガース・ハドソン、リチャード・マニュエルとリックが協力。マーロン・ブランド主演の映画『ザ・ワイルド・ワン』にインスパイアされた「モーターサイクル・マン」でベースを弾いている。ちなみにこの曲のドラムはリチャードだ。

　エリック・クラプトンの『ノー・リーズン・トゥ・クライ』では、「ビューティフル・シング」をリチャードと、「オール・アワ・パ

Various
You Are What You Eat (Original Soundtrack Recording)
Columbia Masterworks／OS 3240：1968年

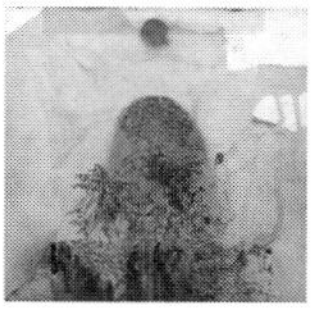

John Simon
John Simon's Album
Warner Bros.／WS 1849：1970年

Eric Clapton
No Reason To Cry
RSO／2479-179：1976年

Emmylou Harris
Quarter Moon In A Ten Cent Town
Warner Bros.／BSK3141：1978年

スト・タイムズ」をクラプトンと共作した。ベースのほか、「オール・アワ〜」ではクラプトンとデュエットしている。ザ・バンドと本作のプロデューサーであるロブ・フラボーニがつくったシャングリラ・スタジオで収録され、メンバー全員が録音に参加した。

エミルー・ハリスの『クォーター・ムーン・イン・ア・テン・セント・タウン』に収められた「リーヴィング・ルイジアナ・イン・ザ・ブロード・デイライト」では、フィドルとバック・ヴォーカルを担当している。ガースのアコーディオンとともに、この曲に大きく貢献した。同じ年にはジョー・コッカーの『ラグジュアリー・ユー・キャン・アフォード』にも参加。マーヴィン・ゲイのカヴァー「アイ・ハード・イット・スルー・ザ・グレープヴァイン」でリックの野太いベースが聴ける。

のちにザ・バンドの復活作『ジェリコ』に参加するカナダのブルーズ・ロック・アーティスト、コリン・リンデンの『ホエン・ザ・スピリット・カムズ』にゲストとして招かれ、「ザ・ウィル・ビー・ドーン」でバック・コーラスを、表題曲では3コーラス目のリード・ヴォーカルをとった。アルバムには、ザ・バンドの「チェスト・フィーヴァー」のカヴァーも収められ、ガースがキーボードを弾いている。

エリック・アンダーセンの『ステージズ：ザ・ロスト・アルバム』は、72〜73年に録音されながら、マスター・テープの紛失により未発表になっていた作品に新曲を3曲加えたもの。リックはガースとともに新曲のセッションに加わり、ベースとコーラスを担当している。本編収録の「ベイビー、アイム・ロンサム」と新曲の「ライ・ウィズ・ミー」は、ダンコ／フィヨルド／アンダーセンの『ライディン・オン・ザ・ブラインズ』で再演されているので、聴き比べるのもいいだろう。

歌手活動のあと、主にプロデューサーとして仕事をしていたトーマス・ジェファーソン・ケイの『ノット・アローン』には、ティモシー・B・シュミット、スティーヴ・ミラー、ドクター・ジョン、エリック・クラプトンといった豪華なゲストが参加。裏方として得た

Thomas Jefferson Kaye
Not Alone
Hudson Canyon／HCD 8648［CD］1992年

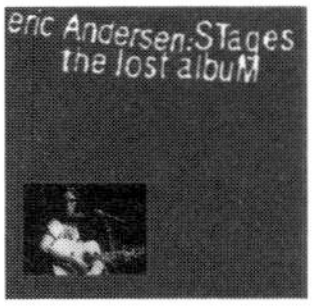

Eric Andersen
Stages: The Lost Album
Columbia／CK47120［CD］1991年

Colin Linden
When The Spirit Comes
A&M／SP9143：1988年

Joe Cocker
Luxury You Can Afford
Asylum／6E-145：1978年

信頼を形にした作品になっている。リックは5曲のベースを演奏し、ケイの久々のアルバムに華を添えている。

　ヴォリューム8まで出ている『ザ・ベスト・オブ・マウンテン・ステージ・ライヴ』は、アメリカン・パブリック・ラジオのライヴ番組『マウンテン・ステージ』をまとめたもので、ヴォリューム1にリック・ダンコ&ガース・ハドソン名義によるザ・バンドのセルフ・カヴァー「トワイライト」が収録された。しっとりとしたアレンジで、リックはギターを弾きながら歌っている。

　フォー・メン・アンド・ア・ドッグはアイルランドのグループで、再結成ザ・バンドのUK/アイルランド・ツアーでサポート・アクトを務めた。この『ロング・ローズ』はウッドストックのリヴォン・ヘルム・スタジオで録られ、リックは「ジョーフィ・スポークス」でリード・ヴォーカルを披露している。ザ・バンドの音楽性とアイリッシュ・ミュージックの相性の良さを感じさせる作品だ。なお、ここではガースも1曲でアコーディオンを弾いている。

　プロフェッサー・ルイことアーロン・ハーウィッツは再結成したザ・バンドのアルバムでプロデューサー兼エンジニアを務めた人物。リヴォン・ヘルムと活動していたザ・クロウマティックスをバックにした作品が『オーヴァー・ジ・エッジ』である。リックは共同プロデューサーを務め、「ザ・グレート・ビヨンド」ではギターをプレイした。リヴォンやガースも参加し、ザ・バンド「エンドレス・ハイウェイ」のカヴァーも収録。

　女優のメアリー・ケイ・プレイスによる『オールモスト・グロウン』は興味深い発掘盤。79年にシャングリラ・スタジオでレコーディングされながらもお蔵入りとなっていたアルバムで、ワディ・ワクテル、ニッキー・ホプキンス、ガース・ハドソン、ニコレット・ラーソン、ヴァレリー・カーターらと並んで、リックはベースでクレジットされている。

　最後に、リックは第1期リンゴ・スター&ヒズ・オールスター・バンドに加わったことも記しておこう。

Mary Kay Place
Almost Grown
Wounded Bird／WOU 5731
［CD］2011年

Professor Louie & The Crowmatix
Over The Edge
Breeze Hill Records／No Number［CD］2000年

Four Men And A Dog
Long Roads
Transatlantic／TRACD223
［CD］1996年

Various
The Best Of Mountain Stage Live Volume One
Blue Plate Music/This Way Up／514-494-2
［CD］1993年

Levon Helm, Rick Danko, Richard Manuel & Garth Hudson

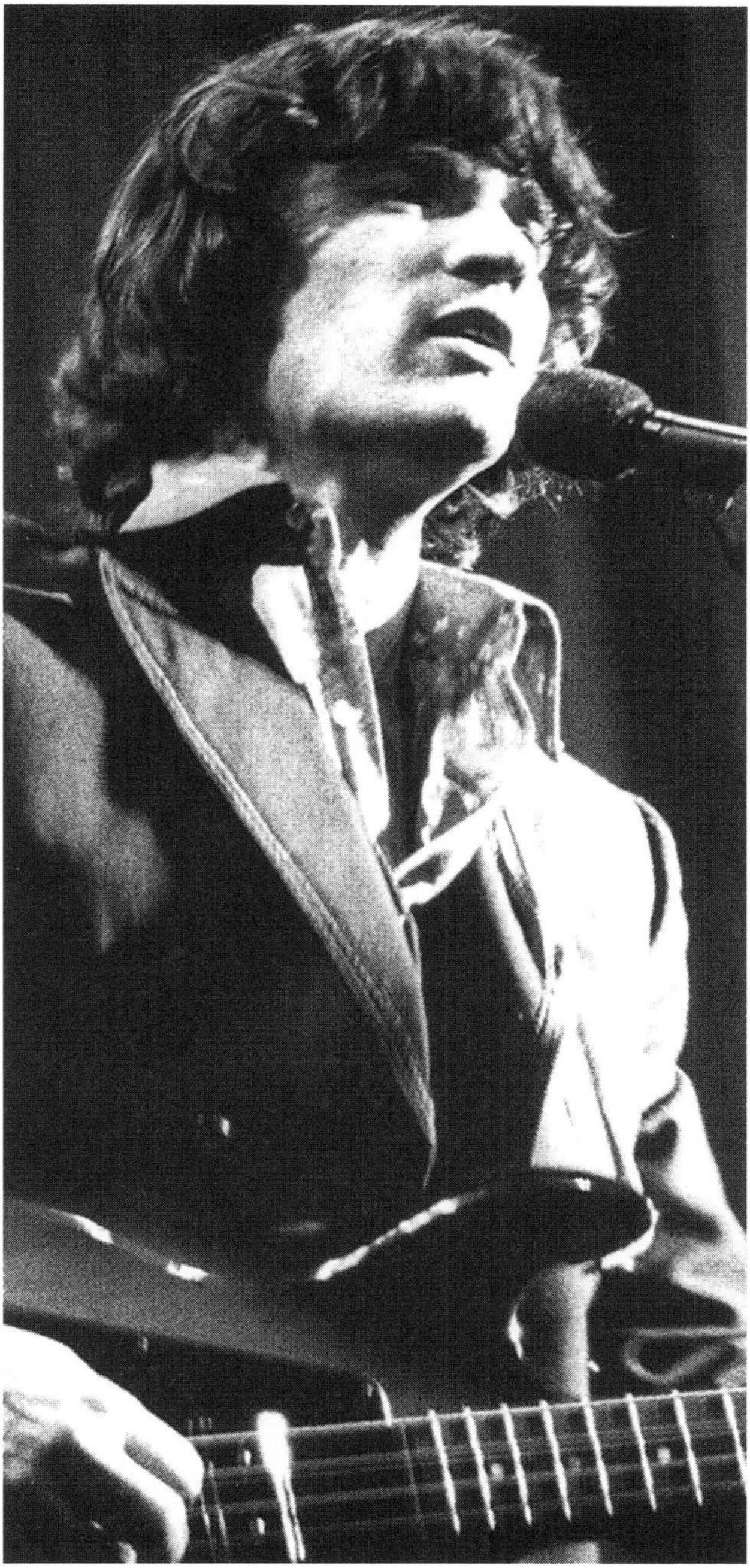

Garth Hudson
Music For Our Lady Queen Of The Angels

CAN・Buscador／EGH 770［Cass］
録音：September 1979年9月〜1980年3月
発売：1980年9月10日

1. Music For Our Lady Queen Of The Angels / 2. Poetic Invocation / 3. Music For The Garden Of The Angels / 4. Music For Our Lady Queen Of The Angels 2 / 5. Music For The Garden Of The Angels 2 / 6. Music For Our Lady Queen Of The Angels (Reprise)

プロデューサー：Garth Hudson
演奏：Garth Hudson (vo, kbd, organ, p, pedal steel, syn, mini moog, sax, tp, clavinet, mellotron), Doug Atwell (violin), Pete Grant (dobro, pedal steel), Dale Turner (tp), John Hernandez (per), Maud Hudson (vo), Richard Manuel (vo), David Mook (vo), Dani Johnson (vo), Keg Johnson (vo)

2005 Reissue
CAN・Other Peoples／OPM-6602［CD］

最もザ・バンド的であってザ・バンド的でなかったメンバー。それがガース・ハドソンという人だろう。ザ・バンドはガース・ハドソンという異物を持ち込んで、初めてザ・バンドとなったのだ。

ガースの実質的な初のソロ・アルバムは、美術展のための音楽だった。81年のロサンゼルス誕生200周年に合わせて、舞台や映画の衣装やセットのデザイナーだったトニー・デュケットがロサンゼルス科学産業博物館で行った、インスタレーションのためにつくられたインストゥルメント作品。オリジナルはトニーのレーベルからカセット・テープでリリースされ、会場でのみ販売された（05年にCD化）。請われる形で作品をつくるあたりが実にガースらしい。

本作は、教会の鐘の音で幕を開ける。教会的な世界観をモチーフにしながら、シンセによる環境音楽的な音響、奥さんのモード・ハドソンによる讃美歌的なヴォーカル、俳優のチャールトン・ヘストンによるブラッドベリの詩の朗読、ガース自身がマリブで録音してきた環境音なども交えたミュージック・コンクレート的な側面もあったりと、厳かであったと思えばプログレ的だったり、黒子的でありながら空間を支配するような音場を作り出している。驚くべきは、この年に発売されたばかりのフェアライトCMIを使っていること（鐘の音はフェアライトで作ったもの）。75年の『南十字星』でシンセサイザーを用いていることからも、ガースが新しいテクノロジーへの興味が強いことは分かるが、古いものを新しく演出する手腕が見事だ。一見、ザ・バンドからは遠いところにある作品に聴こえるが、この音響から滲み出てくるものは明らかにザ・バンド的。

（池上）

Garth Hudson
The Sea To The North

Breeze Hill／0011-2［CD］
録音：2001年
発売：2001年

1. The Saga Of Cyrus And Mulgrew / 2. The Sea To The North / 3. The Breakers / 4. Third Order / 5. Dark Star / 6. Little Island

プロデューサー：Aaron L.Hurwitz, Garth Hudson
演奏：Garth Hudson (kbd, accordion, sax, vo), Maud Hudson (vo), Aaron Hurwitz (kbd), Gary Burke (ds), Mike Dunn (b), Mike DeMicco (g, sitar), Jim Eppard (g, sitar), Marie Spinosa (per), Levon Helm (ds), Larry Packer (violin), Tommy Spurlock (g), Willie Weeks (b), Scott Music (ds), Dan Brubeck (ds), Michael Been (g), Purna Das (per), Manju Das (per), Babu Das (per), Badal Roy (tablas), Scott Musick (ds), Michael Been (g)

正式なソロ1作目にして、唯一のスタジオ録音作品。ガースが持つクラシックや教会音楽などの素養が、ザ・バンドのレイドバックするサウンドに異なる彩りを与えてきたことはよく知られるところだ。しかし、ここではそれを遥かに超える様々なサウンドの要素が重層的に現れては消えていき、ガースのサウンドメイカーぶりがよく分かる作品になっている。

タイトル曲は、アイリッシュなフィドルで始まったかと思うと、東欧的なブラス・アンサンブルに移行し、バッハ的なバロックなオルガンやベンガル地方の打楽器であるカマックの音が鳴ったりと、一見つながりがないと思うようなものが楽曲の世界観の中で同じ方角を向いて違和感なく同居している。あらかじめきちんと構成されたというよりも、次々に湧き上がってくるアイディアを即興的にまとめていったらこうなったというような感じだろうか。クラシックやプログレ的でありながら、構造的には真逆なのだ。ここにガースの音の面白さがあるように思える。ガースは『ロック・オブ・エイジス』の中で「蛍の光（オールド・ラング・サイン）」のメロディを弾いたが、複数の曲のメロディに、19世紀的な素朴さが見え隠れするところにも注目したい。

録音メンバーには、80年代にガースがレコーディングに参加したザ・コールのメンバーや、アルバムの共同プロデューサーであるアーロン・ハーウィッツが元々はリック・ダンコやリヴォン・ヘルムのバックバンドとしてつくったプロフエッサー・ルイ＆ザ・クロウマティックスのメンバーらが参加。「サード・オーダー」ではリヴォンがドラムを叩いている。グレイトフル・デッド「ダーク・スター」のカヴァーも収録された。**（池上）**

Garth And Maud Hudson
Live at the Wolf

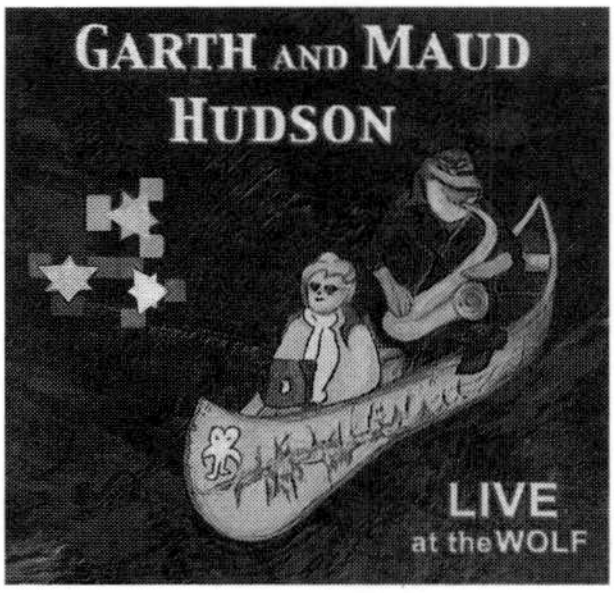

CAN・Make It Real／MIR006［CD］
録音：2002年9月8日
発売：2005年

1. Every Time I See The Sun / 2. It Makes No Difference / 3. Stand By Me / 4. International Medley / 5. Willow Weep For Me / 6. You'll Be Thinkin' / 7. Young Blood / 8. Beyond The Breakers / 9. Concert Hora / 10. Blind Willie McTell / 11. Give Ear Unto My Prayer / 12. The Weight / 13. Little Island Blues (Studio Bonus)

プロデューサー：Lance Anderson
演奏：Garth Hudson (accordion), Maud Hudson (vo)

ガースとモードのハドソン夫妻の連名によるライヴ・アルバム。ガースの故郷であるカナダ・オンタリオに新しく作られたウルフ・パフォーマンス・ホールのオープン記念として、02年9月8日に行われたライヴを収録したもの。これを作品化したのは、2人の結婚25周年記念という意味合いもあったようだ。

全編2人だけの演奏で、ガースがピアノを弾き、モードが歌う。ザ・バンドの時は「ラグ・ママ・ラグ」などでピアノ演奏を聴かせることがあったものの、オルガンを弾かず、ピアノ主体の演奏というのは珍しい。ルーツであるクラシックとジャズが混ざったようなニュアンスのプレイは、使い分けているというよりも自然体で滲み出てくる感じだ。穏やかなタッチで、前に出過ぎず引っ込み過ぎず、絶妙な存在感でモードの歌をサポートするあたり、ガース自身もいちばんやりやすいスタンスなのかもしれない。女優でシンガーであるモードは、ガースのこれまでの2枚のソロ作品でも歌ってきた。ライヴでの歌は多少芝居がかった表現はあるものの、非常に力強く、シンガーとしての魅力を開花させている。

採り上げたのは、ゴスペル・スタンダードの「スタンド・バイ・ミー」、コースターズの「ヤング・ブラッド」、そしてガースのソロ作の曲。ユニークなのは、ガースがアコーディオンで独奏するルーマニアのフォーク・ダンス曲「コンチェルト・ホラ」だろう。こういうところに突然ザ・バンドらしさが滲み出るのが面白い。ザ・バンドの曲からは「イット・メイクス・ノー・ディファレンス」と「ザ・ウェイト」、再結成時に採り上げたボブ・ディランの「ブラインド・ウイリー・マクテル」を演奏している。

（池上）

Various
Garth Hudson Presents A Canadian Celebration Of The Band

CAN・Curve/Sony／CURV21［CD］
録音：2010年
発売：2010年11月16日

1. Forbidden Fruit - Danny Brooks & The Rockin' Revelators / 2. Out Of The Blue - Mary Margret O'Hara & the Sadies / 3. Acadian Driftwood - Peter Katz & The Curious / 4. This Wheel's On Fire - Neil Young and The Sadies / 5. Ain't Got No Home - Suzie McNeil / 6. Clothes Line Saga - Cowboy Junkies / 7. You Ain't Goin' Nowhere - Kevin Hearn & Thin Buckle / 8. Sleeping - Bruce Cockburn & Blue Rodeo / 9. Yazoo Street Scandal - The Road Hammers / 10. The Moon Struck One - Raine Maida / 11. Shape I'm In - The Sadies / 12. Tears Of Rage - Chantal Kreviazuk / 13. I Loved You Too Much - Hawskley Workman / 14. Knockin' Lost John - Great Big Sea / 15. King Harvest - Blue Rodeo / 16. Move To Japan - The Trews / 17. Genetic Method (Anew) - Garth Hudson / 18. Chest Fever - Ian Thornley & Bruce Cockburn

プロデューサー：Garth Hudson
演奏：Various Artists with Garth Hudson (p, kbd, accordion, cho)

カナダのアーティストのみで作り上げたザ・バンドのトリビュート・アルバム。元々は10年頃、ガースは2枚目の（スタジオ）ソロ・アルバムを作らないかという話が来た時に、それならばと、カナダのアーティストのみで、ザ・バンドの音楽にカナダならではの視点を落とし込んでカヴァーするというアイディアを伝えたという。そういった経緯もあってか、ガースがザ・バンドのレパートリーから好きな曲を選び、自身も全曲の演奏に参加することになったようだ。プロデュースはガースとピーター・ムーアが共同で行っている。

面白いのはその選曲で、概ね全てのアルバムから満遍なく選ばれてはいるものの、一般的な人気曲は少なめで、代わりにロビーなしで再結成した後の『ジェリコ』と『ハイ・オン・ザ・ホッグ』からも選ばれていること。アーティストは、ニール・ヤングやブルース・コバーンのようなベテランから、中堅のカウボーイ・ジャンキーズ、デビューしたての若手まで、厳選された18組が参加している。

注目すべきは、ピーター・カッツ&キュリアスによる「アケイディアの流木」。ガースは原曲と同様にアコーディオンを弾いているが、それが時にバグパイプのように聴こえる。この曲に歌われた歴史を1つの楽器で表現してしまったのだ。さらにもうひとつ、最後の2曲では、（新しい）「ザ・ジェネティック・メソッド」からの「チェスト・フィーヴァー」という、ライヴでのお決まりの流れを再現してみせた。この曲でのガースは、ソロ作品では使ってこなかったロウリー・オルガンを弾いている。なお、アルバムの収益金は慈善団体のシックキッズ財団に寄付された。**（池上）**

ガース・ハドソンの参加作品

山田順一

〝マッド・プロフェッサー〟と呼ばれたガース・ハドソンは、ザ・バンドの音楽監督とも言える立場にあっただけに、その才能は広く求められ、多彩なセッション活動を行なってきた。ザ・バンド解散後は一挙に売れっ子ミュージシャンとなってさまざまな現場に顔を出している。そんな彼の数多ある参加作品の中から、主なものを取り上げていこう。

ウッドストック周辺のミュージシャンによって結成されたレコーディング・プロジェクト、ハングリー・チャックの唯一のアルバム『ハングリー・チャック』に参加した。ファンキー・ロックの「ピープル・ドゥ」でサックスを担当している。ちなみにこの曲でギターを弾いているキッド・シャリーンとは、エイモス・ギャレットの変名である。地元ウッドストックのベアズヴィル・スタジオ録音だ。

カントリー・ロック・バンド、ポコのＡＢＣ移籍第1弾となる『ヘッド・オーヴァー・ヒールズ』では、ラスティ・ヤングが書いたカントリー・ロック・ナンバー「メイキン・ラヴ」でキーボードを弾いている。ヤング、ポール・コットン、ティモシー・B・シュミット、ジョージ・クランサムという〝黄金の4人〟に囲まれながら、いい仕事をしている。

ザ・バンドが活動を終えた１９７６年以降、ガースは大人気のセッション・マンになっていく。その皮切りとなったのが、ディンゴーズの『ファイヴ・タイムズ・ザ・サン』だ。ディンゴーズはザ・バンドの影響を受けたオーストラリアのバンドで、『ファイヴ・タイムズ・ザ・サン』は彼らの世界デビュー・アルバムにあたる。この作品でガースは、ニッキー・ホプキンスとキーボードを分け合った。ディンゴーズにとっては、憧れのガースとの夢のような時間だったに違いない。

ロビー・ロバートソンに見出されたシンガー・ソングライター、ハース・マルティネスのデビュー作『ハース・フロム・アース』（75年）にオルガンで参加したガースは、ジ

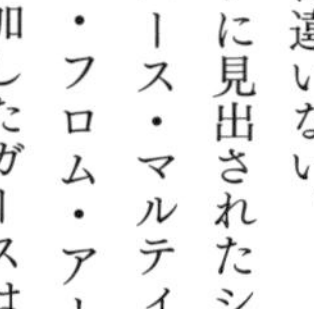

Hirth Martinez
Big Bright Street
Warner Bros.／BS 3031：1977年

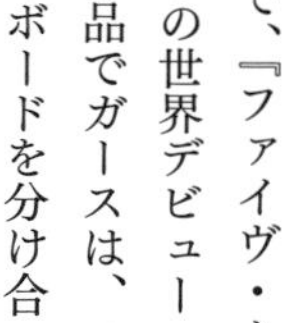

The Dingoes
Five Times The Sun
A&M／SP-4636：1977年

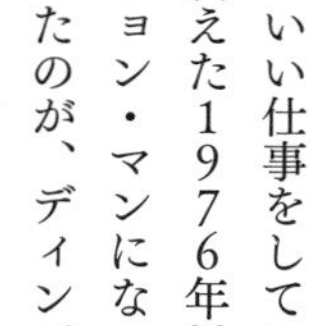

Poco
Head Over Heels
ABC／ABCD 890：1975年

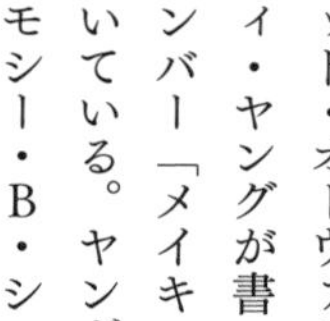

Hungry Chuck
Hungry Chuck
Bearsville／BR 2071：1972年

ョン・サイモンがプロデュースした2作目の『ビッグ・ブライト・ストリート』でも、タイトル曲でアコーディオンを弾いている。

同じ77年、元ビーチ・ボーイズで近年ではザ・ローリング・ストーンズのツアー・メンバーとしても知られるブロンディ・チャップリンのソロ・デビュー・アルバムに携わった。ガースは大曲「リヴァー・ボート・クイーン」で、哀愁のあるアコーディオンを奏でている。チャップリンはこのあとリック・ダンコのソロや再結成ザ・バンドに絡んでくるので、見逃せない人物だ。

《ラスト・ワルツ》にも出演していたヴァン・モリソンの10作目『ウェイヴレングス』では、「キングダム・ホール」「ナタリア」「テイク・イット・ホエア・ユー・ファインド・イット」の3曲で、シンセサイザー、アコーディオン、オルガンを使い分けている。同じくこの作品に参加していたキーボードのピーター・バーデンスとのアプローチの違いが面白い。ふたりのサウンドが、モリソンの作品に奥行きを与えていることがよくわかる。


翌年には英国のシンガー・ソングライター、ロビー・パットンのデビュー作『ドゥ・ユー・ワナ・トゥナイト』に参加。このアルバムは、スティーヴ・ルカサー、ジェフ・ポーカロ、ボブ・ウェルチらがバックを務めた産業ロック／AOR的な作品で、ガースはキーボードとサックスを担当している。ただし、それほど目立つプレイはしていない。パットンが注目されるのは、このあとフリートウッド・マックのツアーに同行し、マック・ファミリー（クリスティン・マクヴィー）の協力を得た「ドント・ギヴ・ミー・アップ」がスマッシュ・ヒットしてからである。

またガースは同郷のレナード・コーエンからの誘いで『リーセント・ソングス』のセッションに加わり、「アワ・レディ・ソリチュード」と「ジプシーズ・ワイフ」でピアノとアコーディオンを担当した。コーエンの描き出す独特の世界観に見事に溶け込み、とくに前者での寄り添うような演奏が素晴らしい。

同じ79年にはカーラ・ボノフのセカンド・アルバム『レストレス・ナイト』のセッショ

Leonard Cohen
Recent Songs
Columbia／JC 36264：1979年

Robbie Patton
Do You Wanna Tonight
Backstreet／MCA 3169：1979年

Van Morrison
Wavelength
Warner Bros.／BSK 3212：1978年

Blondie Chaplin
Blondie Chaplin
Asylum／7E-1095：1977年

ンに加わった。「ザ・ウォーター・イズ・ワイド」で、美しいアコーディオン・ソロを聴かせている。

80年に発表されたデイヴィッド・ブロムバーグ・バンドの『ユー・シュッド・シー・ザ・レスト・オブ・ザ・バンド』は、79年3月7日にミネアポリスのノースアップ・オーディトリアムで収録されたライヴ盤。ガースはゲストとして登場し、ペパーミント・ハリス作のマイナー・ブルーズ「アズ・ザ・イヤーズ・ゴー・パッシング・バイ」でオルガンを、ブロムバーグが書いた「ソリッド・ゴーン」でアコーディオンを弾いている。決して派手ではなく、堅実なプレイだ。

70年5月4日のケント州立大学銃撃事件をテーマにしたドラマ『ケント・ステイト』のサウンドトラックに名を連ねたのは、音楽を担当したケン・ローバーとのつながりからだろう。ローバーはボブ・ディランにも認められたシンガー・ソングライター／作編曲家で、ザ・バンドのファンでもあった。グレイス・スリック、ジョン・セバスチャン、ジェイムズ・バートン、ジェシ・エド・デイヴィス、リッチー・ヘイヴンスらも参加したこの作品では、ガースとリチャード・マニュエルがキーボードとしてクレジットされている。

グレッグ・ラダニーとジャクソン・ブラウンがプロデュースした、デイヴィッド・リンドレーのソロ・デビュー作にして名盤『エル・ラーヨ・エキス』（邦題の『化けもの』）は、親日家のリンドレーが自らつけたもの）に、スペシャル・ゲストとして招かれている。リンドレーはカレイドスコープ時代からワールド・ミュージック的なサイケデリック・ポップを展開していたが、ジャクソン・ブラウンとの出会いで才能が開花し、彼の右腕として活躍したミュージシャンである。ガースは表題曲で見事なサックス・ソロを聴かせている。いまでも充分楽しめる一枚なのでお薦めだ。

ドン・ヘンリーがイーグルス活動停止後に放ったソロ第1弾『アイ・キャント・スタンド・スティル』にも参加。TOTOのメンバーを始めとする豪華なミュージシャンが集められて大ヒットしたアルバムの中で、泣きの

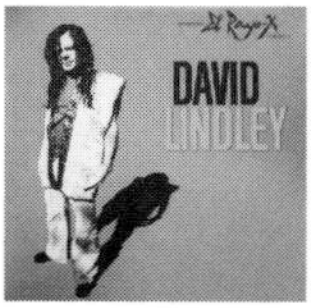

David Lindley
El Rayo-X
Asylum／5E-524：1981年

Ken Lauber
Kent State (Original Motion Picture Soundtrack)
RCA／ABL1-3928：1981年

David Bromberg Band
You Should See The Rest Of The Band
Fantasy／F-9590：1980年

Karla Bonoff
Restless Nights
Columbia／JC 35799：1979年

バラード「トーキング・トゥ・ザ・ムーン」のシンセサイザーをスティーヴ・ポーカロとともに担当している。典型的な80年代サウンドだが、ガースがどの時代にも対応していたことの証明でもある。

カリフォルニアを拠点とする社会派バンド、ザ・コールとは彼らがレコード契約を結ぶ前から関わり、デモ・テープづくりにも協力。デビュー作でシンセサイザー、ピアノ、サックスを演奏した。ザ・クラッシュを彷彿とさせるポリティカルなスタイルをもつバンドだったが、実はザ・バンドのことも崇拝していて、ガースに手助けを求めたのだった。ガースとザ・コールとの関係はこのあとも続き、83年のセカンド・アルバム『モダン・ローマンズ』、84年の『センス・ビヨンド・ドリームス』でもキーボードやサックスで力を貸している。なお、86年の4作目『レコンサイルド』にはロビー・ロバートソンが客演した。

83年からザ・バンドが再び動き始める一方で、引き続きガースのセッション・ワークは続いていく。ザ・パワー・ステーションとソロ作『リップタイド』のヒット以降、世間的には〝伊達男〟のイメージが定着していた、ロバート・パーマーのEMI移籍第1弾『ヘヴィー・ノヴァ』にキーボードとアコーディオンで参加。ヘヴィ・メタルとボサ・ノヴァとの共有をテーマにしたアルバムに彩りを添えている。このアルバムではリック・ダンコのヴォーカルも聴くことができるが、パーマーのソウルやルーツ・ミュージックに根ざした資質が変わらなかったからこそ、二人を呼び寄せたのだろう。

『ステイ・アウェイク』は、ハル・ウィルナーが制作したディズニー・ソングのトリビュート・アルバムだ。ビル・フリーゼルらジャズ系のミュージシャンから、ロス・ロボス、ウォズ（ノット・ウォズ）、トム・ウェイツ、スザンヌ・ヴェガ、NRBQ、サン・ラ、ハリー・ニルソン、ジェイムズ・テイラー、リンゴ・スターまで、ジャンルを越えた錚々たるアーティストが顔を揃える中、ガースはソロ名義で『メリー・ポピンズ』からの名曲「フィード・ザ・バーズ」をインストゥルメンタ

Various
Stay Awake (Various Interpretations Of Music From Vintage Disney Films)
A&M／SP 3918：1988年

Robert Palmer
Heavy Nova
EMI／EMD1007：1988年

The Call
The Call
Mercury／SRM-1-4037：1982年

Don Henley
I Can't Stand Still
Asylum／E1-60048：1982年

ルで披露した。
ガースがポコの『ヘッド・オーヴァー・ヒールズ』に参加したことは先に記したが、元イリノイ・スピード・プレス〜ポコのポール・コットンのソロ・デビュー作『チェンジング・ホーセス』も手伝っている。アルバムはカントリー・ロックではなく、ストレートなロックを展開しているものの、ポコの79年のヒット曲「ハート・オブ・ザ・ナイト」（コットン作）を新たにレコーディングし、ガースはアコーディオンをプレイしている。

マリアンヌ・フェイスフルとガースが関わりを持ったのは、87年の『ストレンジ・ウェザー』からになるが、そこでは1曲しか絡んでいないため、この『ブレイジング・アウェイ』をチョイスした。この作品は89年11月25日と26日にニューヨークのアニーズ・キャシードラルで収録されたライヴ盤で、ガースはバンドの一員としてキーボードとアコーディオンで全面的に参加。フェイスフルの幽玄な歌声を支えている。

グレアム・パーカーとの共演は、90年にパーカーがウッドストックに移り住んだことから生まれた。パーカーはリック・ダンコとギグを行なっていたので、ガースと出会ったのは自然な流れと言えるだろう。シンプルなアコースティック・サウンドを基調とした『ストラック・バイ・ライトニング』のセッションに招かれたガースは、「シー・ウォンツ・ソー・メニー・シングス」「ストロング・ウィンズ」「ザ・キッド・ウィズ・ザ・バタフライ・ネット」の3曲でアコーディオンやオルガン、シンセサイザーを演奏した。

英国フォーク・ロックのオールスター総出演といった趣の作品が、ジェリー・ドナヒューの『ネック・オブ・ザ・ウッド』だ。元フォザリンゲイ、フェアポート・コンヴェンションというキャリアに相応しい滋味溢れる内容で、ガースは「クリスティーナ」と「オレンジ・ブラッサム・スペシャル」にアコーディオンで参加している。

同じくハート・ウォーミングなアコーディオンの音色が聴けるのが、J・J・ケイルの『クローサー・トゥ・ユー』だ。しかし、「エ

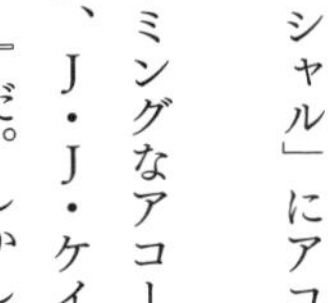

Jerry Donahue
Neck Of The Wood
The Road Goes On Forever／RGFCD011［CD］1992年

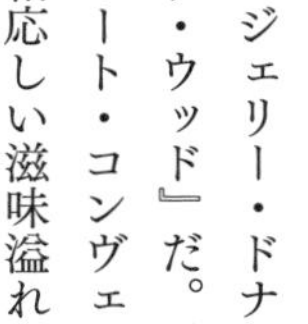

Graham Parker
Struck By Lightning
Demon／FIEND201［CD］1991年

Marianne Faithfull
Blazing Away
Island／CID9957［CD］1990年

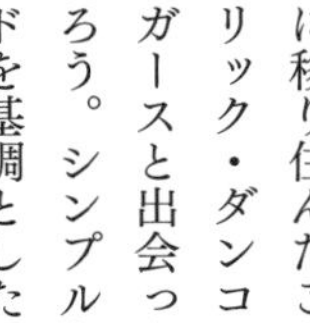

Paul Cotton
Changing Horses
Sisapa／D21S-75781［CD］1990年

イント・ラヴ・ファニー」の1曲だけでは物足りなさを感じてしまうのが正直なところ。

ミンディ・ジョスティンは、カーリー・サイモンやシンディ・ローパー、ジョン・メレンキャンプらのバックを務め、フーターズにもいたことのあるシンガー・ソングライター／マルチ・インストゥルメンタリストで、『ファイヴ・マイルス・フロム・ホーム』はデビュー作にあたる。ルーツ・ミュージックをベースにしたカントリー・ブルーズは、ザ・バンドと通じるものがある。ガースはケイジャン風味のバラード「コモン・グラウンド」で素敵なアコーディオンの音色を響かせている。惜しくも夭逝したジョスティンのエモーショナルな歌声にマッチしたサウンドだ。

本項ではすでにハース・マルティネスの『ビッグ・ブライト・ストリート』を取り上げているが、彼の3作目『アイム・ノット・ライク・アイ・ウォズ・ビフォア（ミスター・ドリームズヴィル～夢の旅人）』も紹介しておこう。『ビッグ・ブライト～』のリリース以降、表立った舞台からは遠ざかっていたマルティネスが、長門芳郎氏からの熱烈なラヴ・コールに応えて日本限定で発売されたアルバムである。ガースは4曲でアコーディオン、サックス、ピアノで熟練の演奏を聴かせている。プロデューサー兼アレンジャーを務めたジョン・サイモンの仕事も見事だ。

日本つながりで言えば、ハリー＆マック（細野晴臣＆久保田麻琴）の『ロード・トゥ・ルイジアナ』も忘れてはならない。細野と久保田が満を持してニューオーリンズ音楽への愛を形にした作品で、長い間裏方に徹していた久保田にとっては久々の復帰作にもなった。レコーディングは東京、ロサンゼルス、ニューオーリンズで行なわれ、日米の名うてのミュージシャンが登場している。ガースはアコーディオン、オルガン、サックスで参加。アルバムの魅力を高めている。なお、久保田はこのあとガースとリヴォン・ヘルムを迎えたソロ『オン・ザ・ボーダー』（00年）も発表した。ちなみにガースは、吉田拓郎の『シャングリ・ラ』（80年）、佐野元春＆ザ・ホーボー・キング・バンドの『ザ・バーン』（97年）

Harry & Mac
Road To Louisiana
エピック／ESCB2040［CD］
1998年

Hirth Martinez
I'm Not Like I Was Before
ドリームズヴィル／
YDCD-0001［CD］1998年

Mindy Jostyn
Five Miles From Hope
1-800-Prime-CD／PCD017
［CD］1995年

J.J. Cale
Closer To You
Delabel/Virgin／
7243-8-39610-2-3［CD］
1994年

といった日本人アーティストの作品に参加したこともつけ加えておく。

　ウェルカム・カーマは、エリック・アルコックがフロントを務めるカナダのロック・トリオ。『フライング・ソーサー・エキスプレス!!!』は彼らの唯一のアルバムで、ガースは2曲のプロデュースを行なったほか、3曲でキーボードを弾いている。

　ブリトー・デラックスはその名前からわかるように、フライング・ブリトー・ブラザーズのペダル・スティール奏者、スニーキー・ピートが始めたブリトーズのトリビュート・バンド。02年の1作目にゲスト参加したガースは、2作目の『ザ・ホール・エンチラーダ』ではメンバーとなり、共同プロデュースも行なっている。これはカントリー・ソングのカヴァー集だが、楽しそうに演奏しているのがいい。オルタナティヴ・ロック・バンド、レモンヘッズの通算8作目『レモンヘッズ』では、まさにオルタナ・カントリー・テイストの「ブラック・ガウン」とハードな「ディセンバー」の2曲でキーボードを担当している。どういう経緯で参加したのかは不明だが、エヴァン・ダンドが希望したものかもしれない。

　プロデューサーとの関係から仕事になったのが、ジョセフ・アーサー&ザ・アストロノーツの『テンポラリー・ピープル』。05年にガースは、ニューヨークのエクスペリメンタル・ポップ・バンド、ジョニー・ソサエティの『カミング・トゥ・ゲット・ユー』に参加した。メンバーのケニー・シーガルがこの作品の共同プロデュースを務めた縁から手伝うことになり、5曲でオルガン、ピアノを弾いている。バンドのリーダーであるジョセフ・アーサーは、画家兼シンガー・ソングライターでピーター・ゲイブリエルのリアル・ワールドからソロ・アルバムも出していた。ちなみにガースがプレイした「ハーツ・ア・ソルジャー」でストリングスを担当していたニーナ・ヴァイオレットとも交流が始まり、彼女のソロ『ルーズ・ストライフ』(07年)にアコーディオンで協力している。

　父はラウドン・ウェインライト3世、母はケイト・マクギャリル、兄はルーファスとい

Joseph Arthur & The Lonely Astronauts
Temporary People
Indica／INDCD095［CD］
2008年

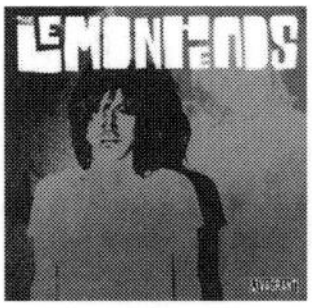

The Lemonheads
The Lemonheads
Vagrant／VR440［CD］
2006年

Burrito Deluxe
The Whole Enchilada
Corazong／255-078［CD］
2004年

Welcome Karma
Flying Saucer Express!!!
No Label／wk002cd［CD］
2004年

う音楽一家に育ったマーサ・ウェインライトの2作目『アイ・ノウ・ユア・マリード・バット・アイヴ・ゴット・フィーリングス・トゥ』では、アルバムのラストに収められた「アイ・ウィッシュ・アイ・ワー」でキーボードを演奏している。あまり目立ったプレイではないが、ガースならではの音だ。

プロデューサーとしても名高いダニエル・ラノワの『ヒア・イズ・ホワット・イズ』は、同名ドキュメンタリー映画のサウンドトラックという位置づけのアルバムだ。そもそも映画はガースがピアノを弾く姿から始まるのだが、アルバムではラノワ、ブライアン・ブレイド（ドラム）、ガースの3人が核となり、ガースとラノアとの共作曲も収められている。できるならば映画と一緒に楽しみたい。余談だが、13年8月2日に行なわれたガースの来日公演では、アンコールで同時期に日本を訪れていたラノアと佐野元春が呼び込まれ、「アイ・シャル・ビー・リリースト」を演奏。観客の喝采を浴びていた。

09年には元ポコ、イーグルスのティモシー・B・シュミットのひさびさとなるソロ作『エキスパンド』に参加し、「フライデー・ナイト」で雰囲気のあるオルガンを弾いている。ちなみにこの曲でアコーディオンを担当したのはヴァン・ダイク・パークスだ。

35歳から歌手活動を始めたメアリー・ゴーシュのコンセプト・アルバム『ザ・ファウンドリング』では3曲に関わり、ピアノやキーボード、アコーディオンをプレイしている。内容的には彼女の歌声を軸にしたカントリー・フォークになるが、ガースのしなやかな演奏が作品の美しさを際立たせている。

カナダのシンガー・ソングライター、マット・アンダーソンの『コール・マイニング・ブルーズ』は、ウッドストックのリヴォン・ヘルム・スタジオでレコーディングされた作品。ザ・バンドの『ジェリコ』に参加したコリン・リンデン（彼のメジャー・デビュー作『ホエン・ザ・スピリット・カムズ』にリック・ダンコとともにガースも参加していた）のプロデュースということもあり、ザ・バンド・コネクションでつくられたアルバムだ。ガー

Mary Gauthier
The Foundling
Razor & Tie／79301-83099-2［CD］2010年

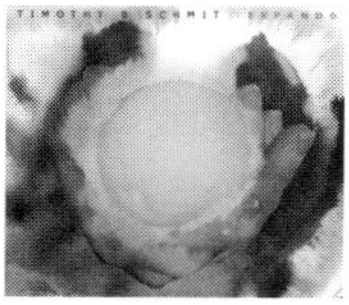

Timothy B. Schmit
Expando
Lost Highway／B0013493-02［CD］2009年

Daniel Lanois
Here Is What Is
Red Floor／No Number［CD］2008年

Martha Wainwright
I Know You're Married But I've Got Feelings Too
MapleMusic／MRCD6484［CD］2008年

スは「ホーム・スウィート・ホーム」で郷愁を誘うアコーディオンを響かせている。アルバムにはリヴォンの娘、エイミーもコーラスで起用された。

グラスゴー出身のシンガー・ソングライター／ギタリスト、ジョン・マーティンの『ヘヴン・アンド・アース』は、彼が亡くなる前の最後の8年間に録り溜めていた曲に手を加えて完成させた作品。ガースは、ファンキーな「スタンド・アメイズド」でアコーディオンを弾いている。

リック・ダンコ、ヨナス・フィヨルド、エリック・アンダーセンの三人がユニットとして活動した轍は、ガースとフィヨルド、アンダーセンに引き継がれていた。その関係性がオランダ人歌手のインゲ・アンダーセンの『フォールン・エンジェル』へとつながっている。インゲはエリック・アンダーセンの妻で、彼が05年と12年に来日した際にバック・コーラスを務めていたのでご存じの方もいるだろう。ガースは「ザ・プロディガル・サン」でサックス、アコーディオン、キーボード、シンセサイザーをプレイしている。もともとこの曲は、インゲ・ヴァージョンでもフィドルを弾いているノルウェーのミュージシャン、ハルヴァルド・T・ビョルグムが08年に発表した『ピース・ウィル・カム』（リック・ダンコも参加）に収められていたものだが、インゲがコーラスで加わっていたことから取り上げられた。そのビョルグムはハドソン／フィエル／アンダーセンのノルウェー・ツアーの一員でもあり、ガースはビョルグムの『フリー・フィールド』（03年）にも協力していたのだった。

フォーク／アメリカーナ・アーティストのクリス・キャッスルが発表した『ラスト・バード・ホーム』では、「ライオン・インザ・ケージ」と「ダーティ・ウォーター」にハモンドB3で参加。後者ではガースの妻モードの歌声も聴くことができる。リヴォン・ヘルム・スタジオで録音されたこの作品にはラリー・キャンベル、トミー・ラモーン、ゲイブリエル・バターフィールド（ポールの息子）らも協力。キャッスルを盛り立てている。

Chris Castle
Last Bird Home
Dirtsandwich Music Company／DMC201201［CD］2012年

Inge Andersen
Fallen Angel
Meyer／no.181［CD］2012年

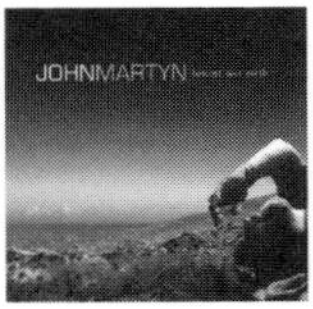

John Martyn
Heaven And Earth
Hole In The Rain Ltd.／LSM4010［CD］2011年

Matt Andersen
Coal Mining Blues
Busted Flat／BUSTED051［CD］2011年

 Levon Helm, Rick Danko, Richard Manuel & Garth Hudson

Richard Manuel
Whispering Pines: Live At The Getaway Saugerties, N.Y.

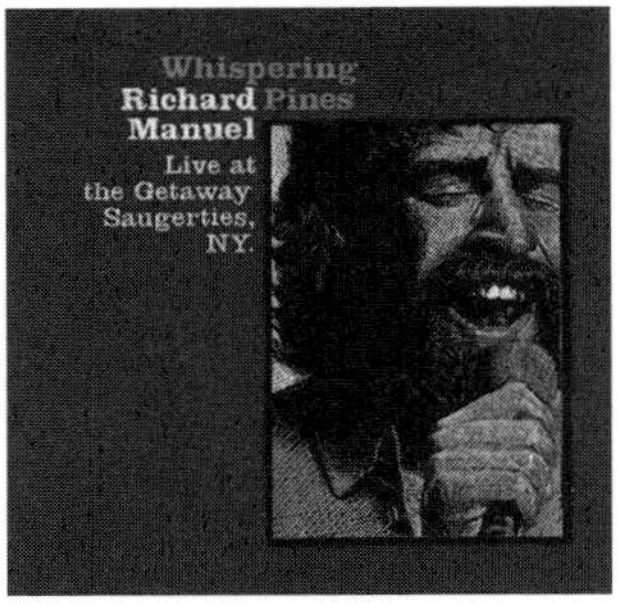

日・Dreamsville／YDCD-0082［CD］
録音：1985年10月12日
発売：2002年5月23日

1. Grow Too Old / 2. Georgia On My Mind / 3. Instrumental #1 "Jazz" / 4. Across The Great Divide / 5. You Don't Know Me / 6. King Harvest (Has Surely Come) / 7. I Shall Be Released / 8. The Shape I'm In / 9. Instrumental #2 "Piano" / 10. Miss Otis Regrets / 11. Crazy Mama / 12. She Knows / 13. Hard Times / 14. Chest Fever / 15. Whispering Pines / 16. Tears Of Rage / 17. Across The Great Divide (Alternative Version) / 18. Georgia On My Mind (Alternative Version)

プロデューサー：Yoshi Nagato
演奏：Richard Manuel (vo, p),
Rick Danko (vo, g),
Jim Weider (g),
Sredni Vollmer (harp)

2005 Reissue
CAN・Other Peoples／OPM-6603［CD］

Bonus Tracks: 18. Piano Quickies #1 / 19. Piano Quickies #2 / 20. Piano Quickies #3 / 21. Mitzi's Blues

『ウィスパリング・パインズ』は、生前にソロ・アルバムを発表しなかったリチャード・マニュエルの（現在のところ）唯一の単独名義作品である。遺族からの許諾を得て、日本のドリームズヴィルから公式盤として発売された。

1985年10月12日にウッドストックのゲッタウェイ・クラブで行なわれた2回のショウを編集したライヴ・アルバムで、当日のPAを担当したアンディ・ロビンソンが保管していたテープが元になっている。リチャードのピアノの弾き語りを中心に、いくつかの曲でリック・ダンコ（ヴォーカル、ギター）、ジム・ウェイダー（ギター）、スレドニ・ヴォルマー（ハーモニカ）がサポートする、シンプルなステージの様子を捉えている。

ライヴはリチャードも参加した、ボビー・チャールズの同名ソロ・アルバム収録の「グロウ・トゥー・オールド」からスタート。敬愛するレイ・チャールズの「ジョージア・オン・マイ・マインド」や、「アクロス・ザ・グレイト・ディヴァイド」などザ・バンドの代表曲が披露されていく。J・J・ケイルの「クレイジー・ママ」は、ガース・ハドソンのプロデュースで制作予定だったソロ・アルバムの候補曲だ。歌、演奏ともにリチャードの状態は完璧ではないものの、小規模な会場ならではのリラックスした、実にアットホームな雰囲気を醸し出している。でも、やっぱり切ない。聴くたびにそう思ってしまう作品だ。

なお、2005年にはカナダで再発。そちらにはガースのアーカイヴに残されていたスタジオ音源4曲が追加されたが、代わりに「ジョージア・オン・マイ・マインド（オルタネイト・ヴァージョン）」が削られているので要注意。（山田）

リチャード・マニュエルの参加作品

山田順一

早世したリチャード・マニュエルは、単独で参加した他のアーティストの作品が極めて少ない。ここではその貴重なタイトルを紹介しておこう。

カントリー・ミュージックのウィリー・ネルソンが、深刻な飲酒問題を抱えて引退していたかつてのスター、ウェッブ・ピアスを復帰させて制作したデュエット・アルバム『イン・ザ・ジェイル・ハウス・ナウ』では、ピアスのヒット曲でもあるジミー・ロジャース作の表題曲で、ブギウギ調のピアノを演奏している。

元フェイシズのイアン・マクレガン率いるバンプ・バンド（ベースは小原礼）がバックを務めたボニー・レイットの『グリーン・ライト』に参加。これはおそらくプロデューサーのロブ・フラボーニとの関係から引き受けたと思われる。ローウェル・ジョージに捧げられた「リヴァー・オブ・ティアーズ」で、ボニーと実に見事なハーモニーを響かせている。リチャードの哀愁ある歌声が活きた名演と言っていいだろう。

1976年の「ジャンク・フード・ジャンキー」のヒットや、ディズニーの音楽でも活躍したシンガー・ソングライター、ラリー・グロスの『メディシン・マン』では、ガース・ハドソンとその妻モードとともに、バッキング・ヴォーカリストの一人としてクレジットされている。

『ウィ・アー・ザ・ワールド』収録の「ティアーズ・アー・ノット・イナフ」は、カナダ版USAフォー・アフリカであるノーザン・ライツ（オーロラ・アンサンブル）の曲。カナダのアーティスト53名で構成されたバンドで、コーラス・メンバーとして歌声を披露している。この曲のメイキングはCBCの番組として放送され、以前はヴィデオ・クリップもソフト化されていた。リチャードの姿を確認するのは難しいが、映像はユーチューブにアップされているのでチェックしてほしい。

USA For Africa
We Are The World
Columbia／USA 40043：1985年

Larry Groce
Medicine Man
Broadbeach／Number Seven：1983年

Bonnie Raitt
Green Light
Warner Bros.／BSK3630：1982年

Willie Nelson & Webb Pierce
In The Jailhouse Now
Columbia／PC38095：1982年

WANTED

DEAD OR ALIVE

Chapter 6
Different Jobs of
Robbie Robertson

JIRO MORI
YASUKUMI NOTOMI
SHOJI UMEMURA
KOJI WAKUI

REWARD

あくまでも〝作家性〟にこだわって〝役目〟をまっとうしてきた孤高の音楽家

和久井光司

『ラスト・ワルツ』の編集方針は、マーティン・スコセッシの映画ありきのものだと思えた。当時の私はそれが〝ザ・バンドの解散コンサートだから〟聴いたわけではなくて、ディラン、ニール・ヤング、ジョニ・ミッチェル、エリック・クラプトンといった人気者から、マディ・ウォーターズやロニー・ホーキンスといった先輩までひっくるめた〝豪華共演〟を映画でも楽しめたことを喜んだにすぎなかったと思う。

78年といえばパンク／ニュー・ウェイヴへの興味がいよいよ本格化した年で、肩まで伸ばしていた髪を切った私は、裾が広がったジーンズを捨て、真っ黒なサングラスに古着屋で買った50年代風のスーツという出で立ちに変身していた。それでもザ・バンドの残像は求めていたから、リックのソロやリヴォンのRCOオールスターズはそれなりに楽しく聴いていたのだが、『ラスト・ワルツ』を映画館に観に行ったときに、〝しばらくザ・バンドを聴くこともないだろうな〟と思った。

だから83年から何度か行われた来日公演には行かず、ヴィデオで発売された再結成ライヴを観たにすぎなかったが、ロビーが87年にリリースしたソロ第1作『ロビー・ロバートソン』がかつてのザ・バンドとはあまりにもかけ離れていたことがきっかけとなって、ザ・バンドが残したアルバムをメンバー個々の立場を考慮しながら聴き直すようになったのだ。

ニュー・ウェイヴもひと段落した感があった83年ごろから、私は英国のトラディショナル・フォーク系のバンドやシンガーを好んで聴くようになっていたのだが、国や地域の特性がその地で生まれ育ったミュージシャンにどう表れているかがわかるようになってくると、ニール・ヤング、ジョニ・ミッチェル、ブルース・コバーンはカナダ、とか、ダグ・サームはテキサスのサン・アントニオ、といった見方で音楽を聴くのが俄然面白くなっていた。アイルランドから登場したU2がファースト・アルバム『ボーイ』のころから好きだった私は、彼らのサウンドが大きく変わった『ジ・アンフォゲッタブル・ファイア』(84年)をイーノと共にプロデュースし、ピーター・ゲイブリエルの『パーディ』『SO』に続けてクレジットされたダニエル・ラノワに注目していたのだが、中古屋でたまたまジャケ買いして激ハマりしたマーサ&ザ・マフィンズの81年作"This Is The Ice Age"がラノワの初プロデュース作だと知って、それまで以上に〝カナダ〟を意識するようになった。

そんなところに届いたのが、U2の『ヨシュア・トゥリー』と『ロビー・ロバートソン』だったから、〝この音像はどういうこと?〟と驚いた。『ヨシュア・トゥリー』は文句なしだったが、最初私は『ロビー・ロバートソン』の意味がまったくわからず、某音楽誌に「ガリゴリギターを弾くアンタの芸風を〝最新の音響〟に封じ込めてしまってどうする?」というようなことを書いたのだが、無責任にもその雑誌が店頭に並ぶころには『ロビー・ロバートソン』を愛聴するようになっていた。

「元ザ・バンドの名が泣くぜ」と思ったとき、私は『ミュージック・フロム・ビッグ・ピンク』と『ブラウン・アルバム』を久しぶりに聴き返して、「やっぱりコレじゃなきゃ〜」なんて思ったのだが、『ステージ・フライト』と『カフーツ』をロビー目線で分析すると、〝ルーツ・ミュージックの博覧会〟みたいな初期2枚が全然そうは聴こえなくなってきて、とくに泥臭いと思っていた『ブラウン・アルバム』の〝そこをリアルと思わせた演出〟にこそ改めて脱帽させられたのである。

だって、リヴォン以外はカナダ人だもんな——という結論に愕然とした私は、ロビー・ロバートソンというソングライター/プロデューサーの力量を思い知り、観客を前にしてもバンドのメンバーばかり見ている彼は〝指揮者〟でいることに心血を注いでいたんだ、と彼の立場を理解するようになったのだ。

そうすると、『ロック・オブ・エイジズ』でアラン・トゥーサンのホーン・アレンジにこだわった気持ちもわかったし、『ノーザン・ライツ、サザン・クロス』と『ラスト・ワルツ』で築いたアレンジャー／プロデューサーとしての自信が、解散後のサントラ仕事につながっていった必然も見えてくるのである。

そういうつもりで聴くと、プロデュースまで手掛けた『カーニー』を単なるサントラ盤とは片づけられなくなるし、セッション参加したアルバムでのギター・プレイよりも、全面的にプロデュースしたアルバムにロビーが仕掛けたトラップに発見できる〝映画監督的な方法論〟の方が面白くなるのだ。そのサウンドを〝額面どおりには受け取れなく〟なってしまうのは、あまり良いクセとは思えないけれど、ロビーが音楽に加味しようとしてきた〝フィクション〟の成分をそのまま〝作家性〟という見地にスライドさせると、ザ・バンドの音楽がフェデリコ・フェリーニが撮った『西部開拓史』のようにも思えてきて、いっそう深さや広がりを増すわけだ。

プロデューサー的な資質には欠けているディランは、『ヨシュア・トゥリー』を聴いても〝U2の成果〟としか思わなかったはずだが、『ロビー・ロバートソン』におけるプロデューサーとしての旧友のあまりの変貌ぶりには思うところがあったらしく、ボノを通じてラノワとコンタクトを取り、『オー・マーシー』のプロデュースを依頼する。

ところが、スタジオ・ワークは苦手で、ほとんど曲をバンドと同録していたディランは、残響音まで納得したものにならないと録音しないラノワの手法に痺れを切らし、幽霊屋敷のようなエコーが仕上がるのを待つことに耐えられなくなるのだ。ディランはおそらく、セッションが終わってメンバーが帰ってもスタジオに残ったロビーを思い出し、ラノワにつきあうことにするのだが、89年にリリースされた『オー・マーシー』はともかく、再びラノワと組んだ97年の『タイム・アウト・オブ・マインド』では、最初からラノワの音像を意識して書いたとしか思えない曲たちを持ってスタジオ入りし、累生の傑作につくりあげたのだから、〝音楽をフィクション化する作家性〟を見逃すことは決してできないはずである。

その後ロビーがディランと同席したことは数えるほどしかないし、〝ネヴァー・エンディング・ツアー〟を続けるディランや、ウッドストックの自宅スタジオで〝ミッドナイト・ランブル・セッションズ〟を開催し続けたリヴォンをどういう気持ちで眺めていたのか、私は知らない。自身の中にある〝ネイティヴ・アメリカンのアイデンティティ〟をテーマにした2作のあと、ザ・バンド作品のリマスターに携わるようになったことで意識が変わったのか、11年の『ハウ・トゥ・ビカム・クレアヴォヤント』はホークス時代からの半生を回想する自伝的な内容となったため、ロビーに〝ザ・バンドの続き〟を求めるファンを初めて納得させるアルバムとなった。

　それがきっかけとなったのか、ロビーは自伝〝The Testimony: A Memoir〟(ロビー・ロバートソン自伝　ザ・バンドの青春)を書き下ろし、16年に出版。19年にはそれをもとにしたドキュメンタリー映画『ザ・バンド　かつて僕らは兄弟だった』が公開され、〝彼の側から見たザ・バンド〟が知られるようになるのだ。

　酒やドラッグに溺れ、金を浪費し、才能に見合った後半生を送れなかったリチャードとリックや、ロビーを敵視したリヴォンの発言への反撃は映画で観ると容赦がなく、グループを存続させようとしてほかの4人を経済的にも支えたのに報われなかった恨みとも取れた。しかし、ロビーがつくりあげた〝フィクション〟を鵜呑みにしてきたファンが、リヴォンの役どころをそのまま彼の人間性とするのには、どうしても苦言を呈しておきたかった、というのが彼が正直さなのではないかと思う。

　私はロビーがいちばん愛していたのはリヴォンだと思うし、〝彼がいたからザ・バンドができた〟という真摯な気持ちを受け取った。そこをフォローするはずだったガースの発言がカットされたことで、ロビーが悪役になってしまったのは残念でならないけれど、〝リヴォンを称賛するためにあえて急所を攻めた〟というのが〝ロビーの作家性〟ではないのだろうか。

Robbie Robertson
Robbie Robertson

Geffen／GHS24160
録音：1986年
発売：1987年10月27日
[A] 1. Fallen Angel / 2. Showdown At Big Sky / 3. Broken Arrow / 4. Sweet Fire Of Love
[B] 1. American Roulette / 2. Somewhere Down The Crazy River / 3. Hell's Half Acre / 4. Sonny Got Caught In The Moonlight / 5. Testimony
プロデューサー：Daniel Lanois, Robbie Robertson
演奏：Robbie Robertson (vo, g, kbd), Daniel Lanois (per, cho, g), Bill Dillon (g, cho), Tony Levin (b), Manu Katché (ds, per), Eluriel "Tinker" Barfield (b), Garth Hudson (kbd), Peter Gabriel (kbd, vo, ds, prog), Martin Page (ds, prog), Larry Klein (b), Abraham Laboriel (b), Terry Bozzio (ds), Bono (vo, cho, b, g), The Edge (g), Adam Clayton (b)

『ラスト・ワルツ』からおよそ10年経っていたとはいえ、〝ザ・バンドの影〟の薄さには誰だって「どうしちゃったの？」とか、「タイトルをこの段になって〝ロビー・ロバーソン〟としたのは〝ザ・バンドじゃなくて〟と、まだ言いたいわけ？」と思ったはずし、俺も最初は「おいおい、そういう風にアンタが唄うんじゃ〝売り〟はどこよ？」と舐められたような気分になったものだが、3回聴いたら「あれ、こりゃスゴイかも」と思っちゃったんだから、ふだんは「一回聴いて良くないと思ったレコードが愛聴盤になることなんて、まずないよ」と言ってる俺でも、「性急な判断はいけません」なんてしおらしく言ってみたりもするわけなので、リヴォン派の読者のみなさんに、「いや、改めて聴いてやってください」と頭を下げるのもヤブサカではないのだけれど、すでにこの本を買ってくれた人にそんなことをお願いしても、俺には一文の得もないよなーなんて思いつつ、自民党政治を疑わない人たちにも似た右寄りなザ・バンドのファンにも、「あー、34年経ってこのアルバムの価値がやっとわかりました」と言わせたいから俺はこんな本をつくってるだろうなー、と締め切りの三日前の真夜中に、仕掛けに満ちた人の悪い原稿を書きながら、「そういえばザ・バンドの音楽を聴くようになってから50年も経つのかー」とか、「初めてギターを持って人前で唄ったのはその年だったよなー」と、自分の半生を振り返ってみたりもするのだけれど、そうやって自分の中で鳴り出すノイズも含めて人は一枚のレコードを味わっていたりするから、リヴォン派の人たちにこれをどんなにオススメしたって〝それぞれの人生〟ってものがあるわけだから、「俺と同じように思う人がいたらむしろ気持ち悪いよ」と自分にツッコミを入れてうすら笑いを浮かべながら、それにしても「君の音でアルバムをつくりたいんだ」と言われたダニエル・ラノワや、参加を要請されたU2やピーター・ゲイブリエルだって、友だちにちょっと力を貸すようなお気軽な関わり方では絶対になかっただろうな、と「フォーリン・エンジェル」と「ブロークン・アロウ」のピーター様のヴォーカルや、「スウィート・ファイア・オブ・ラヴ」と「テスティモニー」のまるでU2とも言える演奏を聴いて感じたりするわけで、マヌ・カッツェの名前を見てナーヴ・カッツェを、おっと、トニー・レヴィンもいたんだよな、と、メトロファルス時代のバカボン鈴木を思い出したりする自身のインナー・ノイズがまた面白かったりするのだけれど、肝心なのは〝そういった逡巡がいっそう表現を深くする〟ってところで、鳴っている音の向こうにある作者/演者の気持ちまで汲み取ってもらわないと、どんなにレコードを買ったりライヴを観たりしても〝上辺だけの理解〟ってことになっちゃうんですよ、と決定的なことを言いたくもなるのだが、いやいや商業音楽（レコードやライヴやこういう本はもちろん、映画演劇から、俺が秋にやる展覧会なんかも含む、すべての〝ショーギョーブンカ〟だろうね）はお客さんあってのもの、お買い上げいただいた方に「俺はこういうつもりでつくったんだから」なんて上から目線は失礼極まりないからね、と、このややこしい原稿をどうやって終わらせるかを逡巡するわけで、そーなんだよ、ただのミュージシャンやただの音楽ライターでいるほうが楽なんだよ、と思いながらサミットの帰りにわざわざ百円ローソンに寄って夜食用に買ったヤマザキの「たくあんマヨロール」をべつに気に入ってるわけでもない「タリーズ」のアイスコーヒー、もちろんブラック無糖で流し込み、さてどうしよう？と築50年だけど内装がきれいなのでそれほど古さは感じない東中野の賃貸マンション、仕事部屋の天井を見上げた瞬間に、「お母さん、いい加減あなたの顔は忘れてしまいました」というキラー・ラインで自身のややこしさに区切りをつけることができた亡き遠藤ミチロウを思い出したりするのだから、おっと決まったじゃん！、とパソコンに向かう白内障の目に再び輝きが戻ったりする63歳の総合音楽家は、ロビー・ロバートソンの『ロビー・ロバーソン』は出世の本懐を語っているアルバムである、と結ぶのであった。

（和久井）

Robbie Robertson
Storyville

Geffen／GEFD-24303［CD］
録音：1991年
発売：1991年9月30日

1. Night Parade / 2. Hold Back The Dawn / 3. Go Back To Your Woods / 4. Soap Box Preacher / 5. Day Of Reckoning (Burnin For You) / 6. What About Now / 7. Shake This Town / 8. Breakin The Rules / 9. Resurrection / 10. Sign Of The Rainbow

プロデューサー：Robbie Robertson, Gary Gersh, Stephen Hague
演奏：Robbie Robertson (vo, g, organ), Jerry Marotta (ds, per), Guy Pratt (b), Bill Dillon (g), Alex Acuña (per), Paul Moore (kbd, ds, prog), Ronnie Foster (organ), Billy Ward (ds), Stephen Hague (kbd, prog), Rick Danko (cho), Russell Batiste, Jr. (ds), George Porter, Jr. (b, cho), Leo Nocentelli (g), Art Neville (organ, cho), Bruce Hornsby (kbd, cho), Cyril Neville (per), Big Chief Bo Dollis (cho), Big Chief Monk Boudreaux (cho), Ronald Jones (ds), Garth Hudson (kbd), Neil Young (cho), John Robinson (ds), David Ricketts (b, g, prog, kbd), Jared Levine (per), Yvonne Williams (cho), Carmen Twillie (cho), Clydene Jackson (cho), Roy Galloway (cho), Ivan Neville (kbd, cho), Ndugu Chancler (per), Aaron Neville (cho), Mark Leonard (b), Charlie Pollard (kbd, prog), Ginger Baker (per), David Baerwald (cho), Mike Mills (cho), Robert Bell (b, ds, prog), Paul Buchanan (g, cho), Ziggyboo Modeliste (ds), Martin Page (kbd, p, prog, cho), Code Blue (cho), Zion Harmonizers (cho), Rebirth Brass Band (horns, per)

ロビーのソロ第2弾は、かつてニューオーリンズに存在した歓楽街、ストーリーヴィルをテーマにしたコンセプト・アルバムだ。1897年から1917年までの間、市政府によって売春が認められ、ジャズが溢れ、ダンス・ホールやキャバレー、レストランが営業していた地区を舞台にストーリーが紡がれていく。

ストーリーヴィルをモチーフにした映画には、ビリー・ホリデイやルイ・アームストロングが出演したミュージカルの『ニューオーリンズ』(47年)や、ジェリー・ウェクスラーが音楽を手がけたルイ・マル監督の『プリティ・ベイビー』(78年)などがある。ロビーはこうした映画の存在を踏まえた上で、音で映像を喚起する狙いがあったのだろう。

前作と比べると、音色はナチュラルになり、ギタリストとしてのロビーは目立たないが、ヴォーカルには確信が満ちてきた。レコーディングに参加したメンバーは多いが、基本的にはバンド・アレンジで、曲によって適切なミュージシャンが選ばれている。ネヴィル・ブラザーズの面々や、ワイルド・マグノリアスのボ・ドリスらが加わる「ゴー・バック・トゥ・ユア・ウッズ」にしても、これぞニューオーリンズ・ファンク、といった雰囲気はない。あくまでロビーが描く世界の住人に収まっているみたいだ。

ボブ・クリアマウンテンのミックスと、ボブ・ラドウィグのマスタリングによって、猥雑さを醸し出しながらもすっきりと整理した印象を与える音像に仕上がっている。「ホワット・アバウト・ナウ」を7インチ・シングルで聴いてみたら、ほどよく滲んだ音が立体的に迫ってきたので、CDでは物足りない方はアナログ・レコードを探してみてください。(森)

Robbie Robertson & The Red Road Ensemble
Music For The Native Americans

Capitol Records／CDP7243-8-28295-2-2［CD］
録音：1994年
発売：1994年10月4日

1. Coyote Dance / 2. Mahk Jchi (Heartbeat Drum Song) / 3. Ghost Dance / 4. The Vanishing Breed / 5. It Is A Good Day To Die / 6. Golden Feather / 7. Akua Tuta / 8. Words Of Fire, Deeds Of Blood / 9. Cherokee Morning Song / 10. Skinwalker / 11. Ancestor Song / 12. Twisted Hair

プロデューサー：Robbie Robertson, Toby Gendron, Jim Wilson
演奏：Robbie Robertson (g, kbd, vo),
Rita Coolidge (cho),
Priscilla Coolidge (cho),
James Wilson (prog),
Alejandro "Alex" Acuqa (per),
John Barlit (per),
Bill Dillon (b, g),
Douglas Spotted Eagle (flu, kbd, prog),
Tony Green (b),
Elodie Lauten (kbd),
Patrick Leonard (organ, kbd, prog),
Laura Satterfield (cho),
Bill Dillion (g),
John Bartilt (per),
Benito Concha (ds),
Sal Fararas (ds),
Claude Pelletter (cho),
Delphin Robertson (cho),
Denis Toupin (ds, vo),
Bonnie Jo Hunt (vo),
Jeff Smallwood (g)

ターナー・ブロードキャスティングスが制作した、テレビ・ドキュメンタリーのサウンド・トラック・アルバム。ザ・バンドのロード・マネージャーだったジョナサン・タプリンが番組のエグゼクティヴ・プロデューサーを務めていたことから、ネイティヴ・アメリカンの血が流れているロビーが指名されたと想像できる。さらにはチェロキー族の伝統を押し出して〝ワレラ〟を結成したリタ・クーリッジとプリシラ・クーリッジ、ロビーの子どものデルフィーヌとセバスチャンをはじめ、ネイティヴ・アメリカンのミュージシャンを多く起用していることから、ソロ名義ではなく〝ザ・レッド・ロード・アンサンブル〟というユニット名をつけたのだろう。

　インストゥルメンタルや語りがメインのトラックも含まれているし、ネイティヴ・アメリカンの言葉も使われているので、とっつきにくくなりそうなものだが、きちんとトータル・アルバムとして聴くことができる。また、印象的なパーカッションを担当しているアレックス・アクーニャはペルー出身なので、何が何でも仲間内で固めようということではなかったらしい。実にロビーらしいクールな割り切り方だ。

　面白いのは「ザ・ヴァニシング・ブリード」。(ダグラス)スポッテッド・イーグルとの共作で、彼のフルートとロビーのギターがスケールの大きなメロディを紡いでいくのだ。ギタリストとしてのロビーの新機軸といってもいいだろう。

　こうしたさまざまな要素が集約された曲が「スキンウォーカー」。リズムと声、打ち込みと生音が有機的に絡み合った、ロビーの得意なパターンだ。サラッと聴けるのに奥が深いのが不思議。（森）

Robbie Robertson
Contact From The Underworld Of Redboy

Capitol／7243-8-54243-2-8［CD］
録音：1997年
発売：1998年3月10日

1. The Sound Is Fading / 2. The Code Of Handsome Lake / 3. Making A Noise / 4. Unbound / 5. Sacrifice / 6. Rattlebone / 7. Peyote Healing / 8. In The Blood / 9. Stomp Dance (Unity) / 10. The Lights / 11. Take Your Partner By The Hand (Red Alert Mix) [Bonus Track]

プロデューサー：Robbie Robertson, Howie B., Marius de Vries, Tim Gordine, Jim Wilson
演奏：Robbie Robertson (g, vo),
Leah Hicks-Manning (vo),
Jeremy Shaw (kbd),
Jules Brooks (kbd),
Joanne Shenandoah (vo),
Chief Jake Thomas (spoken word),
Marius de Vries (kbd, prog),
James Bilagody (vo),
Jackie Bird (vo),
Star Nayea (vo),
Ivan Neville (vo),
Cree Summer (vo),
Geoffrey Gordon (ds, per),
David Campbell (string arrangement),
Rupert Brown (ds),
Caroline MacKendrick (vo),
Tim Gordine (kbd, prog),
Leonard Peltier (spoken word),
Bonnie Jo Hunt (vo),
Anthony Begay (vo),
Maztl Galindo (flute),
Benito Concha (ds),
Tudjaat; Madeleine Allakariallak,
Phoebe Atagotaaluk (cho),
Cree Summer (vo),
Verdell Primeaux and Johnny Mike (vo),
Jim Wilson (kbd, prog, ds, per),
The Six Nations Women Singers (vo),
Rita Coolidge (vo),
Priscilla Coolidge (vo),
Laura Satterfield (vo),
Star Nayea (vo),
Joel Shearer (b),
Vinez Pvel (prog),
Andrew Scheps (prog),
Laura Satterfield (vo),
Jony Rockstar (prog),
Bill Dillon (g)

　前作に引き続き、ネイティヴ・アメリカンのアイデンティティをテーマにアルバム制作を行うことに決めたロビーがパートナーに選んだのは、DJ、プロデューサーで、プッシーフット・レコーズの創始者、ハウィー・Bだった。U2やビョークとの仕事でクラブシーンとメジャーとの垣根を越えて活動していた彼がもたらしたのは、エレクトロ。ロビーも打ち込みは多用していたが、大半の曲で生のドラムとベースが排されたアルバムになったのだ。しかし、ロビーが目指していたのは最新のダンス・ミュージックではなく、あくまでネイティヴ・アメリカンの伝統音楽と電子音の融合だった。

　1曲目は先住民族であるオブジワ族の伝承歌を基にした「ザ・サウンド・イズ・ファイティング」。リー・ヒックス・マニングの歌を乗せたトラックが繰り返される中で、随所でロビーのギターが暴れている。踊れはしないが、トランスしそうになるオープニングだ。ロビーの狙いがよくわかる。

　続く「ザ・コード・オブ・ハンサム・レイク」は、イロコイ族の宗教指導者であるハンサム・レイクを題材にした曲。単調なリズムの上でさまざまな声が交錯し、薄くロビーのギターが聴こえてくる。「メイキング・ア・ノイズ」では、おなじみのアイヴァン・ネヴィルやリタ・クーリッジらのヴォーカルが重ねられた。「サクリファイス」は、ネイティヴ・アメリカンの民族運動家、レナード・ペルティエを取り上げている。彼は76年からずっと収監されているのだ。タイトルはタルコフスキーへのオマージュか？「ペヨーテ・ヒーリング」では、ネイティヴ・アメリカン・チャーチのデュオ、プリモー＆マイクがフィーチャーされた。（森）

Robbie Robertson
How To Become Clairvoyant

429/Macrobiotic／FTN17821［CD］
録音：2011年
発売：2011年4月5日

1. Straight Down The Line / 2. When The Night Was Young / 3. He Don't Live Here No More / 4. The Right Mistake / 5. This Is Where I Get Off / 6. Fear Of Falling / 7. She's Not Mine / 8. Madame X / 9. Axman / 10. Won't Be Back / 11. How To Become Clairvoyant / 12. Tango For Django
De Luxe Disc: 1. The Right Mistake (Songwriter Version) / 2. He Don't Live Here No More (Songwriter Version) / 3. Fear Of Falling (Songwriter Version) / 4. This Is Where I Get Off (Songwriter Version) / 5. Madame X (Songwriter Version) / 6. Houdini (Outtake)

プロデューサー：Marius de Vries, Robbie Robertson
演奏：Robbie Robertson (g, kbd, vo), Angelyna Boyd (cho), Ann Marie Calhoun (violin), Eric Clapton (g, cho), Marius de Vries (kbd, p), Rocco DeLuca (dobro, cho), Bill Dillon (g), Jimi Englund (per), Dana Glover (cho), Taylor Goldsmith (cho), Eldad Guetta (horn), Tina Guo (cello), Michelle John (cho), Daryl Johnson (cho), Jim Keltner (ds), Frank Marocco (accordion), Angela McCluskey (vo), Natalie Mendoza (cho), Tom Morello (g), Pino Palladino (b), Martin Pradler (kbd), Robert Randolph (pedal steel), Ian Thomas (ds), Sharon White (cho), Steve Winwood (organ)

13年ぶりのソロ・アルバム。タイトルを意訳すれば〝預言者になる方法〟といったところ。これまでの作品と比べると、肩透かしを食らったように感じるほど、ストレートなバンド・サウンドに溢れた一枚だ。

「ストレイト・ダウン・ザ・ライン」でペダル・スティール・ギターを操っているのは、ロバート・ランドロフ。ロビーとの短い掛け合いには盛り上がってしまう。メロウな「ウェン・ザ・ナイト・ワズ・ヤング」で聴ける、アンジェラ・マクロスキーとのツイン・ヴォーカルは雰囲気たっぷりだ。エリック・クラプトンを迎えた「ヒー・ドント・リヴ・ヒア・ノー・モア」では、ふたりでギターを重ねまくっている。

スティーヴ・ウィンウッドをフィーチャーしたのは、「ザ・ライト・ミステイク」。ロビーとクラプトンのギター、ウィンウッドのオルガンが静かに絡み合うエンディングは、唐突に終わる。さらに「ディス・イズ・ウェア・アイ・ゲット・オフ」「フィア・オブ・フォーリング」「シーズ・ノット・マイン」「マダムX」とクラプトン参加の曲が続く。本作はギター・アルバムといってもいいだろう。ゲストとともに、ロビーがギタリストとしての在り方を再確認しているようだ。

最後はインストゥルメンタルの「タンゴ・フォー・ジャンゴ」で南米まで下っていく。ロビーがガット・ギターを弾き、ヴァイオリンとアコーディオンも使われているが、オーケストラが加わることで映画のフィナーレのようなエンディングを迎えることになる。

なお初回版のCDには、デモ・ヴァージョンを含む《デ・ラックス・ディスク》がつけられた。

（森）

Robbie Robertson
Sinematic

UMe／B0030705-02［CD］
録音：2019年9月20日
発売：2019年9月20日

1. I Hear You Paint Houses / 2. Once Were Brothers / 3. Dead End Kid / 4. Hardwired / 5. Walk In Beauty Way / 6. Let Love Reign / 7. Shanghai Blues / 8. Wandering Souls / 9. Street Serenade / 10. The Shadow / 11. Beautiful Madness / 12. Praying For Rain / 13. Remembrance [Bonus Track]

プロデューサー：Robbie Robertson
演奏：Robbie Robertson (vo, kbd, g),
Chris Dave (ds)
Jim Keltner (ds),
Pino Palladino (b),
Frédéric Yonnet (harmonica),
Afie Jurvanen (g, kbd),
Jim Wilson (kbd, prog),
Derek Trucks (slide g),
Terry And The Octo Pirates (g, organ),
Reggie Hamilton (b),
Howie B. (kbd, prog),
Randy Kerber (kbd, organ),
George Doering (g),
Martin Pradler (kbd, per),
J.S. Ondara (cho),
Felicity Williams (cho),
Citizen Cope (cho)

エリック・クラプトンに焚き付けられたとはいえ、『ハウ・トゥ・ビカム・クリアヴォヤント』が、かつてのザ・バンド・ファンを喜ばせるオーソドックスなロック・アルバムになったのは悪くない展開だったが、またアレだったら嫌だな、と思いながら私はこのアルバムに針を落とした（買ったのは2枚組のアナログ盤だったからね）。

　自身による絵をあしらったジャケットがディランの『セルフ・ポートレイト』を彷彿とさせるのもよかったし、一曲一曲に合わせて描いた絵を載せたブックレットもアート感満点。音楽を手掛けたマーティン・スコセッシの映画『アイリッシュマン』（ロバート・デ・ニーロとアル・パチーノが主演）と、『ザ・バンド　かつて僕らは兄弟だった』のサントラからの曲を含んでいるからこそのタイトルなのだが、簡単に〝映画的〟とはせずに、〝Ｓｉｎ（罪）〟とかけているところがミソだったりする。ヴァン・モリソンのヴォーカルをこれ以上はないと思えるほど映画的に配した「アイ・ヒア・ユー・ペイント・ハウシズ」は、『アイリッシュマン』の原作であるチャールズ・ブライトの同名ノンフィクションの根幹となったマフィアの殺し屋の告白をヒントに書かれた曲で、いつもよりさらにクール。もはやハード・ボイルドとも表現できそうなアルバムのトーンを決めたと言ってもいい。

　ヴォーカルが決して褒められないのは自覚しているロビー

先輩、「ウォーク・イン・ビューティ・ウェイ」ではリタ・クーリッジの娘、ローラ・サックフィールドに〝主演〟を任せているのだが、そういった〝引き〟が効いて、本人の歌が〝脇にまわると抜群にうまい性格俳優〟みたいに聴こえるのだから、映画の仕事で培われた〝プロデュース術〟が「ここに極まれり」といった感じなのである。

前作からのピノ・パラディーノと、クリス・デイヴ（ときどきジム・ケルトナー）のリズム・セクションの安定感は特筆すべきだろうし、ダニエル・ラノワとブルース・コバーンの近年のギター・アルバムを合わせたようなインスト2曲も聴きどころ。現代的な音響でダウナー系のオルタナ・ロックを聴かせているわりに、読後感は〝ザ・バンドと同じ〟なのだから、本書を通して私が繰り返し言っていることをご理解いただけると思います。

でも、こういう感じって、バンドでやってるとメンバーには受けないんだよ。〝どこにこだわってんの？〟って顔してミキシング・ルームから出て行った連中はロビーでビールとか飲みながらすでに打ち上げ状態だったり。赤い顔して「できた〜？」なんて覗きの来るのがせいぜいだったりする。

そういうときのプロデューサーとエンジニアのハード・ボイルドな気分、わかりますか？　おめーらいーかげんにしろよ、って言いたくなることも多いけど、そこで怒ったらプロデューサーやエンジニアは〝負け〟なんです。

閑話休題。ボーナス・トラック「リメンブランス」で聴けるデレク・トラックスのスライド・ギターも渋いけれど、いわゆるアメリカン・ロック的な生演奏がペーシックなわけではなくて、打ち込みもエフェクトもふんだんに使われている。ハウイー・Bがプログラミングを担当した「ビューティフル・マッドネス」では、刺激的な打ち込みに呼応してギター・プレイもオルタナな方へと向かうのだが、ビル・フリーゼルやマーク・リボーに立ち向かうような〝元祖〟の姿に、なんとも言えない気持ちにさせられたりする。

こういうアルバムがどれだけの人に必要とされ、世界で何枚売れるんだろう？と思うけれど、「晩年はクラプトンみたいだった」とは絶対に言わせないぞ、という顔も窺えるソングライター／サウンド・クリエイターぶりには頭が下がる。あと一枚こういうアルバムを出して完結でも、この人の場合はファンを悲しませないんじゃないかな。だって、オーソン・ウェルズを思い出させたりするから。

ミュージシャンでこういう人は珍しいから、私はロビーに〝孤高〟を感じるわけだが、「いや〝孤独〟だよね」と、いま思ったしだいです。

（和久井）

Jesse Winchester
Jesse Winchester

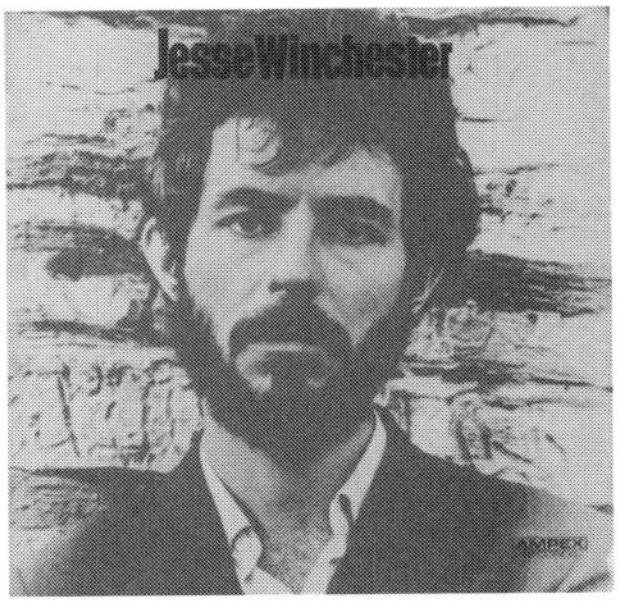

Ampex／A-10104
録音：1970年
発売：1970年
[A] 1. Payday / 2. Biloxi / 3. Snow / 4. The Brand New Tennessee Waltz / 5. That's A Touch I Like
[B] 1. Yankee Lady / 2. Quiet About It / 3. Skip Rope Song / 4. Rosy Shy / 5. Black Dog / 6. The Nudge
プロデューサー：Robbie Robertson
演奏：Jesse Winchester (g, kbd, vo), Robbie Robertson (g), Guy Black (ds), Bob Boucher (b), Al Cherney (violin), Levon Helm (ds), Garth Hudson (organ), Dave Lewis (ds), Ken Pearson (kbd), David Rea (g, vo)

リヴォン・ヘルムが『シェーン』のアラン・ラッドなら、ここでのジェシ・ウィンチェスターは『リバティ・バランスを撃った男』のリー・ヴァン・クリーフだ。いや、見た目だけだけれど――。

しかし、見開きジャケットの表裏、内側の左右、計4面に同じポートレイトを使っているのだから、よほど〝この顔だ〟と思ったのだろう。それを決めたのがロビー・ロバートソンだったとしたら、初プロデュース作でとんでもない成果をあげたと言っていいだろう。

44年にルイジアナで生まれたウィンチェスターはハイ・スクール時代から唄っていたらしいが、徴兵を逃れてカナダに渡り、ロビーに発見されたという。

エンジニアはトッド・ラングレンで、レーベルはアンペックス。アルバート・グロスマンが「見っけ！」と思ったかどうかは知らないが、アンペックスの出資でベアズヴィル・レーベルを興し、ウィンチェスターを売っていくのだから、アーティストには〝ありがたいマネージャー〟と見えたはずで、ロビーもトッドもいい仕事をしている。ウィンチェスターのアルバムを一枚選べと言われたら多くの人はこれをあげるだろうし、ファーストにして不動の代表作となったのだから誰も文句を言わなかったと思う。

けれど、ロビーはウィチェスターを実像よりかなり渋く演出している。おかげでミディアム～スロウ・テンポのナンバーのハマり具合は満点だが、ロック・チューンだとウィンチェスターの高めの声が軽すぎて、骨太なロビーのギターの方が勝ってしまっている。私は昔からそこが気になって、本人をあまり評価できないのだ。映画で言えば、主演俳優が力不足な感じが否めない。

（和久井）

Hirth Martinez
Hirth From Earth

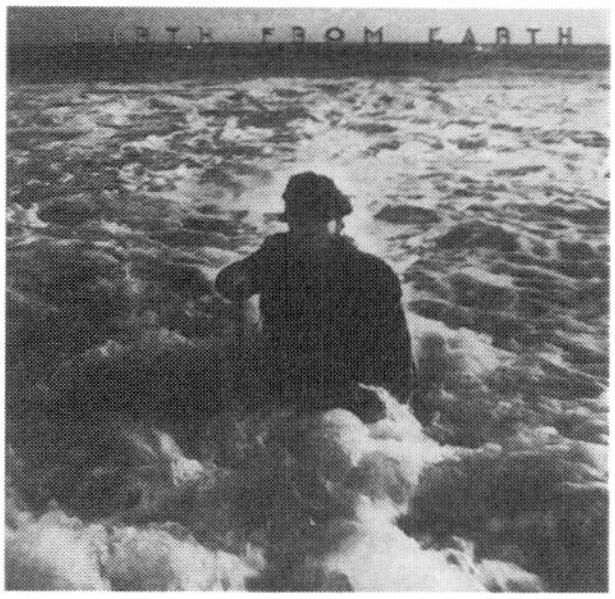

Warner Bros.／BS2867
録音：1975年
発売：1975年

［A］1. Altogether Alone / 2. Winter Again / 3. Djinji / 4. Be Everything / 5. Comin' Round The Moon
［B］1. That's The Way It's Gotta Go / 2. Silent Movies / 3. Pity On The Fool / 4. I Don't Know Why The Hell / 5. Saturday Night / 6. Cold Dark Mornin' / 7. You Are A Star

プロデューサー：Robbie Robertson
演奏：Hirth Martinez (vo, g), Robbie Robertson (g), Rob Boucher (b), Chuck Rainey (b), Spider Webb Rice (ds), Russ Kunkel (ds), Garth Hudson (p, organ), Ben Keith (pedal steel), Maud Kagle (cho), Sergio Pastora (conga), Ken Watson (per), Stella Castellucce (harp), Lou Raderman (violin), Malcolm Cecil (kbd), Robert Margouleff (kbd), Larry Fallon (syn, arrange), Horns; Jerry Orrico, Phil Ayling, John Mitchell, Mark Satterfield, Steve Kravitz, Jay Migliori, Cotchie Roberts, Terry Harrington, Rob Hicks, Yan Rasey, Fred Jackson, Jr., Phil Streamline Ewing, Bob Payne, Bill Lamb, Teddy Buckner, Dave Roberts, Don Waldrop, Red Calender, Strings; Jan Kelley, Ray Kelley, Arni Egilsson, Gareth Nuttycombe, Myron Sandler, Barry Socher, Bobby Bruse, Carl La Magna, Henry Ferber, Jack Sholman, Joseph Lijoti, Leonard Malarsky, Ronald Folsom, Shari Zippert, William Hymanson

98年に日本のドリームズヴィル・レーベルから復帰作を出し、その後2度の来日公演を行ったハース・マルティネスが2015年に亡くなったとき、多くの音楽通がSNSで追悼コメントを発していた。が、人気があったのは日本だけだ。75年にリリースされたこのファースト・アルバムは静かにロングセラーとなり、ジョン・サイモンがプロデュースした77年の『ビッグ・ブライト・ストリート』もそれなりに売れた。しかしアメリカでは鳴かず飛ばずで、2枚のアルバムのあとは消息もわからなかった。

LAのチカーノ人脈の中で14歳のときから活動、ミッドナイターズに曲を提供したこともあったというハースは、兵役で一度は音楽を断念したが、74年にLA郊外の楽器店で偶然ボブ・ディランと遭遇し、デモ・テープを渡したことからロビーのプロデュースで本作を録音するに至ったのだ。ワーナーの資料にあった〝片足〟というのはでっちあげで、ライヴ活動もできる身体だった。

ジャズやボサ・ノヴァも飲み込んだAORといった音楽性だからか、ロビーはヴァン・モリソンの『アストラル・ウィークス』で知られたラリー・ファロンにホーンとストリングスのアレンジを依頼。ザ・バンドからはガースだけが呼ばれた。チャック・レイニーのベースも秀逸だが、極めつけは「オールトゥゲザー・アローン」と「ジンジ」のスペイシーなシンセ。これはスティーヴィー・ワンダーの『インナーヴィジョンズ』を手掛けたチームによるプログラミングだった。「オールトゥゲザー〜」がムーンライダーズの「週末の恋人」に化けたこともあまりに有名だ。〝持っていなければセンスを疑われる〟大傑作。

（和久井）

Neil Diamond
Beautiful Noise

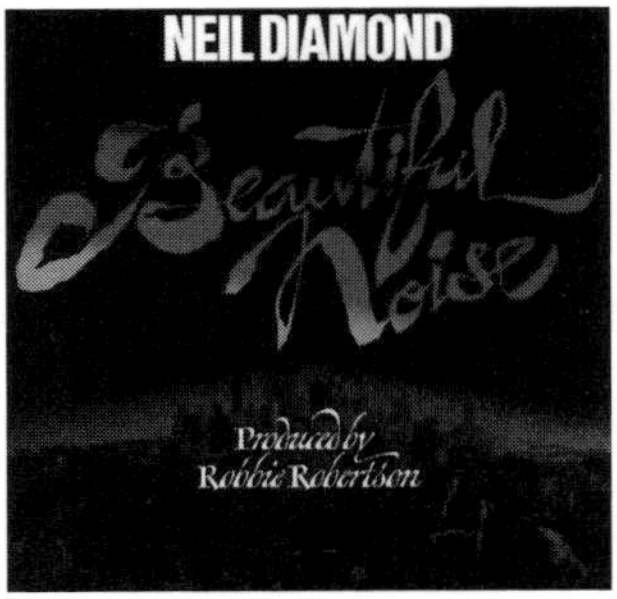

Columbia／PC33965
録音：1975〜1976年
発売：1976年6月11日

[A] 1. Beautiful Noise / 2. Stargazer / 3. Lady-Oh / 4. Don't Think... Feel / 5. Surviving The Life / 6. If You Know What I Mean
[B] 1. Street Life / 2. Home Is A Wounded Heart / 3. Jungletime / 4. Signs / 5. Dry Your Eyes

プロデューサー：Robbie Robertson
演奏：Neil Diamond (vo, g),
Robbie Robertson (g),
Richard Bennett (g),
Jesse Ed Davis (g),
Bob Boucher (b),
Larry Knechtel (kbd),
Alan Lindgren (kbd),
Dennis St. John (ds, per),
David Paich (kbd),
Garth Hudson (organ), Jim Keltner (ds),
Russ Kunkel (ds),
Jim Gordon (ds, conga, cho),
James Newton Howard (syn),
Joe Lala (per, tambourine),
Dr. John (organ)

日本では、〃モンキーズの「アイム・ア・ビリーヴァー」の作者で、「スウィート・キャロライン」をヒットさせた人〃という認識が一般的だが、米英では〃ヴォイス・オブ・アメリカ〃の異名をとる大スター。いまでも新録アルバムが出れば必ずトップ10入りするポップ・シンガー・ソングライターの最高峰である。

『ラスト・ワルツ』に出てきたときは私も〃なんで？〃と思ったが、ロビーが本作と次のライヴ盤のプロデュースを任されたのは、アメリカ音楽界で〃一流〃と認められた証拠だった。どっしりしたアルト・ヴォイスでメロディアスなナンバーを唄い、決して甘口にならないこの人は、ディランの反対側の極にいる。それがわかったときに私はアルバムを集め始め、いまでは棚ひとつがダイアモンドのコーナーになっているほど。

ここでは、ガース、ジェシ・エド・デイヴィス、ドクター・ジョンに、ドラムはラス・カンケルとジム・ゴードン。悪いわけがないではないか。

エルヴィス・プレスリーからも地続きの堂々たる〃エンタテインメント〃は、アメリカに妙な憧れを持つ日本人がいいかげんな気持ちで聴いているルーツ・ロックなんかより何倍も〃プロフェッショナルな仕事〃だと思う。ルックスがロックっぽくないからダイアモンドは当り障りのないポップ・シンガーに見えるけれど、フォーク、カントリー、ロックンロールをアメリカの日常に収めてしまえる懐の深いポップ解釈は、ロビーの〃公平さ〃とみごとに共鳴していた。『ノーザン・ライツ～』と『ラスト・ワルツ』のあいだにこれがあったと受けとめると、ザ・バンドに引導を渡したロビーの気持ちもわかる。

（和久井）

Libby Titus
Libby Titus

Columbia／PC34152
録音：1977年
発売：1977年

［A］1. Fool That I Am / 2. Kansas City / 3. Can This Be My Love Affair / 4. The Night You Took Me To Barbados In My Dreams / 5. Love Has No Pride
［B］1. Yellow Beach Umbrella / 2. Can't Believe You're Mine / 3. Miss Otis Regrets / 4. Wish I Could / 5. Darkness 'Til Dawn

プロデューサー：Carly Simon, Paul Simon, Phil Ramone, Robbie Robertson
演奏：Carly Simon (cho),
James Taylor (cho),
Christopher Parker (ds),
Chuck Israels (b),
Craig Doerge (kbd),
Don Brooks (harmonica),
Don Grolnick (kbd),
Garth Hudson (kbd),
George Young (sax),
Grady Tate (ds),
Gwen Guthrie (cho),
Lani Groves (cho),
Patti Austin (cho),
Hirth Martinez (g, cho),
Hugh McCracken (g),
Joe Beck (g),
Joe Beck (g),
John Guerin (ds),
John Tropea (g),
Lani Groves (cho),
Libby Titus (cho),
Gwen Guthrie (cho),
Lani Groves (cho),
Patti Austin (cho),
Larry C. Muhoberac (p),
Max Bennett (b),
Michael Melvoin (p),
Paul Simon (cho),
Ricky Marotta (ds),
Robbie Robertson (g),
Ronny Zito (ds),
Russell George (b),
Tony Levin (b),
Will Lee IV Jr. (b)

リヴォン・ヘルムの妻として70年代を過ごし、娘エイミーをもうけたシンガー、93年以降はドナルド・フェイゲンと結婚しているソングライターとして知られる人だが、ファースト・アルバムは68年。エリック・カズと共作した「ラヴ・ハズ・ノー・プライド」が、ボニー・レイットやリンダ・ロンシュタットに取り上げられ、本作のあとはバート・バカラックに歌詞を提供している。

9年ぶりのセカンド・アルバムは、ロビー、ポール・サイモン、フィル・ラモーン、カーリー・サイモンがプロデュースを分け合い、ガース、ヒュー・マクラッケン、ウィル・リー、リック・マロッタ、まだ無名だったトニー・レヴィンが参加していることでも知られるが、リヴォンはいない。ロビーが担当したのは、リビーとハース・マルティネスが共作した「ザ・ナイト・ユー・トゥック・ミー・トゥ・バーベイズ・イン・マイ・ドリーム」と、コール・ポーター作の「ミス・オーティス・リグレッツ」だ。

それぞれのプロデューサーの趣味が出たのは面白かったが、アルバムとしてのトータリティには欠けているから、リビーの個性が摑みきれないのが残念なところ。アルバムとしては、カリフォルニア産らしいソフト・ロックの中でコケティッシュな初々しさが光るファーストの方が何も考えずに聴ける（ビートルズの「フール・オン・ザ・ヒル」のカヴァーは一聴の価値あり）。『アイランズ』や『ラスト・ワルツ』をプロデュースしながらリヴォンのカミさんまで引き受けていたロビーは石倉三郎のような顔で、「なんだかなぁ」と言ったはず。どこに置いても微妙な一枚だ。嫌いにはなれないが。

（和久井）

ロビー・ロバートソンの参加作品

梅村昇史

ライヴ・パフォーマンスよりもスタジオでのグルーヴの追求を好む学究肌。簡潔に押さえるべきところを押え、一聴してそれとわかるプレイを指して、ディランは数学的ギタリストと評した。そんなロビー・ロバートソンの個性は〝理性と探求〟のキーワードで解釈できるものだと思うが、一方で冷静な策士としての一面があるのも否めないだろう。個人的には『ラスト・ワルツ』を観るたび、これをカードにして結果的にバンドを売ってレーベルを移籍し、その後のキャリアと立場を確保したんだな、とつい思ってしまったりもする。ツアーよりもレコード会社の役員のポストかと。それは音楽を生業とする者の人生と仕事として、決して批判すべきことではないのだけれど。ロビーは一人だけザ・バンドの再結成には関与しなかったが、それは孤高の態度を貫くというよりは、その時点でのロビーのミュージック・ビジネスの環境には全く合わなかったのだろう。そういった活動スタンスのせいか、外部の作品への参加は長いキャリアのわりには多くないという印象がある。本稿ではザ・バンド以前のキャリア、映画音楽作品、別掲の主要参加作品以外の、ロビーの関連作品についてまとめている。

リンゴ・スターの73年作『リンゴ』には、リチャード以外のザ・バンドのメンバーと参加。ジョージ・ハリスン作の「サンシャイン・ライト・フォー・ミー」でジョージと共にギターを弾いている。ケイジャン風味のリラックスしたムードは彼らならではか。一堂には会さないが、本作はビートルズ全員とザ・バンドの4人が集まっているという〝豪華〟の一言では片づけられないアルバムだ。ロビーは単独でリンゴの次作『グッドナイト・ウィーン』(74年)にも参加。エルトン・ジョンとバニー・トウピンによる「スヌーカルー」で特徴的なギターソロを披露している。

73年から74年にかけてはザ・バンドの活動と評価が確立され、アメリカのロック界の主

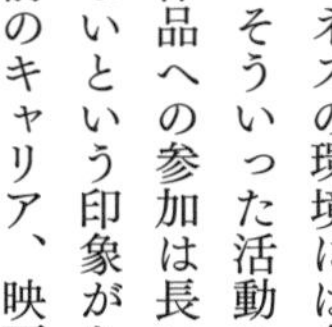

Ringo Starr
Ringo
Apple／PCTC252：1973年

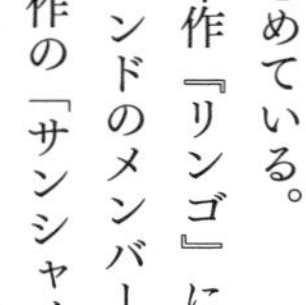

Ringo Starr
Goodnight Vienna
Apple／PCS7168：1974年

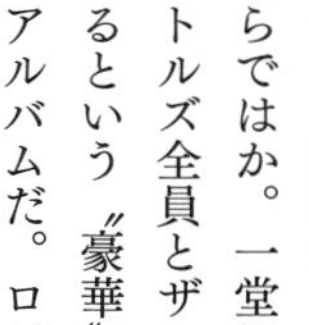

Carly Simon
Hotcakes
Elektra／7E-1002：1974年

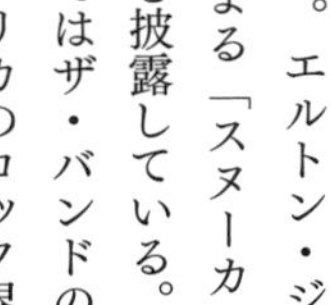

Joni Mitchell
Court And Spark
Asylum／7E-1001：1974年

要な領域に、各メンバーが数多くのセッションで貢献しているという感がある。カーリー・サイモンの『ホットケーキ』、ジョニ・ミッチェルの『コート・アンド・スパーク』(共に74年作）への参加はその代表例。前者はカーリーの当時の夫であるジェイムズ・テイラーとのデュオ作でヒット曲にもなった「モッキンバード」、後者はこちらもシングル・カットされた「レイズド・オン・ロベリー」でプレイしている。どちらも比較的軽いタッチの演奏だが、シンガー・ソングライターのアルバムがサウンド指向に変化しつつある時期の、特にジョニにとっては重要な転機になる作品だった。

エリック・クラプトンの76年作『ノー・リーズン・ノー・クライ』は、ザ・バンドとしてのセッション参加としては最後期の作品で、当時の拠点であるシャングリラ・スタジオでの録音。「ビューティフル・シング」などで、ロビーとクラプトンのレイドバックした共演を聴くことができる。本作はクラプトンにとって念願の、ザ・バンドとのコラボレーションだったと言えるのではないか。

ニール・ダイアモンドの『ラスト・ワルツ』への出演は、バンド内で物議を醸すこととなったが、ロビーは『ビューティフル・ノイズ』に続く77年発表のライヴ・アルバム『ラヴ・アット・ザ・グリーク』もプロデュースしている。本作は前作同様トップ10にランク入りするヒット作になった。

77年以降のザ・バンドは『ラスト・ワルツ』をワーナーからリリースするためだけに存在していたような状態で、ロビー対4人という対立構造が生じていた。とは言えロビーはバンドの活動停止後も、リヴォンの『RCOオールスターズ』、リックのソロ1作目『リック・ダンコ』といった各メンバーの作品に参加しており、そこには仕事上の対立を超えた音楽的な信頼関係の存在を感じさせる。その後ロビーはリビー・タイタスのアルバムに参加し、『ラスト・ワルツ』の仕事を終え、ザ・バンドの幕引きをする。そしてしばしの空白期間が訪れる。ここまでのロビーのさまざまなセッション活動は、基本的にザ・バンドを

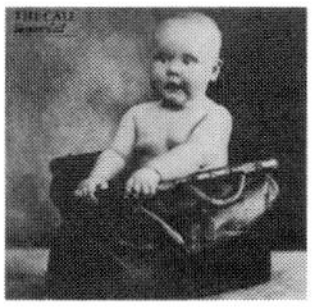

The Call
Reconciled
Elektra／960-440-1：1986年

Tom Petty And The Heartbreakers
Southern Accents album cover
MCA／5486：1985年

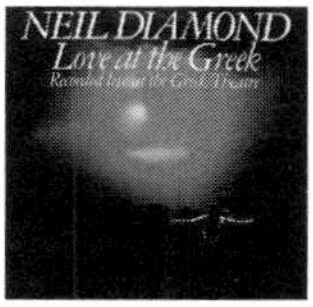

Neil Diamond
Love At The Greek: Recorded Live At The Greek Theatre
Columbia／KC2-34404：1977年

Eric Clapton
No Reason To Cry
RSO／2479-179：1976年

母体にしたものでもあった。

　80年代になると、ロビーは積極的に軸足を映画界に置く。83年のザ・バンドの再集結には参加せず、ロック界の主流からは大きく距離をとっていた。その2年後、トム・ペティ&ザ・ハートブレイカーズの85年作『サザン・アクセンツ』の「ベスト・オヴ・エヴリシング」に共同プロデューサーとして参加。この曲にはガースとリチャードが加わっているが、ロビーは演奏していない。経緯は不明でやや唐突な感もあるが、これはメイン・プロデューサーのデイヴ・スチュワートがちょっとした野心を発動させたのかもしれない。翌86年にはアメリカのオルタナティヴ・バンド、ザ・コールの『リコンシールド』にゲスト参加。インパクトのあるギターを聴かせるが、これもちょっと不思議なセッションだ。

　87年にはようやくのソロ第1作『ロビー・ロバートソン』をリリース。そして同作に参加した女性シンガー、マリア・マッキーのソロ・デビュー作の「ノーバディーズ・チャイルド」で、作詞を手掛けている。

　89年には坂本龍一の『ビューティ』収録の「ロマンス」に参加している。アメリカ音楽の父と言われたフォスターの楽曲を沖縄風にアレンジした曲で、そこで〝幻想のアメリカ〟を追い求めたカナダ人のロビーがギターを演奏するという、見事なメタ構造のコンセプトだが、正直言ってギターはあまり目立っていない。でも映画音楽家でもある両者の間で通じ合うものがあったのか、坂本龍一はその後ロビーのソロ第2作に参加している。

　92年にはロイ・オービソンの遺作的アルバム『キング・オヴ・ハーツ』の収録曲「ラヴ・イン・タイム」をプロデュース。残されたデモテープにアレンジと演奏を加えて、あたかもオービソンが最初から意図した完成品のように仕立て上げている。

　90年代以降は映画音楽の制作やエグゼクティヴ・プロデューサーとしての仕事の比重が高まり、数年おきにソロアルバムを制作する以外は表立ったセッションワークは限られたものとなっていく。97年のリトルウルフの『ウルフ・ムーン』はネイティヴ・アメリカ

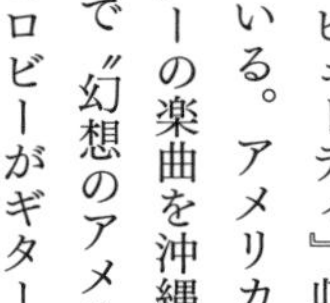

坂本龍一
Beauty
Virgin／VJD-32235［CD］
1989年

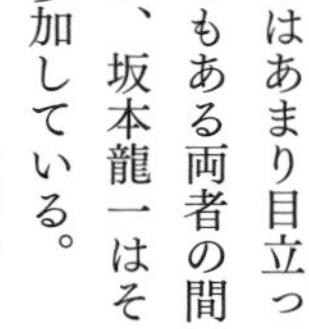

Roy Orbison
King Of Hearts
Virgin／V2-86520［CD］
1992年

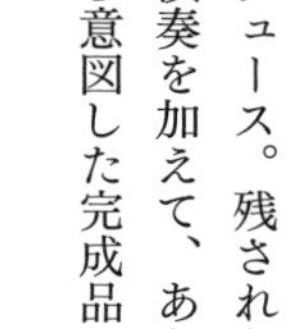

Little Wolf
Wolf Moon
Triloka／314-536-370-2
［CD］1997年

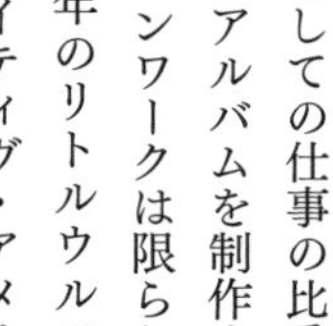

The Wild Magnolias
Life Is A Carnival
Metro Blue／
7243-8-23737-2-8［CD］
1999年

ンのチャントをベースにしたアンビエント・ミュージックで、ロビーはギターで参加している。リトルウルフのリーダー、ジム・ウィルソンは米国南東部のインディアンで、ロビーのソロアルバム2作に参加しているという関係だ。99年にはニューオーリンズのマルディグラ・インディアンのバンド、ザ・ワイルド・マグノリアスの『ライフ・イズ・ザ・カーニヴァル』に参加。言うまでもなくタイトル曲はザ・バンドのカヴァー。同曲でブルース・ホーンズビーと共演している。

スコットランドのDJ、プロデューサーのハウイー・Bとは、97年に曲を共作し、互いのアルバムにヴァージョン違いを収録している。01年の『フォーク』で再び共演し、ロビーは「オール・ディス・ミーンズ・トゥ・ミー」にヴォーカルで参加。曲はインディアン・チャントをコンピューターでモダン化したような音像に仕上がっている。

06年のジェリー・リー・ルイスの『ラストマン・スタンディング』、07年の『ゴーイング・ホーム／トリビュート・トゥ・ファッツ・ドミノ』は、いずれもロックンロール・レジェンドへのトリビュート作品。前者はジェリーとさまざまなアーティストとのデュエット集で、ロビーはザ・バンドの「トワイライト」を、後者ではアメリカのジャムバンド、ギャラクティックとファッツの「ゴーイング・トゥ・リヴァー」をカヴァーしている。

リヴォンとリックのニール・ヤング作品への参加は古くから知られているが、20年にアーカイヴ・シリーズとしてついに世に出た75年作の『ホームグロウン』にはロビーも参加。のちにクレイジー・ホースで録音される「ホワイト・ライン」が、アコースティック・デュオで演奏されている。ロビーとニールの共演はまだほかにも残されているはずだ。

話は前後するが、ロビーは87年に自身がカナダ人とインディアンとの混血であることを表明している。それ以降のソロアルバムや各セッションを時系列で見ると、インディアンとしての出自と自身の音楽的影響に真摯に向かい合う姿勢を強く感じさせられる。これがロビーの学究的な音楽人生なのだ。

Neil Young
Homegrown
Reprise／093624898689［CD］2020年

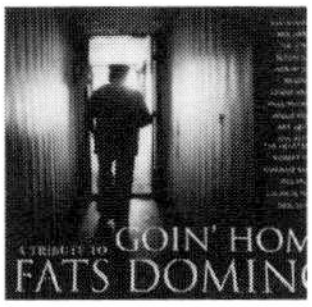

Various
Goin' Home - A Tribute To Fats Domino
Vanguard／225/26-2［CD］2007年

Jerry Lee Lewis
Last Man Standing - The Duets
Artists First／AFT-20001-2［CD］2006年

Howie B
Folk.
Polydor／549-7842［CD］2001年

Robbie Robertson & Alex North
Carny

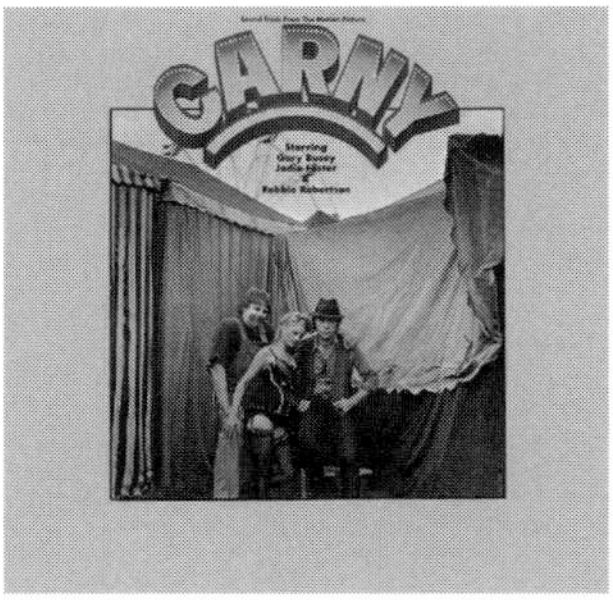

Warner Bros.／HS3455
録音：1980年
発売：1980年

[A] Midway Music (Robbie Robertson): 1. The Garden Of Earthly Delights / 2. Pagan Knight / 3. The Fat Man / 4. Freak's Lament / 5. Sawdust And G-Strings / 6. Rained Out
[B] Themes & Variations (Alex North): 1. Carnival Bozo / 2. Remember To Forget / 3. Lust / 4. I'm A Bad Girl / 5. Rednecks Rumble / 6. Fear And Revelation / 7. Carny Theme

プロデューサー：Alex North, Robbie Robertson
演奏：Robbie Robertson (g), George Doering (g), Steve Schaeffer (ds), Chuck Domanico (b), Jimi Calhoun (b), Mac Rebennack (organ), Randy Kerber (organ), Jerry Peterson (sax), Gary Herbig (sax)

《カーニー》とは、遊園地や見せ物小屋、食べ物の屋台などが丸ごとやってくる、動くお祭りみたいなもの。この風景はアメリカ人の思い出には欠かせないものらしく、スティーヴン・キング原作の映画『デッド・ゾーン』や『イット　それが見えたら終わり』などでも印象的に描かれている。1980年にロビー・ロバートソンがプロデュースしたこの映画は、彼が幼年期にカーニーの中で生活していた記憶を元に作られた。

ストーリーは、ほとんどないに等しいのだが、ゲイリー・ビジー演じる見せ物小屋の芸人と、ロビー演じる現場プロデューサー、ジョディ・フォスターが演じる、カーニーに居ついてしまう少女の3人を狂言回しに使って、古き良きカーニーと、無邪気に楽しんだり利用しようとしたりする地元の人々、それに胡散臭い裏社会の連中などなどを、まとめて描いてしまおうという映画なのだ。だから3人の男女は三角関係にさえならないまま、「今日もまたカーニーは続く」という終わり方をする。この構造自体、ほとんどザ・バンドでのロビーの曲作りの構造と同じ。複層的なプロットが物語を編むスタイルで、それゆえ公開当時も現在も賛否両論がある。

音楽は巨匠アレックス・ノースが担当し、ロビーもカーニーの中で演奏される音楽を作っている。ロニーのギターとともに、マック・レベナック（ドクター・ジョン）のオルガンや、ジェリー・ピーターソンのサックスによるあえて猥雑に作られたサウンドが聴けるのだ。のちにサム・ペキンパーの『コンボイ』などを撮るハリー・ストラドリング・ジュニアによる、夜の逆光や昼の埃っぽさを利用した映像の虚構性も見どころ。（納富）

ロビー・ロバートソンが手がけた映画音楽

納富廉邦

ロビー・ロバートソンは、音楽で物語を作りたかったのだろう。そして、ザ・バンドは彼にとって最高の劇団だったのだ。歌詞やコンセプトでひとつのストーリーを語るのではなく、リズム、コード進行、メロディ、さらには演奏者のスキルのそれぞれがストーリーを紡ぎ、複層的な物語を音楽の形で作り出す。だから、ロビーの曲は歌詞がゴスペル的な世界で、メロディはアメリカン・スピリチュアル的なスケールといったことが当たり前にある。複雑に絡み合う物語が浮かび上がる曲づくりは、イングマール・ベルイマンが好きな映画マニアのロビーならではのものだろう。

一方でマーティン・スコセッシは、映画で音楽を奏でようとする。ダニエル・ロアー監督は『ザ・バンド　かつて僕らは兄弟だった』のパンフレットで「彼（スコセッシ）にとっては、音楽に合わせて画面を編集することが、とても大事だからね」と語っている。

そんな二人が意気投合するのは当然だろう。『ラスト・ワルツ』で出会った二人のタッグは、1980年の『レイジング・ブル』で実現する。この映画で、カメラは徹底して主人公から距離を置き、音楽はまるで風景の一部のようだ。遠くで聞こえるメロディや、環境音と混ざったドラムスやピアノの音が、街と時代背景を同時に表現している。

次のスコセッシとの仕事は、82年の野心作『キング・オブ・コメディ』。ロビーのザ・バンド脱退後初のヴォーカル曲で、ガースとリチャードが参加した『ビトゥイーン・トレインズ』や、ロビーがギターを弾いているヴァン・モリソンの『ワンダフル・リマーク』などが収録されたサントラ盤も良いが、誘拐シーンで薄く流れるリック・オケイセクの『スティール・ザ・ナイト』や、オフィスで流れるエレベーター・ミュージックと物語のシンクロなど、動作と音が物語を推進する面白さを味わうためにも、映画を見て欲しい。

続く『ハスラー2』（86年）は、冒頭から

Casino (Music From The Motion Picture)
MCA Soundtracks／MCAD2-11389［CD］：1995年

"The Color Of Money"-The Original Motion Picture Soundtrack
MCA／MCA-6189：1986年

The King Of Comedy (Original Sound Track)
Warner Bros.／1-23765：1983年

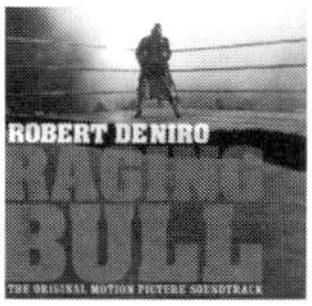

Raging Bull (The Original Motion Picture Soundtrack)
Capitol／72435-60322-2［CD］2005年

ロビーとギル・エヴァンスによるメインテーマが流れる堂々たる音楽映画だ。映画のムードを一発で決める、フィル・コリンズ『ワン・モア・ナイト』の自然なフェードインや、喧騒と音楽が自在に入れ替わる演出、歪んだギターの多用といった、遊びとも実験ともつかない音づくりに、このコンビらしさを見る。

95年には『カジノ』の音楽プロデュースを担当。客観と主観を自在に行き来させるために語り手を複数置き、視点の移動は音楽でコントロールする手法は、この映画で完成する。物語の終盤、ピンチが続く主人公の焦燥に、ディーヴォの『サティスファクション』を重ねるアクチュアリティを見て欲しい。

次は7年後、02年の『ギャング・オブ・ニューヨーク』の音楽を担当する。黒人のダンスとアイリッシュのフォークが重なるシーンに、単なる史劇ではなく、現代に通じる物語を作ろうというスコセッシとロビーの意志を感じる。史劇の劇伴らしい大げさなリヴァーブをアイリッシュ系のロックに適用することで、過去と現在を交差させ、最後にU2のボノの声が全ての時間を一つに束ねる。これはもう、映画全体で物語る移民の歌だ。

10年の『シャッター・アイランド』では、物語を語る上での装置として、大きめに録られた環境音と控えめな環境音楽、そして現代音楽が徐々にホラー風のオーケストラへと変化する。主人公に寄り添うように変化する音が物語を牽引しているのだ。

『ウルフ・オブ・ウォールストリート』(13年)でのロビーはエグゼクティヴ・ミュージック・プロデューサーなので、スコアは書いていないが、冒頭で主人公に説教するマシュー・マコノヒーの鼻歌をフィーチャーした「ザ・マネー・チャント」は、映画全体のムードを決定する名曲だ。サントラ未収録が惜しまれる。クライマックスで流れるレモンヘッズ『ミセス・ロビンソン』は、『グッド・フェローズ』における「レイラ」のセルフ・パロディのようだが、このアンチ・クライマックス感こそスコセッシ流コメディの語り方だ。

さらに16年の『サイレンス 沈黙』でもエグゼクティヴ・ミュージック・プロデューサ

Music From The Miramax Motion Picture Gangs Of New York
Interscope／06949-3565-2［CD］2002年

Shutter Island (Music From The Motion Picture)
Rhino／R2-522120［CD］
2010年

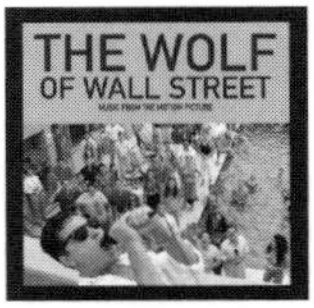

The Wolf Of Wall Street (Music From The Motion Picture)
Virgin／B001992602［CD］
2013年

Kim Allen Kluge, Kathryn Kluge
Silence
Warner Classics／
0190295854072［CD］
2016年

ーを務めた。スコアはキム・アレン・クルージとキャサリン・クルージで、サントラ盤にはそのオリジナルスコアのみを収録。環境音を音楽的に使っているところが面白い。

19年の『アイリッシュマン』では、ロビー書き下ろしの不穏な『アイリッシュマンのテーマ』が主人公の一人称シーンで何度も使われる一方、裏社会の狂騒を当時のヒット曲を使ってコメディ的に聴かせる構成が楽しい。また、カーラジオから流れる音楽や、店で演奏されていた曲がシーンが変わっても続くといった、環境音がBGMへとすり替わる手法の多用が物語の虚構性を強調する。ドキュメンタリー的な物語の中で、平気でこういうことをやるのが、このコンビなのだ。

なお。22年秋には『キラーズ・オブ・ザ・フラワームーン』が公開予定。予告編で聴ける音楽は、シンセとエレキギターの壮大な音とプリミティヴなリズムに、ほぼコードが動かないメロディが乗る、いかにもロビーらしい複層的な曲だ。『アイリッシュマン』でひとつの達成を見たスコセッシ×ロビーの、新しい挑戦になるのかも知れない。

スコセッシ以外の監督と組んだ映画には、『今宵はクリスマス』のロビー・ヴァージョンを収録した『3人のゴースト』(89年)、『ストーリーヴィル』の曲を使った『ジミー・ハリウッド』(94年)、エリック・クラプトンの『チェンジ・ザ・ワールド』や、アーロン・ネヴィルとロビーの『クレイジー・ラヴ』を収録したサントラ盤が日本で大ヒットした『フェノミナン』(96年)、古い曲のアグレッシヴなカヴァーをロビーが選んだ『恋は嵐のように』(99年)、ロビーによる「アメイジング・グレイス」「アウト・オブ・ザ・ブルー」(名演!)など4曲が使用されている『エニイ・ギヴン・サンデー』(00年)、デビュー作にはリヴォンが出演したジェイ・ラッセル監督の『炎のメモリアル』(04年)がある。オススメは、クリスマス・キャロルの変奏『3人のゴースト』、アメリカらしい田舎SFの『フェノミナン』、日本語版ではラストに訳詞字幕付きでロビーの『シャイン・ユア・ライト』が流れる『炎のメモリアル』あたりか。

Ladder 49 (Original Soundtrack)
Hollywood／2061624782〔CD〕2004年

Any Given Sunday, Music From The Motion Picture, Volume II
Warner Sunset/Atlantic／83390-2〔CD〕2000年

Music From The Motion Picture Phenomenon
Reprise／9-46360-2〔CD〕1996年

The Irishman (Original Motion Picture Soundtrack)
Masterworks/Netflix／19075969472〔CD〕2019年

WANTED

DEAD OR ALIVE

Chapter 7
Persons Of The Party Directory

JIRO MORI

REWARD

Beckett, Barry
バリー・ベケット

キーボード奏者、プロデューサー。デイヴィッド・フッド（b）、ジミー・ジョンソン（g）、ロジャー・ホーキンス（ds）とスワンパーズ（マッスル・ショールズ・リズム・セクション）を形成した。フェイム・スタジオでアリサ・フランクリン、ソロモン・バークらのレコーディングに参加したあと、グループは独立してマッスル・ショールズ・サウンド・スタジオを設立。ベケットはボブ・ディランの『スロウ・トレイン・カミング』をジェリー・ウェクスラーとプロデュースしている。82年にはナッシュヴィルへ移り、ワーナー・ブラザーズでカントリー部門のディレクターとなった。

Butterfield, Paul
ポール・バターフィールド

ブルーズ・シンガー、ハーモニカ奏者。63年にザ・ポール・バターフィールド・ブルーズ・バンドを結成。65年のファースト・アルバム録音時には、マイク・ブルームフィールドとエルヴィン・ビショップというふたりのギタリストが在籍し、ホワイト・ブルーズ・バンドの先鞭をつけた。解散後の73年にはポール・バターフィールド・ベター・デイズを結成。より幅広くアメリカン・ルーツ・ミュージックに接近したアプローチを行う。解散後の76年にはソロ・アルバム『プット・イット・イン・ユア・イアー』を発表した。

Campbell, Larry
ラリー・キャンベル

ギター、マンドリン、フィドルなどを操るマルチ・プレイヤー。70年代後半から80年代にかけてハッピー&アーティ・トラウムが中心となったフォーク・ロック・グループ、ウッドストック・マウンテンズ・レヴューのメンバーとして活動した。97年から04年まで、ボブ・ディランの《ネヴァー・エンディング・ツアー》に参加。妻でシンガーのテレサ・ウィリアムズとのデュオ・アルバムも発表している。

Cate Brothers, The
ザ・ケイト・ブラザーズ

アール（vo、g）とアーニー（vo、kbd）による双子のシンガー・ソングライター・デュオ。75年にスティーヴ・クロッパーのプロデュースで、アサイラムからデビュー。77年にはテリー・ケイグル（ds）、ロン・エオフ（b）を迎え、ケイト・ブラザーズ・バンドとして活動を続けた。再結成したザ・バンドのツアーへ参加したあともライヴ・サーキットを続け、90年代にはインディーズでアルバムを発売している。

Cato, Bob
ボブ・カトー

グラフィック・デザイナー、フォトグラファー。59年からコロムビアでレコード・ジャケットの制作に携わり、バーバラ・ストライザンドの『ピープル』(64年)、ボブ・ディランの『グレイテスト・ヒッツ』(68年)でグラミーのベスト・アルバム・カヴァーを受賞した。ジョニー・キャッシュ、マイルス・デイヴィス、ジョージ・ハリスン、ジャニス・ジョプリン、ヴァン・モリソンなどのジャケットも手がける。ザ・バンドの『ザ・バンド』から『アイランズ』までのデザインもカトーだ。のちにユナイテッド・アーティスツの副社長を務めた。

Charles, Bobby
ボビー・チャールズ

1955年にチェスからデビューした、シンガー・ソングタイター。彼の作品は、クラレンス・ヘンリーの「(アイ・ドント・ノウ・ホワイ) バット・アイ・ドゥ」、ファッツ・ドミノの「ウォーキング・トゥ・ニューオーリンズ」、ビル・ヘイリーの「シー・ユー・レイター・アリゲイター」などのヒットを生む。一時期居を移したウッドストックでレコーディングした『ボビー・チャールズ』(72年)が初のフル・アルバム。その後はレコーディングから遠ざかるが、87年に『クリーン・ウォーター』をリリース。その後も数枚のアルバムを残した。

Clearmountain, Bob
ボブ・クリアマウンテン

レコーディング・エンジニア、ミックス・エンジニア、プロデューサー。1977年にパワー・ステーション・スタジオのチーフ・エンジニアとなる。ザ・ローリング・ストーンズ『タトゥー・ユー』(81年)、ロキシー・ミュージック『アヴァロン』(82年)、デイヴィッド・ボウイ『レッツ・ダンス』(83年)、ブルース・スプリングスティーン『ボーン・イン・ザ・U.S.A.』(84年)など、数多くのアルバムを手がけた。日本では、甲斐バンドがミックス・ダウンを依頼したことでも知られている。

Danko, Terry
テリー・ダンコ

リック・ダンコの弟で、ドラム、ベースなどを演奏するミュージシャン。72年に自身のバンド、ベアフットでデビューしている。またリックを初めとして、ロニー・ホーキンスやキンキー・フリードマンなどのレコーディングやライヴに参加した。78年にはリック・ダンコ・バンドの一員として来日を果たしている。

Dunn, Donald "Duck"
ドナルド・ダック・ダン

ベーシスト、プロデューサー。62年にスタックス・レコードのハウス・バンド、ブッカー・T&ザ・MGズに加入し、オーティス・レディング、サム&デイヴ、ルーファス・トーマス、カーラ・トーマス、ウィリアム・ベル、エディ・フロイド、ジョニー・テイラー、アルバート・キングらのレコーディングに参加した。メンバーはブッカー・T(kbd)、スティーヴ・クロッパー(g)、アル・ジャクソン・Jr(ds)とダック・ダン(b)。インストゥルメンタル・グループとしても録音を残したが、ヒットした「グリーン・オニオンズ」は前任のルイ・スタインバーグ時代の曲である。スタックスを離れたあとはブルース・ブラザーズ・バンドで活動したほか、エリック・クラプトンやニール・ヤングのツアー・バンドにも参加している。12年の来日公演を終えた翌日、都内のホテルで死亡が確認された。

Graham, Bill
ビル・グレアム

プロモーター。1931年にベルリンで生まれる。ナチス・ドイツによるユダヤ人迫害から逃れるため、フランスから米国へ渡った。俳優を目指していたが、サンフランシスコの演劇集団マイム・トゥループのスタッフとなったことが転機となり、プロモーターとしての活動を始める。65年にサンフランシスコでライヴ・ハウス、フィルモア・オーディトリアムを立ち上げ、サイケデリック・ブームの発信地となった。68年には移転し、フィルモア・ウェストと改称、ザ・ドアーズがこけら落としを行っている。同年、ニューヨークにフィルモア・イーストをオープン。ジミ・ヘンドリクスやオールマン・ブラザーズ・バンドなどがライブ・アルバムを録音した。しかし大規模なコンサートが主流となっていった71年に双方を閉鎖。しばし音楽業界から距離を置いていたが、プロモーターとしての活動を再開し、ローリング・ストーンズやレッド・ツェッペリンなどのツアーやラスト・ワルツ、さらにはライブ・エイドなどを手がけた。91年10月、ヘリコプター事故で死去。翌11月に行われた彼の追悼イヴェント《ラフター、ラヴ&ミュージック》にはサンタナ、グレイトフル・デッド、CSN、ジャーニーなどが出演し、およそ30万人の観客が集まった。

Grossman, Albert
アルバート・グロスマン

ボブ・ディランのマネージャーとして有名。《ゲイト・オブ・ホーン》というクラブを経営する傍ら、1959年にピート・シーガーらとニューポート・フォーク・フェスティヴァルを立ち上げた。61年にはピーター・ポール&マリー（PPM）のマネージャーに就任。翌62年にディランと契約した。ディランの「風に吹かれて」をPPMがヒットさせ、シェール（ソニー&シェール）がソロ・デビュー・シングルで「オール・アイ・リアリー・ウォント・トゥ・ドゥ」を取り上げ、タートルズが「悲しきベイブ」をカヴァーしたのは、すべてグロスマンの仕掛けによるものだ。ちなみにディランのアルバム『ブリンギング・イット・オール・バック・ホーム』に登場した女性は、グロスマンの妻サリーである。さらにグロスマンはジャニス・ジョプリンやザ・バンドのマネジメントも行っている。

しかし、70年にディランとの契約が終了し、ジャニスが亡くなると、グロスマンはマネージャー業から引退した。その後はベアズヴィル・レコードを立ち上げ、トッド・ラングレンらが在籍している。

Harris, Emmylou
エミルー・ハリス

カントリー・ロックのシンガーでソングライター。69年にアルバム『グライディング・バード』でデビュー。72年にクリス・ヒルマンの紹介でグラム・パーソンズのバンド、フォールン・エンジェルズに加入、アルバム『GP』『グリーヴァス・エンジェルズ』に参加した。パーソンズの死後はソロ・キャリアを再開し、75年発表の『エリート・ホテル』でグラミーの最優秀女性カントリー・ヴォーカル・パフォーマンス賞を受賞した。79年にはピュア・カントリーに接近した『ブルー・ケンタッキー・ガール』を発表、87年にはドリー・パートン、リンダ・ロンシュタットとの共作『トリオ』がヒットした。

Helm, Amy
エイミー・ヘルム

ミュージシャン、プロデューサー。リヴォン・ヘルムとリビー・タイタスの間に生まれた。２００４年にアメリカーナのグループ《オラベル》でデビュー。ファースト・アルバムはTボーン・バーネットがプロデュースした。並行してリヴォンのバンド・メンバーとして活動、『ダート・ファーマー』ではラリー・キャンベルとともにプロデューサーとして名を連ね、マンドリン、ピアノ、ヴォーカルも担当している。15年には初のソロ・アルバム『ディドゥント・イット・レイン』をリリースした。

Howie B.
ハウィー・B

グラスゴー出身のＤＪ、プロデューサー。エンジニアとしてキャリアをスタートさせた。初期の仕事にスージー&ザ・バンシーズのシングル「ピーク・ア・ブー」「ザ・キリング・ジャー」（ともに88年）などがある。同じ頃、ソウルIIソウルのブレインとして活動した。93年には自身のレーベル、プッシーフット・レコードを設立。さらにビョークのプログラマーとして、アルバム『ポスト』（95年）や『ホモジェニック』（97年）に参加した。U2の『ポップ』（97

年）ではプロデューサーとして名を連ね、ライヴにはDJとして参加した。97年の映画『ジ・エンド・オブ・ヴァイオレンス』ではサウンドトラックのミックスも手がけている（プロデュースはライ・クーダー）。

Hudson, Maud
モード・ハドソン

ガース・ハドソンの妻。プロフェッショナルのシンガーではなかったが、ガースとともに音楽活動を行った。2005年にはガースが結成した12人組のバンド《ザ・ベスト！》でヴォーカルを担当。13年のフジロック・フェスティヴァルにガース・ハドソン・フィーチャリング・シスター・モード・ハドソンとして出演した。22年2月27日逝去、71歳だった。

Hurwitz, Aaron L.
アーロン・ハーウィッツ

シンガー・ソングライター、ミュージシャン、プロデューサー。ヘンリー・ストリート・セトルメントやジャズ・モービルなどでピアノと編曲を学んだ。再結成ザ・バンドの3枚のアルバムをプロデュースしたあとも、プロフェッサー・ルイ&ザ・クロウマティックスを結成して、リヴォンやリックをサポートした。ウッドストック・レコードの創設者でもあり、リヴォン、リック、ガースのアルバムを制作している。近年ではクロウマティックス単独のアルバムもリリースした。ちなみに彼を《プロフェッサー・ルイ》と呼んだのは、リック・ダンコである。

Johns, Glyn
グリン・ジョンズ

英国のレコーディング・エンジニア、プロデューサー。ローリング・ストーンズ〝六番目の男〟と呼ばれた、イアン・ステュワートは64年当時のルームメイトである。ストーンズのアルバムには68年の『ベガーズ・バンケット』から72年の『メイン・ストリートのならず者』まで関与した。69年にはビートルズの、のちに『レット・イット・ビー』になるセッションをまとめる作業を任されたが、『ゲット・バック』として仕上げられたグリン・ジョンズ・ミックスは却下されてしまう。彼が手がけた〝名盤〟と呼ばれるアルバムは、レッド・ツェッペリン『レッド・ツェッペリンI』、ジヨー・コッカー『マッド・ドッグス&イングリッシュ・メン』、デラニー&ボニー『オン・ツアー・ウィズ・エリック・クラプトン』、レオン・ラッセル『レオン・ラッセル』、ザ・フー『フーズ・ネクスト』など、枚挙に暇がない。71年にはアサイラム・レコードのデイヴィッド・ゲフィンからイーグルスのレコード制作の依頼があり、渡米。プロデュースを引き受けることになった。

Jones, Mickey
ミッキー・ジョーンズ

ドラマー、俳優。50年代の終わりに「天使のハンマー」「ラ・バンバ」などのヒットで知られる、トリニ・ロペスのバンドに加入した。大学進学のため脱退するが、卒業後再び合流してトリニ・ロペス・トリオのメンバーとなる。63年のライヴ・アルバム「アット・PJズ」などで彼のプレイを聴くことができる。また、65年にはジョニー・リヴァースのバンドに参加した。66年にはホークスを脱退したリヴォンに替わって、ボブ・ディランのワールド・ツアーへ帯同した。ケニー・ロジャースらとザ・ファースト・エディションのメンバーになったのは翌67年のことである。70年代に入ると俳優としてのキャリアをスタートさせ、多くのテレビ・ドラマや映画に出演した。

Landy, Elliott
エリオット・ランディ

写真家。60年代のロック・シーンを象徴する写真を多く撮影した。アルバム・ジャケットに使われたものには、ボブ・ディラン『ナッシュヴィル・スカイライン』、ヴァン・モリソン『ムーンダンス』、ビッグ・ブラザー&ホールディング・カンパニー(ジャニス・ジョプリン)『チープ・スリルズ』などがある。67年以降、彼の作品は世界各地の美術館やギャラリーに展示された。また近年ではザ・バンドやジャニス・ジョプリン、ウッドストック・フェスティヴァルなどの写真集を相次いで発売している。

Lanois, Daniel
ダニエル・ラノワ

カナダ出身のプロデューサー、ミュージシャン。ブライアン・イーノと組み、U2の『ヨシュア・トゥリー』『アクトン・ベイビー』などをプロデュースした。89年にはソロ・アーティストとして『アカディ』でデビュー。手がけたアルバムは、ピーター・ゲイブリエル『So』『Us』、ネヴィル・ブラザーズ『イエロー・ムーン』、エミルー・ハリス『レッキング・ボール』、ニール・ヤング『ル・ノイズ』など多数。また、カリフォルニアの映画館を改造したレコーディング・スタジオ《テアトロ》で、ボブ・ディラン『タイム・アウト・オブ・マインド』、ウィリー・ネルソン『テアトロ』、マリアンヌ・フェイスフル『ヴァガボンド・ウェイズ』などを制作した。

Ludwig, Bob
ボブ・ラドウィグ

マスタリング・エンジニア。フィル・ラモーンのアシスタントを経て、設立当時のスターリング・サウンドに入社する。同社で副社長を務めたあと、マスターディスクへ移籍して副社長兼チーフ・エンジニアとなる。92年に独立して、ゲイトウェイ・マスタリング・スタジオを開設した。彼がマスタリングしたアナログ・レコードの送り溝には頭文字をとって〝RL〟と刻印されている。ゲイトウェイ社のウェブサイトで紹介されている彼が手がけたアルバムは、ローリング・ストーンズ『レット・イット・ブリード』、ブルース・スプリングスティーン『ザ・リヴァー』、ダフト・パンク『ランダム・アクセス・メモリーズ』、アラバマ・シェイクス『サウンド&カラー』、マイ・モーニング・ジャケット『ザ・ウォーターフォール』など、多岐にわたっている。

Roher, Daniel
ダニエル・ロアー

１９９３年生まれ、カナダのドキュメンタリー監督。２０１５年の短編映画、〝Survivors Rowe〟で注目を集める。少年たちへの虐待が問題視された聖職者、ラルフ・ロウを描いた作品だった。16年の〝Sourtoe: the Story of the Sorry Cannibal〟でリバーラン国際映画祭の短編賞を受賞。17年の〝Ghosts of Our Forest〟では、ウガンダの先住民族の土地をめぐる闘いというテーマを扱った。18年にはエドムンド・ステイソンと共同で監督した〝Finding Fukue〟で、NSIオンライン短編映画祭の最優秀短編賞を受賞している。22年にはロシアの野党指導者、アレクセイ・ナワリヌイを描いた〝Navalny〟が公開された。

Sahm, Doug
ダグ・サーム

テックス・メックスの代表的なミュージシャン。50年代から音楽活動を始め、64年に結成したサー・ダグラス・クィンテットのシングル「シーズ・アバウト・ア・ムーヴァー」(65年)がヒットした。73年に《ダグ・サーム&バンド》名義の同名アルバムを発表、ボブ・ディランらが参加している。80年代後半以降も、テキサス・トルネイドス、テキサス・マーヴェリックス、ソロ名義のアルバムを残した。99年没。

Taplin, Jonathan
ジョナサン・タプリン

映画プロデューサー、作家。アルバート・グロスマンの事務所でザ・バンドのツアー・マネージャーを担当する。73年に独立してマーティン・スコセッシ監督の『ミーン・ストリート』を制作、映画プロデューサーとして活動を始めた。手がけた作品には『ラスト・ワルツ』『アンダー・ファイア』『マイ・サイエンス・プロジェクト』などがある。ウォルト・ディズニー・ピクチャーズで働いていた84年、金融家であるソウル・スタインバーグによる企業買収をほかの投資家と協力して阻止したことをきっかけに、メリルリンチ社へと転じ、メディアの合併や買収を担当する副社長に就任する。96年には、インターネットを使ったヴィデオ・オン・デマンド・サービスを行うインターテイナー社を設立。04年に南カリフォルニア大学の客員教授となり、その後は研究者、作家として活動している。

Toussaint, Allen
アラン・トゥーサン

ニューオーリンズのミュージシャン、アレンジャー、プロデューサー。彼のピアノは、プロフェッサー・ロングヘアのセカンド・ラインと呼ばれるスタイルの影響を受けている。50年代に音楽活動を始め、60年代にはプロデューサーとしてリー・ドーシーらのヒット曲を生む一方、ミーターズとともにニューオーリンズ・ファンクを確立する。70年代にはソロ活動を本格化させ、アルバム『サザン・ナイツ』などを残している。15年11月10日没。

WINTERLAND
Bill Graham's
WINTERLAND
THE BAND
IN
THE LAST WALTZ
1700

でも発売されたほか、『やかんの本』『Drinkin Cha』『子供の本がおもしろい！』『大人カバンの中身講座』『40歳からのハローギター』など著書多数。その他、雑誌、Web、テレビ、ラジオ、講演など。
③ザ・バンド『ミュージック・フロム・ビッグ・ピンク』『ロック・オブ・エイジズ』、ボブ・ディラン＆ザ・バンド『偉大なる復活』、ロビー・ロバートソン『ストーリーヴィル』『シネマティック』
④ザ・バンド「ザ・ウェイト」「ライフ・イズ・ア・カーニヴァル」「ステージ・フライト」、ロビー・ロバートソン「ナイト・パレード」「ザ・マネー・チャント」
⑤ひとつの方向だけを見るということのない楽曲の構造と、それをまるで普通の音楽のように成立させるメンバーそれぞれの個性。

真下部緑朗（まかべ・ろくろう）
①1964年、鹿児島県生まれ、某出版社・営業部勤務。
②大学卒業後、婦人実用書出版社、食肉専門商社を経て某出版社へ。『フランク・ザッパ攻略ガイド』『ザ・キンクス　書割りの英国、遥かなる亜米利加』『ニール・ヤング全公式音源攻略ガイド』『デイヴィッド・ボウイ完全版』『カンタベリー・ロック完全版』など。
③ザ・バンド『ミュージック・フロム・ビッグ・ピンク』『カフーツ』『ラスト・ワルツ』、ボブ・ディラン＆ザ・バンド『ザ・ベースメント・テープス』、ボブ・ディラン『プラネット・ウェイヴス』
④ザ・バンド「ホイールズ・オン・ファイア」「ロンサム・スージー」「アイ・シャル・ビー・リリースト」「ザ・ラスト・ワルツ・リフレイン」、エミリー・ハリス＆ザ・バンド「エヴァンジェリン」
⑤じっくりと寝かせたヴィンテージな味わい。かつ、そんじょそこらのガキにはわからないアメリカン・ロック。

森 次郎（もり・じろう）
①1968年愛媛県生まれ。現場監督。
②会社勤めとか、原稿書きとか。
③映画『ラスト・ワルツ』、エリック・クラプトン『ノー・リーズン・トゥ・クライ』、ザ・バンド『ジュビレイション』、ザ・ウェイト・バンド『アコースティック・ライヴ』、ザ・ワイルド・マグノリアス『ライフ・イズ・ア・カーニヴァル』
④ロニー・ホーキンス＆ザ・ホークス「ルビー・ベイビー」、リヴォン＆ザ・ホークス「ヒー・ドント・ラヴ・ユー」、ボブ・ディラン＆ザ・ホークス「ライク・ア・ローリング・ストーン」（“ロイヤル・アルバート・ホール”）、ザ・バンド「ドント・ドゥ・イット」、石田長生「ザ・ウェイト」
⑤フツーじゃないところと、ヘンなところ。

森山公一（もりやま・こういち）
①1973年生まれ、大阪府大阪市東成区出身。ミュージシャン。
②“オセロケッツ”のヴォーカリストとして97年にメジャーデビュー。シングル10枚、アルバム3枚をリリース。ソロとしても02年にシングル、15年にアルバム『Record!』を発表している。“The Ma'am”、“the Sokai”など、さまざまなユニットでの活動や楽曲提供、プロデュース、専門学校講師等、幅広い分野で活躍中。16年には老舗カントリーバンド“永冨研二とテネシーファイブ”に加入、19年のアルバム『言羽～kotoba～』のプロデュースも手がけた。21年12月、48歳の誕生日に48曲demo音源集『Koichi Moriyama DEMOs 48』の配信を開始、音盤化に向けたクラウドファンディングを成功させた。
③ ザ・バンド『ミュージック・フロム・ビック・ピンク』『ノーザン・ライツ／サザン・クロス』、ボブ・ディラン＆ザ・バンド『偉大なる復活』、リヴォン・ヘルム『アメリカン・サン』、V.A.『ユー・アー・ホワット・ユー・イート』
④ ザ・バンド「スリーピング」「ライフ・イズ・ア・カーニヴァル」「イット・メイクス・ノー・ディファレンス」「トゥー・スーン・ゴーン」、キンキー・フリードマン「トゥインクル」
⑤伝統と革新が同居しているところ。未来へのヒントは過去にしかないことを教わりました。

山田順一（やまだ・じゅんいち）
①1965年生まれ、東京出身。ライター、エディター＆リサーチャー。
②出版社で雑誌、書籍の編集、CD制作、イヴェントの企画運営を経験。現在はライナーノーツ（ザ・バンド、ボブ・ディラン／ザ・バンドなど）や雑誌への執筆及び編集、ラジオ出演、CD／LPの企画編纂、コーディネイト、監修などを行なう。編著は『グラム・ロック黄金時代1971～77―フィーチャーリング・モダーン・ポップ―』、『GSアイ・ラヴ・ユー ニュー・ロック＆アフターGSサウンド時代』など。
③ザ・バンド『ミュージック・フロム・ビッグ・ピンク』『ザ・バンド』『ロック・オブ・エイジズ』『ノーザン・ライツ／サザン・クロス』、ボブ・ディラン／ザ・バンド『ビフォー・ザ・フラッド』
④ゴールデン・カップスに教えてもらった「ティアーズ・オブ・レイジ」「ザ・ウェイト」、「オールド・ディキシー・ダウン」「ステージ・フライト」「アケイディア・ドリフトウッド」
⑤古き良きアメリカという夢を正夢にしたところ。個性の違う3人のヴォーカルと後ノリのビートが魅力的。英国ロックとの関係性も実に興味深い。

和久井光司（わくい・こうじ）
①1958年、東京・渋谷で生まれ、横浜の戸塚で育つ。総合音楽家・詩人。
②81年にスクリーンを率いてレコード・デビュー。翌年キティレコードと作家契約し、他者に詞・曲を提供するようにもなる。バンドで5枚、ソロで5枚のフル・アルバムがあり、プロデュース、参加、楽曲提供、企画・コーディネイト、デザインなどで関わった音楽作品は60作を超える。代表作はソロ名義の『ディランを唄う』と、和久井光司＆セルロイド・ヒーローズの『愛と性のクーデター』（ともにソニー）。現在はスースー＆バンチョーズ、東京暮色を中心に活動している。著書に『ビートルズ原論』『放送禁止歌手山平和彦の生涯』『ビートルズはどこから来たのか』『ヨーコ・オノ・レノン全史』など、編著に『ジョージ・ハリスンスワンプ・ロック時代』『デイヴィッド・ボウイ完全版』『カンタベリー・ロック完全版』などがある。
③ザ・バンド『ブラウン・アルバム』『ロック・オブ・エイジズ』『ノーザン・ライツ／サザン・クロス』、ボブ・ディラン＆ザ・バンド『ライヴ1966』、ハース・マルティネス『ハース・フロム・アース』
④ザ・バンド「オールド・ディキシー・ダウン」「ザ・ウェイト」「オフィーリア」、ボブ・ディラン＆ザ・バンド「ゴーイング・ゴーイング・ゴーン」「我が道を行く」（74年ライヴ）
⑤ルーツに根ざしつつもルーツ・ミュージックにはない曲づくり。弾みの強い演奏。楽器を取り替えても幅を出すことを重視したヘタウマ上等の制作姿勢。

執筆者プロフィール／アンケート

①生年、出身地、肩書き
②経歴
③個人的に好きなザ・バンド関係のアルバム5作
④個人的に思い入れのあるザ・バンド関係の5曲
⑤改めて、ザ・バンドの魅力とは

池上尚志（いけがみ・たかし）
①1971年生まれ、新潟県出身、ライター。
②某外資系CD屋さん～音楽じゃない雑誌編集～ライター。編著に『ジャパニーズ・ロック80's』（ミュージック・マガジン社）、本文執筆に『ジャパニーズ・シティポップ100 セレクテッド・バイ・ナイトテンポ』（303ブックス）がある。
③ザ・バンド『ノーザン・ライツ／サザン・クロス』、ボブ・ディラン『ロイヤル・アルバート・ホール』、リヴォン・ヘルム&RCOオールスターズ『リヴォン・ヘルム&RCOオールスターズ』、ボビー・チャールズ『ボビー・チャールズ』、ザ・ウェイト・バンド『シャインズ・ライク・ゴールド』
④エミルー・ハリス&ザ・バンド「エヴァンジェリン」、ザ・バンド「オフィーリア」、ボブ・ディラン「ジャスト・ライク・トム・サムズ・ブルーズ」（ライヴ・アット・フリー・トレイド・ホール1966）、リビー・タイタス「ザ・ナイト・ユー・トゥック・ミー・トゥ・バルバドス・イン・マイ・ドリーム」、カサンドラ・ウィルソン「ザ・ウェイト」
⑤人情土着プログレ映画版。

犬伏 功（いぬぶし・いさお）
①1967年大阪生まれ、大阪市在住の音楽文筆家／グラフィック・デザイナー。
②2000年より音楽雑誌、ライナーノーツなどの執筆、再発監修等を行う。主に英国産ポップ・ミュージックを軸足にさまざまな執筆活動を展開。地元大阪ではトークイベント『犬伏功のMusic Linernotes』を定期的に開催している。
③ザ・バンド『ミュージック・フロム・ビッグ・ピンク』『ザ・バンド』『南十字星』、ボブ・ディラン『ロイヤル・アルバート・ホール：ブートレッグ・シリーズ第4集』、ボブ・ディラン&ザ・バンド『ザ・ベースメント・テープス・コンプリート：ブートレッグ・シリーズ第11集（デラックス・エディション）』
④ザ・バンド「ザ・ウェイト」「怒りの涙」「アケイディアの流木」「アイ・シャル・ビー・リリースト」「ウィスパリング・パインズ」
⑤まだ20代にして、まるで老成したかのような佇まいと音で登場、それが最新のモードとなり米英ロックのトレンドを一変させた恐るべき影響力。

梅村昇史（うめむら・しょうじ）
①1961年名古屋生まれ。グラフィック・デザイン／イラストを成業とする。在野のザッパ研究家。
②書籍、絵本等のデザインやイラストを手がけつつ、CDジャケットのデザインなどを制作。『ニール・ヤング全公式音源攻略ガイド』『デイヴィッド・ボウイ完全版』『カンタベリー・ロック完全版』等では漫画ページと原稿の執筆担当。
③ザ・バンド『ミュージック・フロム・ビッグ・ピンク』『ステージ・フライト』『ロック・オブ・エイジズ』、ボブ・ディラン&ザ・バンド『ライヴ1966』、ハース・マルティネス『ハース・フロム・アース』
④ザ・バンド「イン・ア・ステーション」「ザ・ウェイト」「ステージ・フライト」「ドント・ドゥ・イット」「ザ・ジェネティック・メソッド～チェスト・フィーヴァー」のメドレー。
⑤アメリカの音楽にルーツバックしたプログレ的な頭脳派と酔っ払いの掛け合わせ。

小川真一（おがわ・しんいち）
①1950年代生まれ、愛知県出身。音楽評論家／ペダル・スティール奏者。
②ミニコミを経て、95年にミュージック・マガジン誌にデビュー。その後、レコード・コレクターズ、ギター・マガジン、アコースティック・ギター・マガジンなどに執筆。再発CDの解説／企画、共著は多数あり。ロック画報にて「特集はちみつぱい」「鈴木慶一のすべて」を監修。近著は「フォークソングが教えてくれた」（マイナビ新書刊）。
③ザ・バンド『ザ・バンド』、ジョン・サイモン『ジョン・サイモンズ・アルバム』、ジェシ・ウィンチェスター『ジェシ・ウィンチェスター』、ボビー・チャールズ『ボビー・チャールズ』、ボブ・ディラン&ザ・バンド『地下室』
④ザ・バンド「アンフェイスフル・サーヴァント」、ザ・バンド「イット・メイクス・ノー・ディファレンス」、ザ・バンド「安らぎの世界」、ボブ・ディラン&ザ・バンド「ヘイゼル」、ジェシ・ウィンチェスター「スノウ」
⑤永遠の硬さ、頑なさ、岩のような強靭さ。

サエキけんぞう（さえき・けんぞう）
①1958年7月28日生まれ、千葉県市川市出身。作詞家・アーティスト。
②1980年ハルメンズでデビュー、86年パール兄弟で再デビュー。作詞家として、沢田研二ほか多数に提供。著書「ロックとメディア社会」（2010年）でミュージック・ペン・クラブ音楽賞受賞。2020年10月にパール兄弟のアルバム『パール玉』発売。
③ザ・バンド『ミュージック・フロム・ビッグ・ピンク』『ザ・バンド』『ステージ・フライト』『ロック・オブ・エイジズ』、ボブ・ディラン&ザ・バンド『偉大なる復活』
④ザ・バンド「オールド・ディキシー・ダウン」「ザ・ウェイト」「ザ・シェイプ・アイム・イン」「クリプル・クリーク」「第三の男」
⑤3人の第一級ヴォーカリストがいる以上に、音楽の先生（ガース・ハドソン）を始め、自滅的な色合いを持っていたり、南部を代表するキャラがいたり、カナダの色彩が強かったりという無比の個性の集まりだったことが凄かったのだと思いました。

納富廉邦（のうとみ・やすくに）
①1963年、佐賀市生まれ。フリーライター。
②大学在学中からフリーランスでコピーライターを始め、85年に雑誌を中心にノンジャンルで書くライターになる。94年に初の著書『CD-ROM Review Book』を刊行。以降、『iPod Fan Book』シリーズは、アメリカ、ドイツ、フランス

執筆	池上尚志、犬伏功、梅村昇史、小川真一、サエキけんぞう、納富廉邦、真下部緑朗、森次郎、森山公一、山田順一、和久井光司
進行統括	森 次郎
アート・ディレクション	和久井光司
デザイン	倉茂 透

ザ・バンド完全版

2022年7月20日　初版印刷
2022年7月30日　初版発行

責任編集　和久井光司
発行者　小野寺優
発行所　株式会社河出書房新社
〒151-0051　東京都渋谷区千駄ヶ谷2-32-2
電話　03-3404-1201（営業）
03-3404-8611（編集）
https://www.kawade.co.jp/
組版　倉茂 透
印刷・製本　株式会社暁印刷

Printed in Japan
ISBN 978-4-309-29204-5